卜凯农户调查数据汇编（1929～1933）丛书

卜凯农户调查数据汇编
（1929～1933）（浙江篇）

胡 浩　钟甫宁　周应恒／编著

科学出版社
北京

内 容 简 介

    本书是基于留存于南京农业大学经济管理学院的卜凯调查中间统计表,还原整理出的农户层面的数据。主要包括农户家庭规模、农场劳动力利用、农作物生产、储蓄借贷、土地租佃等内容。由于数据量庞大,我们将其中主要内容分为江苏、浙江、山东等13册出版。卜凯基于这次调查,形成了《中国土地利用》这本巨著。本书虽然未能完全重现当年的全部调查内容(留存于南京农业大学的只有22个表头的中间统计表,其他部分不知所踪),但也填补了20世纪30年代统计的空白,因为除了满铁调查资料以外,目前未发现系统的中国农户调查数据。

    本书能够为相关研究提供民国时期的农业生产、农民生活、农村社会等基础资料,可供经济学、社会学、农学、历史学等学者参考借鉴。

图书在版编目(CIP)数据

卜凯农户调查数据汇编. 浙江编:1929~1933 / 胡浩,钟甫宁,周应恒编著.
—北京:科学出版社,2017.6

卜凯农户调查数据汇编(1929~1933)丛书

ISBN 978-7-03-046730-0

Ⅰ.①卜… Ⅱ.①胡… ②钟… ③周… Ⅲ.①农户经济-农村调查-
统计数据-浙江省-1929~1933 Ⅳ.①F32-66

中国版本图书馆 CIP 数据核字(2015)第 303665 号

责任编辑:魏如萍 / 责任校对:郑金红
责任印制:霍 兵 / 封面设计:无极书装

科 学 出 版 社 出版
北京东黄城根北街 16 号
邮政编码:100717
http://www.sciencep.com
北京通州皇家印刷厂 印刷
科学出版社发行 各地新华书店经销
*

2017 年 6 月第 一 版 开本:787×1092 1/16
2017 年 6 月第一次印刷 印张:27 1/2
字数:652 000

定价:165.00 元
(如有印装质量问题,我社负责调换)

序　言

　　卜凯先生是一个传奇人物。他在金陵大学农业经济系工作二十多年，开创了中国农业经济学科的正规大学本科和研究生教育，主持了最早、规模最大的农户调查，是利用现代统计学方法研究中国农户经济的先驱者。卜凯先生根据 1929～1933 年农村调查的数据出版的经典著作《中国农家经济》和《中国土地利用》在国内外学术界的影响历久不衰，近年来更引起学者重新深入分析的浓厚兴趣。由于卜凯先生的两部著作只包含对汇总数据的分析，而现代的数量分析更看重农户层面的微观数据，这就有必要寻找和发掘当年农户调查的原始资料。南京农业大学经济管理学院是当年金陵大学农业经济学的继承者，也是当年调查数据最可能的保存之地，因而担负着挖掘这一宝库的历史责任。经过十多年的艰辛工作，总算可以把初步成果的一部分呈现在读者面前了。

　　卜凯先生全名约翰·洛辛·卜凯①（John Lossing Buck），1890 年出生于美国纽约州德彻斯县快乐谷的一个德裔农户。19 岁那年卜凯进入康奈尔大学农学院，同学中有胡适、赵元任、过探先、邹秉文、吕彦直等中国学生，1914 年卜凯毕业，次年受美国长老会海外传教协会委派到中国安徽宿州传教并从事农业推广工作。卜凯本来就对古老的中华文化十分入迷，宿州的工作给他提供了亲身了解中国普通农民生活的机会，与赛珍珠的婚姻（1917 年）更为他走访农家增添了非常难得的翻译，使其可以更准确地了解农家生活并开展初步的调查工作。

　　1920 年卜凯先生应康乃尔大学校友、金陵大学农林科主任芮思娄（J. H. Reisner）的邀请，到金陵大学创立中国第一个农业经济系，也为卜凯先生之后组织大规模农户调查奠定了基础。从 1922 年夏天开始，卜凯要求选修"农场管理学"的学生必须回家乡调查 100 户以上的农家经济情况，到 1930 年农家调查共完成 7 个省份 17 个地区 2866 户，卜凯将所有资料汇总写成《中国农家经济》一书。费正清主编的《剑桥中国晚清史》和《剑桥中华民国史》的近现代农业和农村史部分，主要资料即来源于此。

　　1928 年亚太地区非政府组织太平洋国际学会委托金陵大学农业经济系主持实施一项名为"了解农村社会现实而为农业改进提供依据"的土地调查，每年提供 10 000 美元的经费。卜凯将全国分为十几个区，每区设一名调查主任，下有调查员数百人，深入农户实地调查；然后把实地调查取得的数据和资料计算汇总并进行分析，形成了名为《中国土地利用》的巨著。1936 年《中国土地利用》英文版由商务印书馆出版，1937 年日本出版了两种日译本，1938年又在美国芝加哥大学出版社出版，1941 年由卜凯的弟子乔启明、邵德馨、黄席群、孙文郁、杨铭崇等教授译成中文，并在成都成城出版社出版。

　　现在呈现在读者面前的就是对当年调查数据重新整理所得到的初步成果。如上所述，卜

凯先生的两本经典著作只包含汇总数据，而现代的统计分析更注重农户层面的微观数据，因此最理想的情况是找到原始调查表格。很可惜，我们只找到分类统计的中间表格。这些表格不是当年直接入户调查时使用的原始登记表，而是回来后把调查内容分类列表，如土地利用状况、产量、产品使用量等，以类别为划分标准，每张表上只列出本类内容的少数项目供分析使用。好在这些表格同时分地区列出每一个农户的数据，所以还可以尝试恢复以农户为对象的完整微观数据。从 2000 年开始，我们开始这项恢复农户数据的繁重工作。最初的工作是与日本东京国际大学几位统计学权威教授合作，试图先拍照再利用计算机软件把图形转换成文本数据；但现有软件无法辨识手写数字，只能采取手工输入的办法建立数据库。如果直接依据原始表格人工输入，已经保存了近 80 年的纸张很可能损毁，所以，只能先扫描原始表格，然后根据扫描件把一个个数字手工录入电脑，最后再设计相应的程序，将数万张表格中的分类数据恢复成农户层面微观数据库。

这十多年工作的艰难一言难尽：辨识已经褪色的手写数字，校对由大量空行、空格带来的录入错误，不同地区不同度量衡和货币单位的统一，等等，实在难为了十多位担任录入和整理工作的研究生。现在总算看到初步成果了，经过整理的农户资料将陆续出版，数据库将投入使用，数据的挖掘分析也将次第展开，可以预见今后将产生出一系列重要的研究成果。

卜凯先生的学术研究和贡献不仅仅限于农户调查。半个多世纪以前他就指出农民收入问题的根源不在于农业生产力本身；任何一个生产者的收入取决于能利用的资源，因而农民收入取决于能够利用的资源是否足以产生必要的收入。他的研究也不局限于农业经济学领域。抗日战争时期他担任美国财政部驻华代表期间曾经给时任美国总统的罗斯福提出警告，指出美国白银收购法案导致中国白银大量外流，由于中国实行银本位制，大量白银外流导致的通货膨胀将无法控制，必然会动摇中国的社会和政治稳定。20 年后，著名的美国经济学家、诺贝尔经济学奖获得者弗里德曼提出同样的看法，即美国的白银收购法案是导致国民党政府垮台的重要因素之一。我们的工作也是对卜凯先生的纪念。

在这里，我们要感谢日本东京国际大学的松田教授及其领导的团队在工作前期做出的努力和提供的经费资助，感谢美国康乃尔大学的 Calum G. Turvey 教授在整理和分析农户数据过程中提供的帮助与合作，也感谢南京农业大学人文社科处后期提供的大量经费，保证我们能顺利完成现在的工作。当然，我们也要感谢南京农业大学经济管理学院为这一看上去枯燥无味的工作付出大量时间和心血的研究生，特别是郑微微、于敏捷、虞祎等，没有他们的贡献，不可能获得现在的成果。

钟甫宁

2017 年 2 月

目　录

卜凯调查原始数据的挖掘与整合

胡　浩　郑微微　于敏捷　虞　祎　钟甫宁　Calum G. Turvey

（南京农业大学　康奈尔大学）

南京农业大学经济管理学院保存着卜凯（John Lossing Buck，1890—1975）教授1929～1933 年农村调查的中间统计数据，卜凯教授正是基于这些数据书就了农业经济学的经典著作《中国农家经济》和《中国土地利用》（分三册，分别为论文集、地图集和统计资料），"不特材料丰富，持论亦复公允，盖一切论断完全根据于调查所得之数字，故其准确程度，远非一般仅能代表个人观感之著作所能同日而语也"[①]。对于卜凯的农村调查，国内外很多学者给予了很高的评价，梁方仲曾言："它是该领域的第一个研究，第一次试图如此全面、系统地研究这样一个深广的课题。"这两部著作问世以来，一直被西方及中国香港、台湾学术界誉为了解中国农村的经典著作而被广泛引用，如周锡瑞、黄宗智、马若孟、Mark Elvin、Linda Gail Arrigo、Roll、张五常等都不同程度地利用卜凯调查在自己的研究领域取得了不菲的成绩，但凡是研究民国时期农村社会、农家经济的研究几乎都将此作为最重要的史料加以利用。

前人对 20 世纪前后中国农业的研究基本是基于上述两本著作，因为目前尚没有出现比这更全面的农户调查数据。事实上，对这一历史时间中国农业的研究一直是经济史学界的研究热点，因为该历史时期是中国历史上承前启后的关键时期，向前追溯是对中国传统经济的再评价，在一定程度上解释整个中国经济历史；向后推导涉及如何评价西方对中国经济的冲击，以及整个中国革命的效果。然而由于数据原因，对这一历史时期的研究一直存在分歧。如果能够在保存于南京农业大学的中间统计表的基础上，还原整理出农户层面的数据，将填补民国统计的空白，为相关研究提供民国时期的农业生产、农民生活等基础资料，以便验证研究分歧，加深对该历史时期的深刻理解。本书将着重介绍对这些原始数据的挖掘整理过程，在数据录入、整合、校对的基础上，借助数理分析和统计学工具，对数据重新进行分类，通过与《中国农家经济》和《中国土地利用》中的图表比对，解决单位不统一等问题，最终建立农户数据库，实现使用者与数据的对接。

一、工作基础

2000 年前后，南京农业大学发现了卜凯农村调查的原始资料（household micro data），保存状况总体良好，但部分资料出现残缺、字迹模糊等情况，如果不及时整理，将失去

---

① 出自谢家声、章之汶为《中国农家经济》作的序。

对这部分资料进行整理的机会。2002 年 11 月，南京农业大学经济管理学院与日本东京国际大学合作开发卜凯大规模农村调查数据，但因为数据量庞大，最终仅利用了其中部分数据对特别支出和土地生产率进行了分析。2003～2006 年，南京农业大学继续和日本东京国际大学进行国际合作研究，2007 年又获得东洋文库的资金帮助，重新进行卜凯调查原始资料的电子化活动，至 2008 年年末，以数码照片扫描的形式完成了全部资料的电子化（图 0-1）。然而，因为资金和人力不足，原始资料仅以扫描件的形式保存，未进行进一步的整理与利用。2011 年，南京农业大学人文社会科学重大项目启动，使该项整理工作得以继续实施。

卜凯的两本著作中分别记载了卜凯的两次农村调查范围，第一次是 1921～1925 年，调查了 7 个省份 17 个县 2866 个农户；第二次是 1929～1933 年，调查了 22 个省份 168 个县 16 786 个农户，调查范围史无前例，除了吉林、黑龙江、海南、西藏、新疆，其他省份都覆盖。

南京农业大学现存的原始资料共有 118 包装盒、24 956 页。原中间统计表的标题共有 189 个，去掉重复，统计表标题为 86 个，经整理后确认原始调查资料覆盖 172 个样本县，其中 4 个县为卜凯第一次调查的样本县，剩余 168 个县为卜凯第二次调查的样本县，与《中国土地利用》对应。

现存的 83 个中间统计表中，各个标题（调查内容）的保存状况不同。而且，中间统计表不是每个农户的问卷，而是该调查项目下农户的调查数据及合计等，如图 0-1 所示。依据中间统计表，课题组可以获知农户的原始数据。

二、主要工作内容

（一）基础数据录入与核对

基于原始资料的电子扫描图片，课题组组织了 80 多名二年级以上农林经济管理专业的本科生及 20 多名研究生进行基础数据录入。录入过程要求将每张电子图片中的所有信息（包括标题、地区、变量、数据等），按照电子图片固定的数据表格格式录入 Excel，一张电子图片对应一页 Excel，每页 Excel 以对应的电子图片编号命名，一盒电子图片文件对应一个 Excel 文件。同时，课题组对已经录入的基础数据进行两遍以上的逐字核对，尽可能减少由人工录入导致的低级错误。在此基础之上，课题组还将所有英文标题（包括标题、地区名、变量等）翻译成中文，最终完成英文版与中英文版两种版本的基础数据电子化工作。

梳理录入 Excel 的基础数据过程中，课题组发现中间统计表的数据内容可分为两大类，一类是标有农户编号的农户统计表，另一类是标有地区信息的县乡统计表。其中，22 个中间统计表标题属于农户信息表，剩余 61 个中间统计表标题属于县乡统计表。而县乡统计表中的数据与卜凯 1937 年出版的《中国土地利用（统计资料）》中的数据基本一致，因此，课题组暂时将针对 22 个中间统计表标题下的农户信息表进行电子化与数据库建设（表 0-1）。

Chapter IV. Table 8 c. Utilization of Minor Crops by Amount for Each Use.

Farm Number	Good Cotton Farm use	Sold	Buck wheat Farm use	Sold	Hsiang tou Apricots Farm use	Sold	Turnip Farm use	Sold	Beans Peas Farm use	Sold	Hemp Farm use	Sold
13	10		100									
24	10											
26												
32					15							
37	60		50		5		20		50			
41	40		100		10							
44	80		50									
47	30								50			
53	150		20		15		100		15			
55	150				15							
56											7	
61	600		20		25		120		115			
62	60		40		20							
65	60		300									
Total	1170		300									
72	40		20		20		30				7	
87			290									
Total	40		310		20		30				7	
95	300		30		10		150		300			
98	600										200	
99	60											
Total	860		30		10		150		300		200	
Grand Total	2070		640		30		150		415		7	

图 0-1 卜凯农村调查原始资料电子化图例

表 0-1　农户信息表标题

序号	标题
1	Size of Family　农户家庭规模
2	Able-Bodied Men　健全男子在一年内的工作情况（15 岁以上、60 岁以下）
3	Proportion of All Farm and Subsidiary Works Performed by Family and Hired Labor, by Men, Women and Children　农场家庭劳动力和雇佣劳动力中男工、女工和童工分别从事农场工作和副业的工作时间
4	Amount and Distribution of Live Stock　各种家畜的数量
5	Farm Area Devoted to Different Uses Grouped by Size of Farm　农场中不同用途的土地面积
6	Number and Area of Graves in Farms　农场内坟墓的数量及其所占的面积
7	Number, Distance and Size (Crop Area in Local Units) of Plots and Fields　田地块数与丘数之大小距离及数量（地方单位）
8	Proportion of Farm Area Rented　农场租用面积的百分比
9	Number of Mow of Crop Area Devoted to Various Crops　不同农作物的耕作面积
10	Amount of Fertility Produced on the Farm　农场肥料生产数量
11	Amount and Kind of Fertilizers Applied per Mow　每地方亩肥料的使用种类和数量
12	Changes in the Use of Fertilizers　农场施用肥料的变迁
13	Changes in the Use of Fertilizers　施用肥料种类的变迁
14	Yields per Mow of All Crop (in ton &catties)　农作物的地方亩产量（吨、斤）
15	Most Frequent Yield per Mow of the Byproduct of Important Crops(in catties)　各种主要农作物的副产物每地方亩的通常产量（斤）
16	Most Frequent Yield of Important Crops by Soil Types and Irrigations　按照土壤类型和灌溉地类型分组的主要作物通常产量
17	Utilization of Crops by Amount for Each Use　各种作物各项用途的数量
18	Utilization of Crops by Amount for Each Use　各种作物各项用途的数量（农副产品）
19	Utilization of Minor Crops by Amount for Each Use　各种次要作物各项用途的数量
20	Savings　储蓄
21	Credit and Indebtedness　借贷和债务
22	Special Expenditures　特殊支出

注：本书只摘录了部分卜凯调查原始数据，主要内容为与农业生产相关且完整度比较高的数据。表 12 和表 13 为农场肥料施用变化信息表，因表内肥料变化原因等信息严重缺失，本书中未摘录；表 15、表 18 和表 19 为农副产品及次要作物信息表，受篇幅限制，书中也并未摘录。此外，关于调查地区，本书只摘录了调查内容比较全面的地区，一些调查内容较少的地区在书中也并未摘录。表 0-2 同此

进一步整理 22 个中间统计表标题下的农户信息表发现，相同地区同一标题下的农户信息几乎都不是记录在同一张统计表中，而是分布于好几张中，有些甚至分布于 20 多张统计表中，并且同一标题下的所有农户信息也并不都是分布于同一个文件夹里，有些甚至分布于 20 多个文件夹里。因此，为完整地体现农户调查数据，课题组对同一标题内容下各个地区的农户信息进行整合。

（二）基础数据整合

根据录入 Excel 的基础数据，整合步骤如下：步骤一，将每张 Excel 的农户信息进行确认并命名，命名格式为"标题编码+地区名+农户编号"，如"19+Ankiu 安邱+NO.1-NO.35"；步骤二，基于步骤一，将分布于不同 Excel 中相同标题下相同地区的所有不同编号农户信息整合到同一页 Excel 中，并同样以"标题编码+地区名+农户编号"格式命名，（例如，将 19+Ankiu 安邱+NO.1-NO.35、19+Ankiu 安邱+NO.36-NO.68 和 19+Ankiu 安邱+NO.69-NO.100 合并为 19+Ankiu 安邱+NO.1-NO.100）；步骤三，基于步骤二，继续将分布于不同 Excel 中的相同标题下所有地区农户信息整合到同一个 Excel 中，并以"标题编码"

格式命名（例如，将 19+Ankiu 安邱、19+Kaoan 高安和 19+Tangyi 堂邑等合并到同一个 Excel 中，并命名 19.Utilization of Minor Crops by Amount for Each Use；步骤四，基于步骤三，最后将各标题对应的 Excel 中所有地区赋予统一的地区代码，按照代码进行排序，并于每个 Excel 的第一页制作该 Excel 包含标题内容、调查地区、调查样本总量等信息的目录，为后期的数据库建设奠定基础。图 0-2 为详细的步骤图。

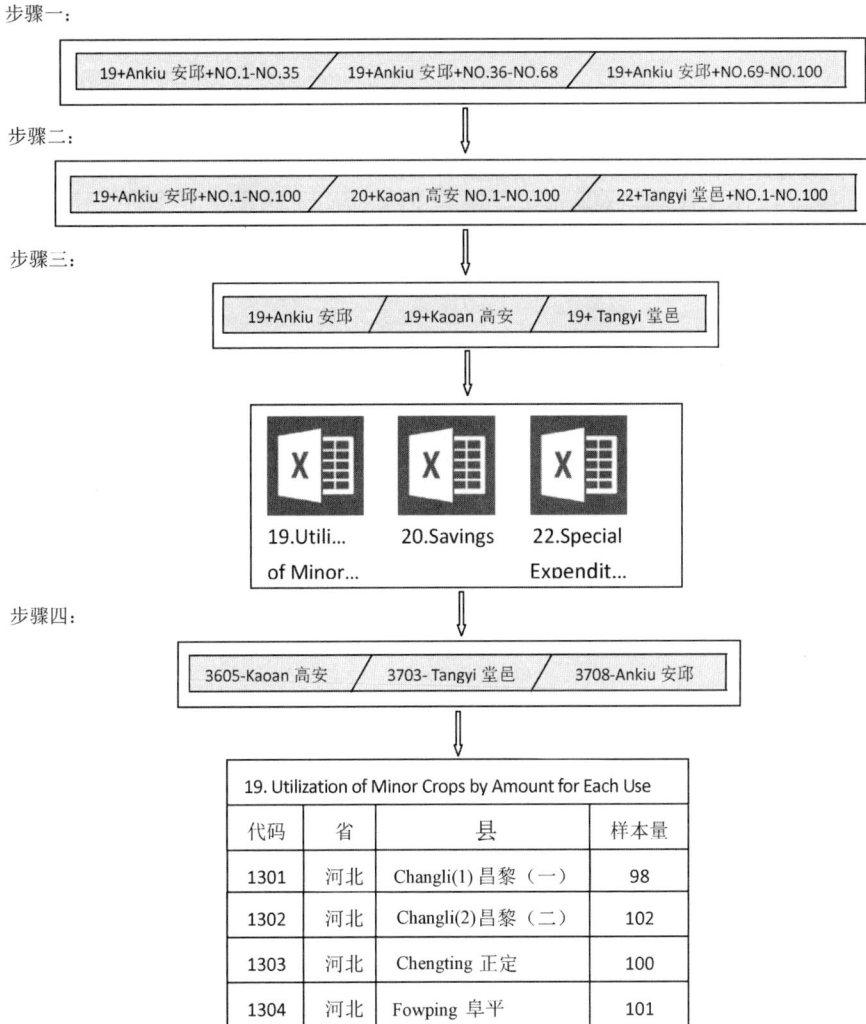

步骤一：

| 19+Ankiu 安邱+NO.1-NO.35 | 19+Ankiu 安邱+NO.36-NO.68 | 19+Ankiu 安邱+NO.69-NO.100 |

步骤二：

| 19+Ankiu 安邱+NO.1-NO.100 | 20+Kaoan 高安 NO.1-NO.100 | 22+Tangyi 堂邑+NO.1-NO.100 |

步骤三：

| 19+Ankiu 安邱 | 19+Kaoan 高安 | 19+ Tangyi 堂邑 |

| 19.Utili... of Minor... | 20.Savings | 22.Special Expendit... |

步骤四：

| 3605-Kaoan 高安 | 3703- Tangyi 堂邑 | 3708-Ankiu 安邱 |

19. Utilization of Minor Crops by Amount for Each Use			
代码	省	县	样本量
1301	河北	Changli(1) 昌黎 （一）	98
1302	河北	Changli(2)昌黎 （二）	102
1303	河北	Chengting 正定	100
1304	河北	Fowping 阜平	101

图 0-2 基础数据整合步骤展示图

以上整合工作使零散的农户基础数据得到了良好的规整，农户调查数据库建设初现雏形，但仍然存在一些由原始手稿保存不善受损、手稿本来存在笔误、手稿字迹辨识不清、遗漏等带来的问题，需要做进一步的甄别与修复。

（三）数据甄别与修复

需要进一步甄别与修复的数据大概可分为以下三类。

1．数值

数值问题主要表现为：手稿字迹辨识不清、手稿修改痕迹反复、遗漏等。较为典型类型如下。

例1 手稿中多数小于 1 的小数都是用".数字"来表示，数据录入过程中，有些会因"."的笔迹模糊或淡化而无法确定该值是否为小于 1 的小数（图 0-3）；手稿中还存在数值辨认不清的问题，如 1 与 7，3 与 5 等（图 0-4）。

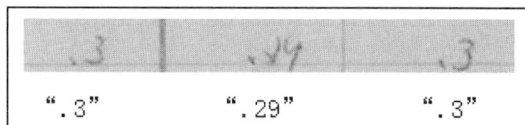

图 0-3　手稿样本 1

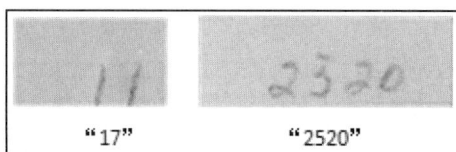

图 0-4　手稿样本 2

例2 如图 0-5 与图 0-6 所示，原始手稿修改痕迹反复，容易误导录入工作。

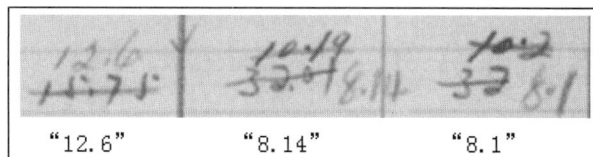

图 0-5　手稿样本 3

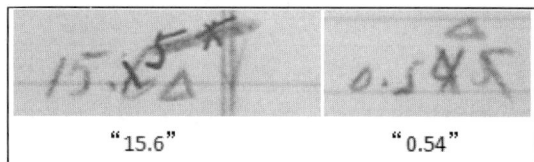

图 0-6　手稿样本 4

上述三种数值问题均可以通过原始手稿中每个地区每一列变量的 Total（总计）与 Grand total（总计）值推算相关模糊数据（图 0-7）。

图 0-7　手稿样本 5

例 3 手稿中关于"等成人劳动力"与"农场厩肥生产量"的数值，只有部分地区有记录，很多地区存在数值遗漏现象。

关于数值遗漏问题，对照卜凯的《中国土地利用》可以发现，"等成人劳动力"与"农场厩肥生产量"的数值并非调研所得的第一手资料，而是卜凯根据实地情况进行的数值换算结果。"等成人劳动力，即成年男子为 1 个劳动力，女子为 0.8 个劳动力，儿童为 0.5 个劳动力"，"农场厩肥生产量按每家畜单位年生产 7250 千克计算"。按照卜凯对数值的处理方法，可以对遗漏数值进行修复。

2. 单词拼写

单词拼写问题主要表现为：手稿中由于书写习惯差异，单词书写字体不一，容易使母语非英文的录入者辨识不清，如"S"与"R"，"a"与"o"等。该类问题主要存在于作物名称拼写中，课题组的处理方法如下。

如图 0-8 所示，手稿样本 6 为一种农作物副产物的名称，根据字迹辨识出的单词拼写可能为"sope stalk"，词义并非农作物副产物。那么根据农作物副产物源自生产的农作物，课题组对照该地区生产的所有农作物，最后推测出为"Rape stalk"。以此类推，作物名称单词拼写问题均可通过对照该地区的作物生产投入表、产出表及用途表等进行推测。

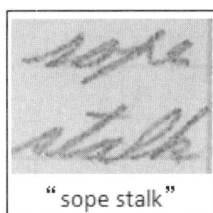

图 0-8 手稿样本 6

3. 中文方言

卜凯的原始手稿中存在不少以"中文方言"形式记录的信息，这些方言体表述与一般的书面语表述存在很大差异。

如图 0-9 所示，手稿样本 7 为江西省德安县的一种以中文方言记录的主要作物，针对作物名称问题，课题组仍然采用通过对照投入表、产出表及用途表进行推测，最后推测出该作物名为"Turnips（白萝卜）"。但此方法只适用于主要作物，一些次要作物的名称问题仍然未能得到准确推测，如"秋子""土瓜"等，有待做进一步的探究。

图 0-9 手稿样本 7

（四）农户数据深度核对

基于修复后的农户数据，课题组进一步核对不同标题内容下相同地区相同编号的农户信息是否存在一一对应关系。首先，课题组核对了各地区的农户样本总量，发现各标题下相同地区的农户样本总量是一致的；其次，课题组将不同标题下相同变量的农户数据进行抽样核对，如标题"14. Yields Per Mow of All Crop"中的农作物通常产量与标题"16.Most Frequent Yield of Important Crops by Soil Types and Irrigations"中按土壤及灌溉类型分类的农作物通常产量，发现两个标题下相同地区相同农户编号同种作物的通常产量数值是一致的；最后，课题组进一步抽样核对农户农业生产投入（标题11）与产出（标题14）、土地租赁（标题8）与纳租（标题17）等信息，发现相同地区相同农户编号的这些信息均存在一一对应关系。进而，课题组断定不同标题下相同地区相同编号的农户信息都是存在一一对应关系的，农户信息基本完整。

基于以上判断，课题组再次将农户农业生产的投入（标题11）与产出（标题14）、产量（标题14）与用途（标题17）、土地租赁（标题8）与纳租（标题17）等具有相关性的数据，按照相同地区相同农户编号进行一一核对，进一步检查农户数据中的错行现象，并进行校正。例如，图0-10为相同地区相同农户编号土地租赁与纳租信息的合并校对，1~5号农户中只有2号与4号农户租入土地，但3号与5号农户显示有纳租信息，说明数据存在错行，在通过与不同用途的农场面积（标题5）进行比对后确认土地租赁信息正确，故将3号与5号的农户纳租数据调整为2号与4号农户的。

Farm Number	Land Ownership					Crop Farm use		Farm Number	Land Ownership					Crop Farm use
	Ower	Part-owner			Tenant	Rent			Ower	Part-owner			Tenant	Rent
		Ower	Rented	Total						Ower	Rented	Total		
1	11.5							1	11.5					
2		2.4	10					2		2.4	10			200
3	13.5					200		3	13.5					
4			15					4			15			300
5	15.5					300		5	15.5					

（a）存在错行　　　　　　　　　　　　　（b）已经矫正

图0-10　土地租赁与纳租信息对照图例

此外，课题组还进一步核对挖掘出来的农户数据是否与卜凯的《中国土地利用（统计资料）》中的统计数据一致，样本是否存在缺失。首先，课题组核对农户数据标题与《中国土地利用（统计资料）》中的统计标题，发现《中国土地利用（统计资料）》中的统计标题几乎包含所有农户数据标题，而《中国土地利用（统计资料）》中气候、营养、物价及税则、农产运销、生活程度、人口等部分的数据，在农户数据中未能找到，可能存在缺失。其次，课题组核对农户数据样本量与《中国土地利用（统计资料）》中的样本量，发现各地区的农户数据样本量与《中国土地利用（统计资料）》中记录的调查样本量一致，并且《中国土地利用（统计资料）》中记录的调查数据刚好为该地区农户调查数据的均值、中值或百分比。因此，可以推断除非样本县关于某项内容的数据确实不存在，否则其中农户样本量完整，而调查内容（气候、营养、人口等）存在整块缺失。已经挖掘的农户数据可通过与《中国土地利用（统计资料）》中的数据进行比较来实现进一步的校对及修复。

（五）度量衡转换率推算

卜凯进行农村调查期间，民间度量衡并未统一。卜凯在原始手稿中记录的衡量单位均为非统一单位，但在对应的《中国土地利用》中均将其转化为统一的公制单位。因此，为保证数据的可比性，在整理农户数据的过程中，有必要对相应的度量衡问题进行探究。课题组对以下几个方面的度量衡转换率进行了推算。

1. 面积度量单位

卜凯在原始手稿中以"Mow"来记录各地区的耕地面积，并在《中国土地利用》中记录"每地区土地测量单位不一"，即各地区"Mow"的衡量标准不一。但在《中国土地利用》中这些"Mow"均被统一为"公顷"。因此，课题组通过查阅卜凯的《中国土地利用》材料，发现《中国土地利用（统计资料）》中记录了"Mow"与"公顷"的折合率（用α表示）。最后，课题组将该折合率作为耕地面积单位的转化率。

2. 产量度量单位

卜凯在原始手稿中以"T""C""O""P"等来记录各地区不同作物的产量，并且在《中国农家经济》中记录"不同地区衡量质量的单位不一"，有些是重量单位，如"C""O"，有些是体积单位，如"T""P"，在《中国土地利用》中这些产量单位均被统一为"公斤"或"斤"。而《中国土地利用（统计资料）》中仅记录了各地区"C"与"公斤"的折合率。那么如何将这些除"C"以外的非统一单位转化成统一的公制单位？以"T"为例，课题组发现：原始农户表中有各地区各种主要作物的平均单位产量，用字母 Y 表示，单位为"T/Mow"，《中国土地利用（统计资料）》中有已经转化为统一单位的各地区各种主要作物的平均单位产量，用字母 X 表示，单位为"公担/公顷"，两者所表达的产值是一致的。因此，课题组构建"T"与"公斤"的转化公式：

$$\beta = \frac{X（公担／公顷）\times 100（公斤／公担）}{\alpha（种植面积／公顷）\times Y（T／种植面积）} \quad （单位：公斤/T）$$

其他非统一单位"O""P"等均可按照以上公式进行转化。

为检验以上转化公式是否正确，课题组选取了一个以"C"为单位的作物，按照公式进行转化，最后得到的转化率与卜凯的《中国土地利用（统计资料）》中一致。因此，以上公式可普遍应用于作物产量单位的转化。

3. 距离度量单位

卜凯在原始手稿中并未标注衡量距离的单位，如变量"Distance of the farthest plots"和"Average distance"。而《中国土地利用（统计资料）》中有这两个变量的地区均值，单位为"公里"。因此，对照《中国土地利用（统计资料）》，能计算出该未标注单位与"公里"的转化率，基于此各地区的距离值均能转为统一的公制单位"公里"。

4. 货币度量单位

卜凯在原始手稿中以"D"（吊）与"$"来表示货币单位，而在《中国土地利用（统计资料）》中以统一的"元"和"银元"表示。因此，对照《中国土地利用（统计资料）》，课题组也可以相应地推算出"D"或"$"与"元"和"银元"之间的关系。

三、获取的成果

本数据电子化与数据库建设工作在全面完成以上录入、核对、整合、甄别、修复、再核对、转化等基础工作的基础上，将 22 个标题下的所有农户信息进行合并，并以省份为单位对一些损毁或遗漏的数据进行仿真和修复，构建成了一个完整的网络数据库，并计划以省份为单位先后进行出版，如《卜凯农户调查数据汇编（1929～1933）（江苏篇）》。

完整的数据库包含 22 个省份 172 个地区 17 203 个农户。其中，4 个地区 [江苏江都（一）、江苏宜兴、江苏东台及湖北天门] 的调查时间在 1924～1925 年，剩余 168 个地区的调查时间为 1929～1933 年，该 168 个地区的调查数据与《中国土地利用（统计资料）》对应。

合并 22 个标题下的农户数据，我们发现各调查地区的调查内容（标题）完整度不一。如标题"1. Size of Family"的调查地区有 168 个，标题"2. Able-Bodied Men"的调查地区有 102 个，而标题"11. Amount and Kind of Fertilizers Applied per Mow"的调查地区仅有 87 个。因此，我们将 22 个标题按照能够体现小农农业生产的重要程度，划分为主要标题、次要标题及普通标题，最后统计包含各等级标题内容的完整农户信息的样本量，统计结果显示（表 0-2），包含所有主要标题的农户样本有 18 个省份 77 个地区 7853 个农户；包含所有主要标题和次要标题的农户样本有 14 个省份 48 个地区 4881 个农户；包含所有标题的农户样本有 7 个省份 14 个地区 1432 个农户。

表 0-2　各等级完整程度的农户信息样本量

等级	序号	标题
主要标题	1	Size of Family　农户家庭规模
	3	Proportion of All Farm and Subsidiary Works Performed by Family and Hired Labor, by Men, Women and Children　农场家庭劳动力和雇佣劳动力中男工、女工和童工分别从事农场工作和副业的工作时间
	5	Farm Area Devoted to Different Uses Grouped by Size of Farm　农场中不同用途的土地面积
	8	Proportion of Farm Area Rented　农场租用面积的百分比
	11	Amount and Kind of Fertilizers Applied per Mow　每地方亩肥料的使用种类和数量
	14	Yields per Mow of All Crop (in ton &catties)　农作物的地方亩产量（吨、斤）
	17	Utilization of Crops by Amount for Each Use　各种作物各项用途的数量
次要标题	2	Able-Bodied Men　健全男子在一年内的工作情况（15 岁以上、60 岁以下）
	4	Amount and Distribution of Live Stock　各种家畜的数量
	10	Amount of Fertility Produced on the Farm　农场肥料生产数量
	20	Savings　储蓄
	21	Credit and Indebtedness　借贷和债务
	22	Special Expenditures　特殊支出
普通标题	6	Number and Area of Graves in Farms　农场内坟墓的数量及其所占的面积
	7	Number, Distance and Size (Crop Area in Local Units) of Plots and Fields　田地块数与丘数之大小距离及数量（地方单位）
	9	Number of Mow of Crop Area Devoted to Various Crops　不同农作物的耕作面积
	12	Changes in the Use of Fertilizers　农场施用肥料的变迁
	13	Changes in the Use of Fertilizers　施用肥料种类的变迁
	15	Most Frequent Yield per Mow of the Byproduct of Important Crops(in catties)　各种主要农作物的副产物每地方亩的通常产量（斤）
	16	Most Frequent Yield of Important Crops by Soil Types and Irrigations　按照土壤类型和灌溉地类型分组的主要作物通常产量
	18	Utilization of Crops by Amount for Each Use　各种作物各项用途的数量（农副产品）
	19	Utilization of Minor Crops by Amount for Each Use　各种次要作物各项用途的数量

卜凯数据使用说明

一、名词定义

家畜单位（animal unit）：以每一黄牛为一标准单位，其他家畜皆视其食量及所产粪量之多寡，化为家畜单位之倍数或分数，如猪五口、水牛一头三之二、马一匹、骡一头、驴一头、鸡百只皆等于一家畜单位。

家庭（family）：指所有同居共食之亲属而言，或为大家庭包括农场主与其妻及近亲，如农场主之兄弟、兄弟媳、侄男女，以及农场主父母与雇工等；或为小家庭，只农场主夫妻及其子女。

等成人劳动力（man-equivalent）：以一成年男性 12 个月做工记一等成人劳动力。等成人劳动力折算过程中，女工纯粹从事家务的，在此处不计入，从事田场及副业的工作月数须乘以 0.8，童工工作月数须乘以 0.5。

厩肥（animal manure）：参照《中国土地利用》，按照每家畜单位年产 7250 千克计算。

u：unknown 的缩写，意思为"未知"或"不详"。

二、度量衡转化率

1. 面积"Mow"、重量单位"C"与公制单位的转化率

地区	每地方亩（Mow）折合公顷数	每地方单位折合地方亩数	每当地 C 折合公斤数	每当地两（O）折合当地 C 数
汤溪	0.045 38	2.50	0.576 99	1/16
桐庐（1）	0.068 22		0.603 77	1/16
桐庐（2）	0.068 22		0.574 92	1/16
东阳	0.069 20	0.05	0.695 65	1/16
余姚	0.067 25		0.588 98	1/16

2. 距离单位"地方单位"与公制单位"公里"的转化率

地区	1 地方单位折合成公里数
汤溪	0.59
桐庐（1）	0.58
桐庐（2）	0.56
东阳	0.58
余姚	0.58

3. 货币单位 "$、吊" 与公制单位 "银元（元）" 的转化率

"表 21 借贷与债务" 中货币的转换率

地区	1$折合成银元数（均值）	1$折合成银元数（生产用途）	1$折合成银元数（非生产用途）
汤溪	2.92	3.000	2.839
桐庐（1）	4.45	4.750	4.143
桐庐（2）	3.66	3.636	3.692
东阳	1.99	1.982	2.000
余姚	5.11	5.083	5.132

三、数据加总说明

书中调查数据包括农户信息数据和地区加总数据。地区加总数据理论上为该地区所有农户调查数据之和，但受数据小数位保留问题的影响，加总数据与书中实际农户数据之和可能存在小数位的误差。

表 1-1 农户家庭规模（汤溪）

农场编号	家庭规模	农场编号	家庭规模
1	4	44	5
2	4	45	8
3	5	46	9
4	7	47	7
5	5	48	6
6	5	49	4
7	5	50	8
8	4	51	7
9	5	52	11
10	5	53	8
11	7	54	8
12	4	55	9
13	11	56	8
14	3	57	8
15	5	58	4
16	3	59	7
17	2	60	4
18	6	61	10
19	4	62	6
20	5	63	6
21	4	64	8
22	6	65	9
23	5	66	7
24	9	67	6
25	4	68	13
26	5	69	8
27	8	70	10
28	6	71	9
29	3	72	5
30	5	73	8
31	5	74	11
32	8	75	11
33	7	76	8
34	6	77	7
35	7	78	9
36	5	79	22
37	7	80	10
38	8	81	6
39	6	82	12
40	3	83	6
41	5	84	9
42	7	85	18
43	6	86	14

农场编号	家庭规模	农场编号	家庭规模
87	15	95	14
88	16	96	18
89	15	97	29
90	9	98	10
91	15	99	25
92	12	100	21
93	13	总计	830
94	15		

表 1-2　农户家庭规模（桐庐 1）

农场编号	家庭规模	农场编号	家庭规模
1	5	44	3
2	4	45	5
3	3	46	4
4	4	47	3
5	3	48	4
6	3	49	2
7	5	50	4
8	5	51	3
9	6	52	6
10	2	53	3
11	4	54	4
12	3	55	7
13	4	56	8
14	2	57	6
15	1	58	7
16	3	59	3
17	3	60	5
18	3	61	2
19	3	62	6
20	2	63	3
21	5	64	4
22	4	65	4
23	6	66	5
24	5	67	6
25	4	68	7
26	5	69	5
27	3	70	6
28	2	71	5
29	8	72	8
30	4	73	9
31	4	74	6
32	6	75	5
33	3	76	7
34	3	77	6
35	5	78	12
36	6	79	4
37	3	80	9
38	3	81	3
39	5	82	4
40	5	83	7
41	5	84	8
42	4	85	2
43	5	86	2

农场编号	家庭规模	农场编号	家庭规模
87	10	97	5
88	5	98	15
89	10	99	13
90	7	100	6
91	8	101	11
92	3	102	16
93	8	103	6
94	16	104	3
95	10	105	10
96	10	总计	565

表 1-3　农户家庭规模（桐庐 2）

农场编号	家庭规模	农场编号	家庭规模
1	1	44	2
2	2	45	2
3	2	46	4
4	2	47	4
5	1	48	2
6	2	49	2
7	3	50	6
8	6	51	3
9	7	52	3
10	1	53	2
11	2	54	6
12	3	55	4
13	4	56	6
14	1	57	1
15	4	58	7
16	3	59	9
17	4	60	3
18	1	61	2
19	4	62	6
20	6	63	4
21	2	64	5
22	2	65	4
23	2	66	9
24	4	67	5
25	9	68	3
26	4	69	5
27	3	70	4
28	4	71	5
29	5	72	6
30	1	73	2
31	6	74	5
32	3	75	6
33	2	76	4
34	7	77	2
35	3	78	5
36	4	79	7
37	2	80	6
38	4	81	6
39	2	82	5
40	4	83	5
41	1	84	4
42	7	85	4
43	7	86	6

农场编号	家庭规模	农场编号	家庭规模
87	5	96	5
88	4	97	5
89	7	98	10
90	6	99	7
91	5	100	7
92	6	101	9
93	5	102	10
94	3	总计	440
95	8		

表 1-4　农户家庭规模（东阳）

农场编号	家庭规模	农场编号	家庭规模
1	4	45	5
2	3	46	3
3	4	47	7
4	3	48	3
5	4	49	4
6	2	50	5
7	3	51	5
8	3	52	6
9	4	53	7
10	5	54	6
11	4	55	5
12	5	56	4
13	5	57	6
14	4	58	5
15	7	59	5
16	6	60	4
17	3	61	6
18	5	62	
19	2	63	4
20	3	64	4
21	5	65	7
22	4	66	5
23	4	67	5
24	4	68	3
25	3	69	3
26	4	70	6
27	3	71	6
28	3	72	9
29	3	73	3
30	3	74	8
31	5	75	8
32	5	76	5
33	3	77	6
34	5	78	10
35	3	79	5
36	6	80	5
37	4	81	7
38	3	82	8
39	4	83	7
40	5	84	9
41	7	85	16
42	3	86	16
43	3	总计	427
44	5		

表 1-5 农户家庭规模（余姚）

农场编号	家庭规模	农场编号	家庭规模
1	2	44	3
2	2	45	6
3	2	46	4
4	5	47	4
5	7	48	6
6	1	49	3
7	3	50	4
8	3	51	4
9	2	52	4
10	3	53	4
11	2	54	4
12	4	55	3
13	4	56	7
14	3	57	3
15	2	58	9
16	3	59	4
17	4	60	2
18	3	61	5
19	2	62	4
20	3	63	6
21	4	64	4
22	1	65	6
23	5	66	2
24	3	67	3
25	4	68	4
26	3	69	3
27	6	70	3
28	4	71	4
29	4	72	7
30	5	73	4
31	5	74	2
32	4	75	6
33	4	76	4
34	4	77	7
35	4	78	6
36	3	79	4
37	5	80	4
38	5	81	7
39	4	82	4
40	4	83	5
41	4	84	3
42	5	85	7
43	3	86	2

农场编号	家庭规模	农场编号	家庭规模
87	5	104	5
88	5	105	10
89	6	106	14
90	8	107	3
91	4	108	8
92	6	109	5
93	4	110	7
94	6	111	12
95	7	112	17
96	5	113	6
97	9	114	6
98	6	115	10
99	2	116	9
100	6	117	8
101	3	118	12
102	6	总计	571
103	8		

表 2-1 健全男子在一年内的工作情况（15岁以上、60岁以下）（汤溪）

农场编号	人数/人					休闲月份												休闲总月数/月	生病总月数/月	工作总月数/月
	全部时间工作者	无工作者	全年生病者	一部分时间有病者	一部分时间休闲者	1	2	3	4	5	6	7	8	9	10	11	12			
1					1	√												1		
2					1	√												1		
3					1	√												1		
4					1	√												1		
5					1	√												1		
6					1	√												1		
7					2	√√												2		
8					2	√√												10		
9					1	√												1		
10					1	√												1		
11					1	√												1		
12					3	√√√	√	√	√				√	√	√	√	√	13		
13					2	√												3		
14					1	√												1		
15					1	√												1		
16	1																			
17					1	√												1		
18					1	√												1		
19					1	√												1		
20					1	√												1		
21					1	√												1		
22				1	1	√												1		
23					1	√												1		
24		1			2	√√	√	√	√	√	√	√	√	√	√	√	√	17		
25					2	√√												2		
26					1	√												1		
27					2	√√												2		
28	1				1	√												1		
29					2	√√												2		
30					1	√												1		
31					2	√												3		
32					3	√√√												3		
33					2	√√												2		
34					2	√												4		
35					2	√√												2		
36					2	√√												2		
37					2	√√												2		
38					3	√√√												3		
39	0.5				2	√√	√											5		
40					1	√												1		
41					2	√√												2		

农场编号	人数/人					休闲月份												休闲总月数/月	生病总月数/月	工作总月数/月
	全部时间工作者	无工作者	全年生病者	一部分时间有病者	一部分时间休闲者	1	2	3	4	5	6	7	8	9	10	11	12			
42					1	√												1		
43					3	√√												4		
44					2	√√												2		
45					2	√												2		
46					1													1		
47					2	√√												2		
48					2	√√												2		
49					3	√√												4		
50					2	√√												2		
51					1.75	√√												2		
52					3	√√√												6		
53					3	√√√												10		
54					2	√√												2		
55					2	√√												2		
56					2	√√												2		
57					3	√√√												3		
58					1	√												1		
59					2	√√												2		
60					2	√√												2		
61				1*	3*	√												6	3	
62	1				2	√√												2		
63					3	√√√												3		
64					3	√√√												6		
65	1				3	√√												5		
66					2	√√												2		
67					2	√√												2		
68					3.5	√√√√												8		
69					3	√√√												3		
70					3	√√√												3		
71					4	√√√√												4		
72					3	√√√												3		
73					3	√√√												3		
74					3	√√√												6		
75				1*	3*	√√√												3.5	0.5	
76		1			2	√√√	√	√	√	√	√	√	√	√	√	√	√	14		
77					4	√√√√												4		
78					5	√√√ √√												8		
79					7	√√√ √√√ √												7		
80					4	√√√√												7		
81					4	√√√												6		

农场编号	人数/人					休闲月份												休闲总月数/月	生病总月数/月	工作总月数/月
	全部时间工作者	无工作者	全年生病者	一部分时间有病者	一部分时间休闲者	1	2	3	4	5	6	7	8	9	10	11	12			
82					6	√√√ √√√												9		
83					3	√√√												3		
84	1				3	√√√												3		
85					5	√√√ √√												5		
86					5	√√√ √√												8		
87					6	√√√√												15		
88	1				5	√√√ √√												5		
89					6	√√√√												8		
90					5	√√√ √√												5		
91		1			7	√√√ √√√ √√	√	√	√	√	√	√	√	√	√	√	√	23		
92					5	√√√												9		
93	1				7	√√√ √√												12		
94					5	√√√ √√												5		
95					6	√√√ √√												8		
96		1			8	√√√ √√√ √√	√	√	√	√	√	√	√	√	√	√	√	23		
97	1			1*	9*	√√√ √√√ √												10	5	
98					6	√√√ √√√												6		
99				1*	7*	√√√ √√√												6		
100		1			8	√√√ √√√ √√	√	√	√	√	√	√	√	√	√	√	√	25	8	
总计	8.5	5	1	4*	282.25	264	7	6	6	5	5	5	6	6	6	6	6	446.5	16.5	

* 表示4个人，占比1.68%，在空闲时期生病

表 2-2　健全男子在一年内的工作情况（15 岁以上、60 岁以下）（桐庐 1）

农场编号	人数/人					休闲月份												休闲总月数/月	生病总月数/月	工作总月数/月
	全部时间工作者	无工作者	全年生病者	一部分时间有病者	一部分时间休闲者	1	2	3	4	5	6	7	8	9	10	11	12			
1	1																			
2	1																			
3	2																			
4	1																			
5																				
6	1																			
7	1																			
8																				
9	1																			
10	1																			
11	1																			
12	1																			
13	1																			
14	1																			
15	1																			
16																				
17	1																			
18	1																			
19	1																			
20					1	√											√	2		
21	1																			
22	1																			
23	2																			
24	1																			
25	1				2	1										1/2	1/2	2		
26	1																			
27	1																			
28	1																			
29	1				1	1/2											1/2	1		
30	1																			
31	2																			
32	3																			
33	1																			
34	1																			
35					2	√ 1/3	√ 1/3	√	√	√	√	√	√				1/3	9		
36	1																			
37	1																			
38	1																			
39	1			1															1	
40	1																			
41	2																			

农场编号	人数/人					休闲月份												休闲总月数/月	生病总月数/月	工作总月数/月
	全部时间工作者	无工作者	全年生病者	一部分时间有病者	一部分时间休闲者	1	2	3	4	5	6	7	8	9	10	11	12			
42	1			1															8	
43	1																			
44	1																			
45	2																			
46	1																			
47	1																			
48	1																			
49																				
50	1																			
51	1																			
52	3																			
53	1																			
54	1																			
55	2																			
56	3																			
57	1																			
58	1				1													2		
59	1																			
60	2																			
61	1																			
62	1																			
63	1				1	√	√	√						√	√	√	√	7		
64	1																			
65	1																			
66																				
67	1																			
68	1																			
69	3																			
70	2																			
71	1																			
72	3				1										√	√		2		
73	3																			
74	1																			
75	1																			
76	3																			
77	2																			
78	5																			
79	1	1				√	√	√	√	√	√	√	√	√	√	√	√	12		
80	1		1		1								√					1		12
81	1																			
82	1																			
83	2																			

农场编号	人数/人					休闲月份												休闲总月数/月	生病总月数/月	工作总月数/月
	全部时间工作者	无工作者	全年生病者	一部分时间有病者	一部分时间休闲者	1	2	3	4	5	6	7	8	9	10	11	12			
84	3																			
85	1																			
86	2																			
87	2				2	1/2	√	√	√	√	√	√	1/2					9		
88	1																			
89	3				1													1		
90	3				2	√						√	√			√		4		
91	3																			
92	1																			
93	1																			
94	6																			
95	4																			
96	2				1	√												1		
97	1																			
98	4																			
99	2				1	1/2											1/2	1		
100	1																			
101	2		1		1												√	1	12	
102	3																			
103	2	1				√	√	√	√	√	√	√	√	√	√	√	√	12		
104	2																			
105	4																			
总计	157	2	2	2	18	9.83	5.33	5	4	4	4	5	5.5	3	3	4	8.33	67	33	

表 2-3　健全男子在一年内的工作情况（15 岁以上、60 岁以下）（桐庐 2）

农场编号	人数/人					休闲月份												休闲总月数/月	生病总月数/月	工作总月数/月
	全部时间工作者	无工作者	全年生病者	一部分时间有病者	一部分时间休闲者	1	2	3	4	5	6	7	8	9	10	11	12			
1					1									0.75	0.75	0.75	0.75	3		
2	1																			
3	1																			
4					1	√	√	√	√									4		
5	1																			
6	1																			
7	1																			
8	1																			
9					2	√					√	√					√	4		
10	1																			
11																				
12	1																			
13	1																			
14	1																			
15					1	0.67	0.67									0.67		2		
16	1																			
17	1																			
18	1																			
19	1																			
20	2																			
21	1																			
22	1																			
23	1																			
24	1			1*	1*														9	
25	2																			
26	1																			
27	1																			
28	1																			
29	1																			
30	1																			
31	2																			
32	1																			
33	1																			
34	1																			
35	1																			
36	1																			
37	1																			
38	1																			
39	1																			
40	1																			
41	2																			

农场编号	人数/人					休闲月份												休闲总月数/月	生病总月数/月	工作总月数/月
	全部时间工作者	无工作者	全年生病者	一部分时间有病者	一部分时间休闲者	1	2	3	4	5	6	7	8	9	10	11	12			
42	2																			
43	2																			
44	1																			
45	1																			
46	1																			
47	2																			
48	2																			
49	1																			
50	4																			
51	1																			
52	1																			
53	1																			
54	2																			
55	1																			
56	5																			
57	1																			
58	1																			
59	3																			
60	2																			
61	1																			
62	1																			
63						2	1.6	1.6								1.6	1.6	1.6	8		
64	2																			
65	1																			
66	5																			
67	1																			
68	1																			
69	2																			
70	1																			
71	1																			
72	1					1														6	
73	1																			
74	1																			
75	2																			
76	2																			
77	1																			
78	1																			
79	1																			
80	2																				9
81	1																			
82	2																			
83	1																			

农场编号	人数/人 全部时间工作者	无工作者	全年生病者	一部分时间有病者	一部分时间休闲者	休闲月份 1	2	3	4	5	6	7	8	9	10	11	12	休闲总月数/月	生病总月数/月	工作总月数/月
84	1																			
85	1																			
86	1																			
87	3																			
88	1																			
89	2																			
90	2																			
91	2																			
92	1																			
93	1																			
94	1				1	√	√	√	0.5				0.5	√	√	√	√	8		
95	3																			
96	1																			
97	2																			
98	2				1	0.5						0.5	0.5				0.5	2		
99	3																			
100	3																			
101	1				2	√										√	2	4		
102	3																			
总计	140			1*	10*	8.17	4.27	3.6	1.5		1	1.5	1	1.75	1.75	4.35	7.52	28.6	23	9

* 表示 1 个人，占比 0.6%，在空闲时期生病

表 2-4　健全男子在一年内的工作情况（15岁以上、60岁以下）（东阳）

农场编号	人数/人					休闲月份												休闲总月数/月	生病总月数/月	工作总月数/月
	全部时间工作者	无工作者	全年生病者	一部分时间有病者	一部分时间休闲者	1	2	3	4	5	6	7	8	9	10	11	12			
1	1				1	√	√									√	√	4		
2	1																			
3					2											√		2		
4	1																			
5					1													2		
6					1													2		
7					1													2		
8	1																			
9	1																			
10					1													2		
11	1																			
12	1			1*	1*													3	3	
13	1			1	1						√							1	1	
14	1																			
15					1													2		
16	1																			
17					1		√	√										2		
18	1																			
19					1													2		
20					1													1		
21					1													1		
22					1													10		
23					1		√					√						2		
24					1													1		
25					1													2		
26	1		1																1	
27					1													1		
28				1*	2*	3/7	3/7	3/7						3/7	3/7	3/7	3/7	4	4	
29	1																			
30																				
31	1																			
32	1																			
33					1													1		
34	1																			
35	1																			
36	1																			
37					1													1		
38					1													1		
39																				
40				1*	3*	1/2	√	1/2										4	1	
41					1													4		

农场编号	人数/人					休闲月份												休闲总月数/月	生病总月数/月	工作总月数/月
	全部时间工作者	无工作者	全年生病者	一部分时间有病者	一部分时间休闲者	1	2	3	4	5	6	7	8	9	10	11	12			
42				1															1	
43					1													1		
44					1													1		
45				1	1													1	1	
46					1													1		
47					2													5		
48					1													1		
49	1																			
50				1															1	
51	1				1													1		
52	1																			
53					2													3		
54					1													1		
55					2													5		
56	1																			
57				1*	2*	1/2	1/2	1/2										2.5	1.5	
58					1													1		
59					1													1		
60				1*	1*									1/2				0.5	0.5	
61	1				2													8		
62	0																			
63					2		√	√										4		
64	1																			
65	1			1*	1*							1/2						0.5	0.5	
66				1*	1*										√			1	1	
67					1													1		
68					1	√										√	√	3		
69				1															2	
70					1													1		
71	1.5				1													3		
72					4													9		
73					1													1		
74				1	1													1	1	
75	2				2	√	√				√					√	√	5		
76					2													2		
77					3													7		
78					2													2		
79					3	√ √										√	√	8		
80	1																			
81					2	√										√	√	8		
82					2												√	2		
83	1				1	√						√						2		

农场编号	人数/人					休闲月份												休闲总月数/月	生病总月数/月	工作总月数/月
	全部时间工作者	无工作者	全年生病者	一部分时间有病者	一部分时间休闲者	1	2	3	4	5	6	7	8	9	10	11	12			
84	1				2	√	√			√	√	√				√	√	9		
85					5													9		
86					5		√											6		
总计	31.5			14(1/3*)	91*	9.4	9.4	2.9		1	3	3.5		0.93	1.4	7.4	7.4	174.5	19.5	

＊表示 7 个人，占比 5.4%，在空闲时期生病

表2-5　健全男子在一年内的工作情况（15岁以上、60岁以下）（余姚）

农场编号	人数/人					休闲月份												休闲总月数/月	生病总月数/月	工作总月数/月
	全部时间工作者	无工作者	全年生病者	一部分时间有病者	一部分时间休闲者	1	2	3	4	5	6	7	8	9	10	11	12			
1																				
2	1																			
3	1																			
4	1																			
5	1																			
6																				
7	1																			
8	1																			
9	1																			
10	1																			
11	1																			
12	1																			
13	1																			
14	1																			
15	1																			
16	1																			
17	1																			
18	1																			
19	1																			
20	1																			
21	1																			
22	1																			
23	1																			
24	1																			
25	1																			
26	1																			
27	1																			
28	1																			
29	1																			
30	2																			
31	1																			
32	1																			
33	1																			
34	1																			
35	1																			
36	1																			
37	2																			
38	2				1															
39	1																			
40	2																			
41	1																			
42	2																			
43	1																			
44	1																			

农场编号	人数/人					休闲月份													休闲总月数/月	生病总月数/月	工作总月数/月
	全部时间工作者	无工作者	全年生病者	一部分时间有病者	一部分时间休闲者	1	2	3	4	5	6	7	8	9	10	11	12			
45	2																			
46					1							2/3	2/3	2/3				2		
47					1	3/4					3/4									
48	1																			
49	2																			
50	1																			
51	1																			
52	1																			
53	1																			
54	1																			
55	2																			
56	1																			
57	1																			
58	2																			
59	1																			
60	1																			
61	1																			
62	1																			
63	1																			
64	1																			
65	1																			
66	1																			
67	2																			
68	1																			
69	1																			
70	2																			
71	1																			
72	1																			
73	1																			
74	1																			
75	3																			
76																				
77	3																			
78	1																			
79	2																			
80	1																			
81	1																		3.5		
82	1																			
83	2																			
84	2																			
85	2																			
86	2																			
87	2																			
88	2																			
89	2																			

农场编号	人数/人					休闲月份												休闲总月数/月	生病总月数/月	工作总月数/月
	全部时间工作者	无工作者	全年生病者	一部分时间有病者	一部分时间休闲者	1	2	3	4	5	6	7	8	9	10	11	12			
90	3																			
91	2																			
92	2																			
93	2																			
94	2																			
95	3																			
96	2																			
97	3																			
98	2																			
99	1				1			√	√									2		
100	3																			
101	2																			
102	2																			
103	2																			
104	2																			
105	5																			
106	2																			
107	2																			
108	2																			
109	3																			
110	3																			
111	3																			
112	4																			
113	4																			
114	2																			
115	2																			
116	3																			
117	3	1																		
118	3																			
总计	181	1			4	0.75		1	1		0.75	0.67	0.67	0.67				7.5		

表 3-1　农场家庭劳动力和雇佣劳动力中男工、女工和童工分别
从事农场工作和副业的工作时间（汤溪）

农场编号	人数 / 人									长工 / 人		
	农场工作			副业			农场工作和副业					
	男工	女工	童工	男工	女工	童工	男工	女工	童工	男工	女工	童工
1							1					
2							1					
3							1					
4			1				1					
5						1	1					
6							1					
7	1			1								
8	1			1								
9							1					
10							1					
11							1					
12	1			1			1					
13	1		1	2								
14							1					
15					1		1					
16	1		2									
17							1					
18				1			1					
19				1			1					
20							1					
21	1	1										
22	1		1									
23							1					
24	1	1		1						1		
25	1		1									
26	1											
27	1		2	1								
28	1						1			1		
29	1											
30	1											
31	0.5						1			0.5		
32	3		1									
33	1.5	1								0.5		
34	1				1		1			1		
35	2				1							
36	2	1								1		
37	2											
38	1		1					1				
39	1.5						1			0.5		
40	1											
41	2											

农场编号	人数/人									长工/人		
	农场工作			副业			农场工作和副业					
	男工	女工	童工	男工	女工	童工	男工	女工	童工	男工	女工	童工
42	1	1								1		
43	3	1								1		
44	2											
45	1		1									
46	1											
47	1.5		1			2				0.5		1
48	2											
49	1.5	1								0.5		
50	2					1						
51	2		1							1		
52	2		1					1				
53	3				1					2		
54	2											
55	2		3									
56	2		1									
57	3											
58	1		2									
59	2									1		
60	2	1								1		
61	2			1								
62	2			1						1		
63	2						1					
64	2		1				1					
65	2		1	1		1				1		1
66	2		1									
67	2									1		
68	3.5									0.5		
69	3					1						
70	2.5					1				1.5		
71	4									1		
72	2.5	1								2.5		
73	2.5		1							1.5		1
74	3				1							
75	3		1									
76	2	1	1							2		
77	3.5									0.5		
78	4									2		
79	3.5					1				0.5		
80	7		1							1		
81	3		1							2		1
82	4									2		
83	3	1								3		

农场编号	人数/人									长工/人		
	农场工作			副业			农场工作和副业					
	男工	女工	童工	男工	女工	童工	男工	女工	童工	男工	女工	童工
84	4		1							2		
85	5			1								
86	4		1			1	1			2		1
87	4.5			1						1.5		
88	4		1	1						2		
89	4.5					3				1.5		
90	4		1							3		1
91	4.5		1	1	1					3.5		1
92	4		1				1			2		
93	6									5		
94	5		1							2		
95	5		1							2		1
96	7		1							6		1
97	8			2						4		
98	7									3		
99	5.5		1	1	2	1				2.5		1
100	8		1							5		1
总计	225.5	11	41	18	7	13	28			83.5		11

表 3-1（续）

农场编号	工作月数 农场工作/月 雇佣劳动力 男工	女工	童工	家庭劳动力 男工	女工	童工	雇佣和家庭劳动力 男工	女工	童工	等成人劳动力 雇工	家工	雇工及家工
1				5.5			5.5				0.46	0.46
2				8.7			8.7				0.73	0.73
3				4.4			4.4				0.37	0.37
4				6		12	6		12		1.00	1.00
5				6			6				0.50	0.50
6				6			6				0.50	0.50
7				12			12				1.00	1.00
8				12			12				1.00	1.00
9				8.7			8.7				0.73	0.73
10				8.7			8.7				0.73	0.73
11				8.7			8.7				0.73	0.73
12				16.4			16.4				1.37	1.37
13				12		12	12		12		1.50	1.50
14				7.6			7.6				0.63	0.63
15				7.6			7.6				0.63	0.63
16				12		24	12		24		2.00	2.00
17				6			6				0.50	0.50
18				6		12	6		12		1.00	1.00
19				9.8		12	9.8		12		1.32	1.32
20				6			6				0.50	0.50
21	3			12	12		15	12		0.25	1.80	2.05
22				12		12	12		12		1.50	1.50
23				8.7			8.7				0.73	0.73
24	14		0.7		12		14	12	0.7	1.20	0.80	2.00
25				12		12	12		12		1.50	1.50
26				12			12				1.00	1.00
27				12		24	12		24		2.00	2.00
28	8			3			11			0.67	0.25	0.92
29				18.5			18.5				1.54	1.54
30	0.7		0.3	12			12.7		0.3	0.07	1.00	1.07
31	6			1.2			7.2			0.50	0.10	0.60
32				36		12	36		12		3.50	3.50
33	6			12	12		18	12		0.50	1.80	2.30
34	12		0.3	4			16		0.3	1.01	0.33	1.35
35				24			24				2.00	2.00
36	12			12			24			1.00	1.00	2.00
37				24	12		24	12			2.80	2.80
38				20.7		12	20.7		12		2.23	2.23
39	6		0.7	18			24		0.7	0.53	1.50	2.03
40			0.7	12			12		0.7	0.03	1.00	1.03
41				24			24				2.00	2.00

农场编号	工作月数											
	农场工作/月											
	雇佣劳动力			家庭劳动力			雇佣和家庭劳动力			等成人劳动力		
	男工	女工	童工	男工	女工	童工	男工	女工	童工	雇工	家工	雇工及家工
42	12.7		0.1		12		12.7	12	0.1	1.06	0.80	1.86
43	12			13.2	12		25.2	12		1.00	1.90	2.90
44	4.4			24			28.4			0.37	2.00	2.37
45	1.2		0.3	12		12	13.2		12.3	0.11	1.50	1.61
46				12			12				1.00	1.00
47	6		12	12			18		12	1.00	1.00	2.00
48				24			24				2.00	2.00
49	10			12	12		22	12		0.83	1.80	2.63
50				24			24				2.00	2.00
51	9			12		12	21		12	0.75	1.50	2.25
52				30		12	30		12		3.00	3.00
53	24			12			36			2.00	1.00	3.00
54				24			24				2.00	2.00
55				24		20.2	24		20.2		2.84	2.84
56				24		12	24		12		2.50	2.50
57				36			36				3.00	3.00
58	3.8			12		14.2	15.8		14.2	0.32	1.59	1.91
59	12			12			24			1.00	1.00	2.00
60	12.8		0.3	12	1.1		24.8	1.1	0.3	1.08	1.07	2.15
61				20.7			20.7				1.73	1.73
62	16			12			28			1.33	1.00	2.33
63				32.7			32.7				2.73	2.73
64				33.8		12	33.8		12		3.32	3.32
65	13		12	12			25		12	1.58	1.00	2.58
66				24		12	24		12		2.50	2.50
67	14			12			26			1.17	1.00	2.17
68	6			36			42			0.50	3.00	3.50
69				36			36				3.00	3.00
70	18.7			12			30.7			1.56	1.00	2.56
71	14		0.3	36			50		0.3	1.18	3.00	4.18
72	30				12		30	12	0	2.50	0.80	3.30
73	18.8		12	12			30.8		12	2.07	1.00	3.07
74				36			36				3.00	3.00
75				35.7		12	35.7		12		3.48	3.48
76	25				12	12	25	12	12	2.08	1.30	3.38
77	6			36			42			0.50	3.00	3.50
78	24			24			48			2.00	2.00	4.00
79	6			36			42			0.50	3.00	3.50
80	12			72		12	84		12	1.00	6.50	7.50
81	24		12	12			36		12	2.50	1.00	3.50
82	24		0.4	24			48		0.4	2.02	2.00	4.02
83	36.8				12		36.8	12		3.07	0.80	3.87

农场编号	工作月数											
	农场工作 / 月											
	雇佣劳动力			家庭劳动力			雇佣和家庭劳动力			等成人劳动力		
	男工	女工	童工	男工	女工	童工	男工	女工	童工	雇工	家工	雇工及家工
84	24			24		12	48		12	2.00	2.50	4.50
85				60			60				5.00	5.00
86	24		12	33			57		12	2.50	2.75	5.25
87	18			36			54			1.50	3.00	4.50
88	24			24		1.2	48		1.2	2.00	2.05	4.05
89	18			36			54			1.50	3.00	4.50
90	36		12	12			48		12	3.50	1.00	4.50
91	44.7		12	12			56.7		12	4.23	1.00	5.23
92	24			30.9		12	54.9		12	2.00	3.08	5.08
93	60.3			12			72.3			5.03	1.00	6.03
94	24.5			36		12	60.5		12	2.04	3.50	5.54
95	24		12	36			60		12	2.50	3.00	5.50
96	74.3		12.7	12			86.3		12.7	6.72	1.00	7.72
97	49			48			97			4.08	4.00	8.08
98	36.8		0.5	48			84.8		0.5	3.09	4.00	7.09
99	35.7		12.4	36			71.7		12.4	3.49	3.00	6.49
100	60		12	36			96		12	5.50	3.00	8.50
总计	1041.2		137.7	1878.2	121.1	323.6	2919.40	121.10	461.30	92.50	178.07	270.58

表 3-1（续）

农场编号	工作月数							
	农场外部工作							农场外副业收入的百分比 /%
	男工		女工		童工		等成人劳动力 / 月	
	工种	月数 / 月	工种	月数 / 月	工种	月数 / 月		
1	小贩	6.5					0.54	35
2	农	3.3					0.28	30
3	农	7.6					0.63	30
4	农	6					0.50	25
5	农	6			农	12	1.00	50
6	农	6					0.50	30
7	农	12					1.00	50
8	农	12					1.00	10
9	农	3.3					0.28	u
10	农	3.3					0.28	20
11	农	3.3					0.28	30
12	农	19.6					1.63	50
13	农、商	24					2.00	u
14	农	4.4					0.37	20
15	农	4.4	做鞋	4			0.63	28
16								
17	农	6					0.50	15
18	农	6					0.50	15
19	农	2.2					0.18	10
20	农	6					0.50	30
21								
22								
23	农	3.3					0.28	20
24	教书	12					1.00	20
25								
26								
27	农	12					1.00	25
28	商	9					0.75	60
29	卖豆腐	5.5					0.46	25
30								
31	商	10.8					0.90	u
32								
33								
34	商	8	绣花	7.2			1.15	20
35	农	12					1.00	28
36								
37								
38	农	3.3					0.28	10
39	商	6					0.50	30
40								
41								

农场编号	工作月数 农场外部工作 男工		女工		童工		等成人劳动力/月	农场外副业收入的百分比/%
	工种	月数/月	工种	月数/月	工种	月数/月		
42								
43								
44								
45								
46					牧牛	24	1.00	u
47								
48								
49								
50					农	12	0.50	5
51								
52	农	6					0.50	u
53			绣花	12			0.80	u
54								
55								
56								
57								
58								
59								
60								
61	教书	12					1.00	u
62	商	12					1.00	25
63	农	3.3					0.28	8
64	农	2.2					0.18	8
65	商	12			绣花	12	1.50	u
66								
67								
68								
69					绣花	12	0.50	u
70					绣花	12	0.50	u
71								
72								
73								
74			绣花	12			0.80	u
75								
76								
77								
78								
79					绣花	12	0.50	u
80								
81								
82								

农场编号	工作月数 农场外部工作 男工 工种	月数/月	女工 工种	月数/月	童工 工种	月数/月	等成人劳动力/月	农场外副业收入的百分比/%
83								
84								
85	农	12					1.00	u
86	商	3			绣花	12	0.75	u
87	教书	12					1.00	u
88	商	12					1.00	u
89					绣花	36	1.50	u
90								
91	教书	12	绣花	12			1.80	u
92	商	5.1					0.43	u
93								
94								
95								
96								
97	商	19					1.58	10
98								
99	教书	12	绣花	15	绣花	12	2.50	5
100								
总计		358.4		62.2		156	40.51	777

表 3-2　农场家庭劳动力和雇佣劳动力中男工、女工和童工分别
从事农场工作和副业的工作时间（桐庐1）

农场编号	人数/人									长工/人		
	农场工作			副业			农场工作和副业					
	男工	女工	童工	男工	女工	童工	男工	女工	童工	男工	女工	童工
1		1					1					
2		1										
3	1			1			1					
4							1					
5	1					1						
6	1				1							
7			1				1					
8	1											
9			1				1					
10							1					
11			1				1					
12		1					1					
13							1					
14							1					
15							1					
16		1										
17							1					
18							2					
19							1					
20							1					
21	1											
22							1					
23	1						1					
24							2					
25		1	1				2					
26		1					1					
27							1					
28	1				1							
29	1						2					
30		1					1					
31	1						1					
32							2		1			
33							1					
34							1					
35				1			1					
36						1	1					
37	1											
38	1											
39	1						1					
40							1					

农场编号	人数/人									长工/人		
	农场工作			副业			农场工作和副业					
	男工	女工	童工	男工	女工	童工	男工	女工	童工	男工	女工	童工
41	1						1					
42		1										
43							1					
44							1					
45							2					
46	1											
47	1											
48					1		1					
49	1											
50	1		1				1					
51	1											
52	3											
53							1					
54	1	1										
55				1			1					
56	1		1				2					
57						1	1		1			
58	1			1								
59	1											
60	1						1					
61		1										
62	1							1				
63	2											
64							1					
65	1											
66		1										
67	1						1					
68			1				1					
69	1		1				2					
70			1				2					1
71	1											
72	4											
73	1			1			1					
74			1				1					
75	2		1							1		
76	1						2					
77			1				2					
78	1		2		1		3					1
79	1											
80	3		1							1		1
81	2											
82	2											

农场编号	人数/人									长工/人		
	农场工作			副业			农场工作和副业					
	男工	女工	童工	男工	女工	童工	男工	女工	童工	男工	女工	童工
83	1		1				1					
84	1		1				2					1
85	1											
86							2					
87	2			2								
88			1				1	1				1
89	1		1			1	3					1
90	4			1								
91			1				3					1
92		1		1								
93	1		1									
94			1	3	1		3					
95				1	2		3					
96	2		1	1								
97	1											
98	1		1				3					1
99	2		1				2					
100	2		1									1
101	2	1	1	1								1
102	2			2							1	
103	2										1	
104	1			1								
105	2		1				2			2		1
总计	78	11	30	18	7	4	90		4	6		11

表 3-2（续）

农场编号	工作月数											
	农场工作/月											
	雇佣劳动力			家庭劳动力			雇佣和家庭劳动力			等成人劳动力		
	男工	女工	童工	男工	女工	童工	男工	女工	童工	雇工	家工	雇工及家工
1				2.4	2		2.4	2			0.33	0.33
2					12			12			0.80	0.80
3				17			17				1.42	1.42
4				5			5				0.42	0.42
5				12			12				1.00	1.00
6				12			12				1.00	1.00
7				8		12	8		12		1.17	1.17
8	0.4			12			12.4			0.03	1.00	1.03
9	0.1			4		12	4.1		12	0.01	0.83	0.84
10				5			5				0.42	0.42
11	0.4			8		12	8.4		12	0.03	1.17	1.20
12				5	12		5	12			1.22	1.22
13				5			5				0.42	0.42
14				10			10				0.83	0.83
15	0.6			4			4.6			0.05	0.33	0.38
16	0.6				12		0.6	12		0.05	0.80	0.85
17				4			4				0.33	0.33
18				10			10				0.83	0.83
19				4			4				0.33	0.33
20				8.4			8.4				0.70	0.70
21	0.3			12			12.3			0.03	1.00	1.03
22	0.7			9			9.7			0.06	0.75	0.81
23				20			20				1.67	1.67
24				10			10				0.83	0.83
25				17.4	12	12	17.4	12	12		2.75	2.75
26	1			6		12	7		12	0.08	1.00	1.08
27				5			5				0.42	0.42
28	0.5			12			12.5			0.04	1.00	1.04
29				24.6			24.6				2.05	2.05
30				4		12	4		12		0.83	0.83
31				17			17				1.42	1.42
32				10	5		10	5			1.04	1.04
33	0.3			4			4.3			0.03	0.33	0.36
34	0.3			5			5.3			0.03	0.42	0.44
35	0.3			8.7			9			0.03	0.73	0.75
36				5			5				0.42	0.42
37	0.7			12			12.7			0.06	1.00	1.06
38				12			12				1.00	1.00
39	0.3			16			16.3			0.03	1.33	1.36
40				6			6				0.50	0.50

农场编号	雇佣劳动力			家庭劳动力			雇佣和家庭劳动力			等成人劳动力		
	男工	女工	童工	男工	女工	童工	男工	女工	童工	雇工	家工	雇工及家工
41				17			17				1.42	1.42
42	0.8				12		0.8	12		0.07	0.80	0.87
43				6			6				0.50	0.50
44				4			4				0.33	0.33
45	1			10			11			0.08	0.83	0.92
46	0.3			12			12.3			0.03	1.00	1.03
47	0.6			12			12.6			0.05	1.00	1.05
48				11			11				0.92	0.92
49	0.5			12			12.5			0.04	1.00	1.04
50	0.5			17		12	17.5		12	0.04	1.92	1.96
51				12			12				1.00	1.00
52				36			36				3.00	3.00
53	1			7			8			0.08	0.58	0.67
54	0.7			12	12		12.7	12		0.06	1.80	1.86
55	1.8			5			6.8			0.15	0.42	0.57
56	0.7			22		12	22.7		12	0.06	2.33	2.39
57	1.2			5		5	6.2		5	0.10	0.63	0.73
58	3.3			12			15.3			0.28	1.00	1.28
59	0.3			12			12.3			0.03	1.00	1.03
60	0.6			16			16.6			0.05	1.33	1.38
61	1.3				12		1.3	12		0.11	0.80	0.91
62	0.3			12		5	12.3		5	0.03	1.21	1.23
63	1.3			18			19.3			0.11	1.50	1.61
64	0.3			5			5.3			0.03	0.42	0.44
65				12			12				1.00	1.00
66	0.3				12		0.3	12		0.03	0.80	0.83
67				18			18				1.50	1.50
68	1.7			5		12	6.7		12	0.14	0.92	1.06
69	1			22		12	23		12	0.08	2.33	2.42
70	1		12	10			11		12	0.58	0.83	1.42
71	0.7			12			12.7			0.06	1.00	1.06
72				48			48				4.00	4.00
73	2.3			16			18.3			0.19	1.33	1.53
74	4.3			4		12	8.3		12	0.36	0.83	1.19
75	12.7			12		12	24.7		12	1.06	1.50	2.56
76	0.3			22			22.3			0.03	1.83	1.86
77				10		12	10		12		1.33	1.33
78			12	27		12	27		24	0.50	2.75	3.25
79	0.3			12			12.3			0.03	1.00	1.03
80	15.3		12	24			39.3		12	1.78	2.00	3.78
81	1.7			24			25.7			0.14	2.00	2.14

| 农场编号 | 工作月数 农场工作/月 | | | | | | | | | | | |
| | 雇佣劳动力 | | | 家庭劳动力 | | | 雇佣和家庭劳动力 | | | 等成人劳动力 | | |
	男工	女工	童工	男工	女工	童工	男工	女工	童工	雇工	家工	雇工及家工
82	0.7			24			24.7			0.06	2.00	2.06
83				12		12	12		12		1.50	1.50
84	1.3		12	24			25.3		12	0.61	2.00	2.61
85	2			12			14			0.17	1.00	1.17
86				10			10				0.83	0.83
87	0.5			24			24.5			0.04	2.00	2.04
88	1.3		12	5		5	6.3		17	0.61	0.63	1.23
89			12	27.5			27.5		12	0.50	2.29	2.79
90	0.3			48			48.3			0.03	4.00	4.03
91			12	15			15		12	0.50	1.25	1.75
92	6				12		6	12		0.50	0.80	1.30
93	1.9			12		12	13.9		12	0.16	1.50	1.66
94				17		12	17		12		1.92	1.92
95	1			15			16			0.08	1.25	1.33
96	2.5			24		12	26.5		12	0.21	2.50	2.71
97				12			12				1.00	1.00
98			12	24			24		12	0.50	2.00	2.50
99	2.7			34		12	36.7		12	0.23	3.33	3.56
100	2.3		12	24			26.3		12	0.69	2.00	2.69
101	2.3		12	24	12		26.3	12	12	0.69	2.80	3.49
102	22			12			34			1.83	1.00	2.83
103	14.2			12			26.2			1.18	1.00	2.18
104	6.7			12			18.7			0.56	1.00	1.56
105	29		12	10			39		12	2.92	0.83	3.75
总计	161.3	0.1	132	1338	122	248	1499.30	122.00	380.00	18.94	129.97	148.91

表 3-2（续）

农场编号	工作月数							农场外副业收入的百分比 /%
	农场外部工作						等成人劳动力 / 月	
	男工		女工		童工			
	工种	月数 / 月	工种	月数 / 月	工种	月数 / 月		
1	帮工	9.6					0.80	80
2	帮工、农场	12					1.00	60
3	砍柴	7					0.58	60
4	砍柴	7					0.58	40
5					采薪	12	0.50	40
6			帮工	12			0.80	40
7	造币	4					0.33	30
8								
9	裁缝	8					0.67	40
10	采薪	7					0.58	20
11	帮工	4					0.33	30
12	采薪	7					0.58	30
13	采薪	7					0.58	30
14	帮工	2					0.17	30
15	帮工	8					0.67	70
16								80
17	石匠	8					0.67	70
18	采薪	14					1.17	50
19	帮工	8					0.67	30
20	帮工	3.6					0.30	20
21								40
22	帮工	3					0.25	20
23	农工	4					0.33	40
24	造币	14					1.17	30
25	造币	6.6					0.55	30
26	帮工	6					0.50	60
27	帮工	7					0.58	40
28			仆人	6			0.40	10
29	帮工、采薪	11.4					0.95	60
30	帮工	8					0.67	50
31	采薪	7					0.58	20
32	采薪	14			采薪	7	1.46	60
33	篾匠	8					0.67	40
34	采薪	7					0.58	30
35	造币、煤炭工	15.3					1.28	70
36	采薪	7			牧牛	12	1.08	30
37								
38								
39	采薪	8					0.67	30
40	采薪	6					0.50	40

农场编号	工作月数							农场外副业收入的百分比 /%
	农场外部工作						等成人劳动力/月	
	男工		女工		童工			
	工种	月数/月	工种	月数/月	工种	月数/月		
41	造币	7					0.58	70
42								20
43	衣商	6					0.50	20
44	篾匠	8					0.67	50
45	造币	14					1.17	30
46								
47								40
48	帮工	1	帮工	12			0.88	30
49							0.00	60
50	采薪	7					0.58	20
51								
52								
53	帮工	5					0.42	20
54								10
55	烟酒商	19					1.58	40
56	造币	14					1.17	30
57	造币	7			造币、牧牛	19	1.38	20
58	教员	12					1.00	80
59								
60	造币、采薪	8					0.67	20
61								
62					采薪	7	0.29	10
63								
64	采薪	7					0.58	20
65								
66								80
67	挑脚	6					0.50	30
68	造币	7					0.58	20
69	造币	14					1.17	40
70	造币	14					1.17	20
71								
72								
73	帮工、木匠	20					1.67	20
74	造币	8					0.67	10
75								
76	造币	14					1.17	30
77	造币	14					1.17	30
78	造币	21	造币	7			2.22	40
79								
80								
81								20

农场编号	工作月数								农场外副业收入的百分比 /%
	农场外部工作							等成人劳动力 / 月	
	男工		女工		童工			
	工种	月数 / 月	工种	月数 / 月	工种	月数 / 月		
82								
83	采薪	12					1.00	30
84	采薪	12					1.00	20
85								30
86	采薪	14					1.17	50
87	药铺、商铺	24					2.00	40
88	造币	7			造币	7	0.88	30
89	造币	20.5			造币	7	2.00	30
90	木匠	12					1.00	10
91	造币	21					1.75	30
92	医生	12					1.00	80
93								
94	币商、造币	55	造币	4			4.85	30
95	造币、石匠	33	造币	14			3.68	30
96	造币	12					1.00	20
97								
98	造币	24					2.00	20
99	采薪	14					1.17	20
100								
101	造币	12					1.00	20
102	造币	24					2.00	10
103								20
104	磨粉	12					1.00	40
105	造币	14					1.17	u
总计		816		55		71	74.63	3040

表 3-3 农场家庭劳动力和雇佣劳动力中男工、女工和童工分别
从事农场工作和副业的工作时间（桐庐 2）

农场编号	人数/人									长工/人		
	农场工作			副业			农场工作和副业					
	男工	女工	童工	男工	女工	童工	男工	女工	童工	男工	女工	童工
1	1											
2							1					
3							1					
4	1											
5	1											
6							1					
7	1											
8							1					
9		1	1	2								
10							1					
11		1										
12	1											
13							1					
14							1					
15	1											
16	1											
17							1					
18	1											
19	1											
20	1											
21	1											
22	1	1										
23	1											
24	2	1										
25	1		1				1					
26	1		1									
27	1*						1					
28	1											
29	1											
30	1											
31	1		1									
32	1											
33	1											
34	1		1									
35	1											
36	1											
37	1											
38	1											
39	1											
40	1				1							

农场编号	人数/人									长工/人		
	农场工作			副业			农场工作和副业					
	男工	女工	童工	男工	女工	童工	男工	女工	童工	男工	女工	童工
41				1			1					
42	1						1					
43	1											
44	1											
45	1											
46	1											
47	1											
48	2											
49	1											
50							3					
51							1					
52	1											
53	1											
54					1		2					
55	1											
56	5											
57	1											
58	1		1		1							1
59	2		1									
60	1		1									
61	1				1							
62	1		0.5									0.5
63	1		2									
64	1		1		1		1					
65	1		1									
66	3		3									
67	1											
68	1											
69	1		1									
70							1					
71	1											
72	1	1		1						1		
73	1											
74	1											
75	2									1		
76	1		0.5									0.5
77	1											
78	1											
79	1		1									
80	2		1		1							
81	1		1									1
82	2											

农场编号	人数/人									长工/人		
	农场工作			副业			农场工作和副业					
	男工	女工	童工	男工	女工	童工	男工	女工	童工	男工	女工	童工
83	1		1									
84							1					
85	1*		1									
86	1		1									1
87	2		1									
88	2*											
89	2									1		
90	3*											
91	2		1									
92	1											
93	3*		1									
94	2											
95	3											
96	1											
97	2									1		
98	3*			1						1		
99	2		1							1		1
100	3		1							1		1
101	1.5		1							0.5		1
102	3		1							1		1
总计	117.5	5	30	5	3	3	21			8.5		8

表 3-3（续）

农场编号	工作月数 农场工作/月 雇佣劳动力 男工	女工	童工	家庭劳动力 男工	女工	童工	雇佣和家庭劳动力 男工	女工	童工	等成人劳动力 雇工	家工	雇工及家工
1				9			9				0.75	0.75
2				3			3				0.25	0.25
3				6			6				0.50	0.50
4				12			12				1.00	1.00
5				12			12				1.00	1.00
6				5			5				0.42	0.42
7				12			12				1.00	1.00
8				10			10				0.83	0.83
9					12	12		12	12		1.30	1.30
10				4			4				0.33	0.33
11	2				12		2	12		0.17	0.80	0.97
12				12			12				1.00	1.00
13	2			3			5			0.17	0.25	0.42
14				8			8				0.67	0.67
15				12			12				1.00	1.00
16				12			12				1.00	1.00
17				6			6				0.50	0.50
18	0.7			12			12.7			0.06	1.00	1.06
19				12			12				1.00	1.00
20	5			12			17			0.42	1.00	1.42
21	0.8			12			12.8			0.07	1.00	1.07
22				12	12		12	12			1.80	1.80
23				12			12				1.00	1.00
24				15	2		15	2			1.38	1.38
25				23		12	23		12		2.42	2.42
26				12		12	12		12		1.50	1.50
27				10			10				0.83	0.83
28				12			12				1.00	1.00
29				12			12				1.00	1.00
30				12			12				1.00	1.00
31				12		12	12		12		1.50	1.50
32				12			12				1.00	1.00
33				12			12				1.00	1.00
34				12		12	12		12		1.50	1.50
35				12			12				1.00	1.00
36				12			12				1.00	1.00
37	0.3			12			12.3			0.03	1.00	1.03
38				12			12				1.00	1.00
39				12			12				1.00	1.00
40				12			12				1.00	1.00

农场编号	雇佣劳动力			家庭劳动力			雇佣和家庭劳动力			等成人劳动力		
	男工	女工	童工	男工	女工	童工	男工	女工	童工	雇工	家工	雇工及家工
41				4			4				0.33	0.33
42				18			18				1.50	1.50
43				12			12				1.00	1.00
44				12			12				1.00	1.00
45				12			12				1.00	1.00
46	1			12			13			0.08	1.00	1.08
47			6	12			12		6	0.25	1.00	1.25
48				24			24				2.00	2.00
49				12			12				1.00	1.00
50				30			30				2.50	2.50
51				10.5			10.5				0.88	0.88
52				12			12				1.00	1.00
53				12			12				1.00	1.00
54	1			12			13			0.08	1.00	1.08
55	1.3			12			13.3			0.11	1.00	1.11
56				60			60				5.00	5.00
57				12			12				1.00	1.00
58			12	12			12		12	0.50	1.00	1.50
59				24	12		24	12			2.50	2.50
60				12	12		12	12			1.50	1.50
61				12			12				1.00	1.00
62			6	12			12		6	0.25	1.00	1.25
63				12	24		12	24			2.00	2.00
64				15	12		15	12			1.75	1.75
65				12	12		12	12			1.50	1.50
66				36	36		36	36			4.50	4.50
67				12			12				1.00	1.00
68				12			12				1.00	1.00
69				12	12		12	12			1.50	1.50
70				8			8				0.67	0.67
71	1			12			13			0.08	1.00	1.08
72	12				12		12	12		1.00	0.80	1.80
73				12			12				1.00	1.00
74				12			12				1.00	1.00
75	13			12			25			1.08	1.00	2.08
76			6	12			12		6	0.25	1.00	1.25
77				12			12				1.00	1.00
78				12			12				1.00	1.00
79				12	12		12	12			1.50	1.50
80				15	12		15	12			1.75	1.75
81			12	12			12		12	0.50	1.00	1.50
82				24			24				2.00	2.00

农场编号	工作月数 农场工作／月											
	雇佣劳动力			家庭劳动力			雇佣和家庭劳动力			等成人劳动力		
	男工	女工	童工	男工	女工	童工	男工	女工	童工	雇工	家工	雇工及家工
83	0.3			12		12	12.3		12	0.03	1.50	1.53
84	4			11.5			15.5			0.33	0.96	1.29
85	5			12		12	17		12	0.42	1.50	1.92
86	6		12	12			18		12	1.00	1.00	2.00
87				24		12	24		12		2.50	2.50
88				24			24				2.00	2.00
89	20			12			32			1.67	1.00	2.67
90				36			36				3.00	3.00
91				24		12	24		12		2.50	2.50
92	5			12			17			0.42	1.00	1.42
93	5			36		12	41		12	0.42	3.50	3.92
94	2			24			26			0.17	2.00	2.17
95			0.8	36			36		0.8	0.03	3.00	3.03
96	4			12			16			0.33	1.00	1.33
97	12			12			24			1.00	1.00	2.00
98	12			24			36			1.00	2.00	3.00
99	12		12	12			24		12	1.50	1.00	2.50
100	18.7		12	24			42.7		12	2.06	2.00	4.06
101	10.8		12	12			22.8		12	1.40	1.00	2.40
102	18		12	24			42		12	2.00	2.00	4.00
总计	174.9		102.8	1426	50	264	1600.90	50.00	366.80	18.86	133.17	152.03

表 3-3（续）

农场编号	工作月数							农场外副业收入的百分比 /%
	农场外部工作						等成人劳动力 / 月	
	男工		女工		童工			
	工种	月数 / 月	工种	月数 / 月	工种	月数 / 月		
1								
2	佣	9					0.75	20
3	桶匠	6					0.50	50
4								
5								
6	佣	7					0.58	60
7								
8	乡警	2					0.17	50
9	教书	24					2.00	70
10	佣	8					0.67	u
11								
12								
13	卖豆腐	9					0.75	80
14	小贩	4					0.33	10
15								
16								
17	做酒	6					0.50	30
18								
19								
20								
21								
22								
23								
24								
25	佣	1					0.08	20
26								
27	卖豆腐	8					0.67	10
28								
29								
30								
31								
32								
33								
34								
35								
36								
37								
38								
39								
40			佣	6.7			0.45	u

农场编号	工作月数							农场外副业收入的百分比 /%
	农场外部工作							
	男工		女工		童工		等成人劳动力/月	
	工种	月数/月	工种	月数/月	工种	月数/月		
41	佣	20					1.67	u
42	教书	6					0.50	u
43								
44								
45								
46								
47								
48								
49								
50	佣、卖柴	6					0.50	20
51	小贩	1.5					0.13	20
52								
53								
54	管锥	12	管锥	6			1.40	50
55								
56								
57								
58					佣	12	0.50	u
59								
60								
61			卖香	6			0.40	30
62								
63								
64	佣	9			佣	12	1.25	u
65								
66								
67								
68								
69								
70	佣	4					0.33	20
71								
72	乡长	12					1.00	30
73								
74								
75								
76								
77								
78								
79								
80					篾匠	12	0.50	25
81								
82								

农场编号	工作月数							农场外副业收入的百分比 /%
	农场外部工作							
	男工		女工		童工		等成人劳动力 / 月	
	工种	月数 / 月	工种	月数 / 月	工种	月数 / 月		
83								
84	书记	0.5					0.04	u
85								
86								
87								
88								
89								
90								
91								
92								
93								
94								
95								
96								
97								
98	教员	12				1	1.04	10
99								
100								
101								
102								
总计		167		18.7		36	16.71	605

＊含义不详

表 3-4 农场家庭劳动力和雇佣劳动力中男工、女工和童工分别从事农场工作和副业的工作时间（东阳）

农场编号	人数/人									长工/人		
	农场工作			副业			农场工作和副业					
	男工	女工	童工	男工	女工	童工	男工	女工	童工	男工	女工	童工
1		1		1			1					
2		1					1					
3					1							
4		1					1					
5		1					1					
6	1	1										
7							1					
8							1	1				
9					1							
10												
11							1	1				
12	1				1		1					
13				1			2					
14					1		1					
15							1					
16					1		1		1			
17							1	1				
18		1	1				1					
19		1					1					
20		1					1					
21		1					1					
22	1	1	1									
23		1				1	1*					
24							1					
25	1											
26	1	1					1	1				
27	1	1										
28	1											
29					1*		1* / 1					
30	1*		1		1							
31		1	1				1					
32			2				1					
33							1	1				
34		1	1				1					
35		1			1*		1					
36		1	1				1* / 1					
37		1					1					
38	1											
39		1	2				1*					
40				1	1		3				0	
41	1	1	2									
42					1		1					
43	1	1										

农场编号	人数/人									长工/人		
	农场工作			副业			农场工作和副业					
	男工	女工	童工	男工	女工	童工	男工	女工	童工	男工	女工	童工
44	1*				1		1	1				
45			1		1		2					
46		1	1				1					
47					1		2					
48					1		1					
49	1	1										
50							1					
51	1		2		1				1			
52	1*		1				1					
53	1		1	1*	1		1					
54	1		2									
55					2		2					
56	1		2									
57			1		1		2					
58					1		1					
59			1				1					
60	1*	1					1					
61	1		1		1		2					
62												
63	1	1					1					
64	1	1										
65	1* 1						1					
66	1	2						1				
67	1	1	1									
68	1	1										
69	1	2										
70		1	1				1					1
71	1						1				1	
72	1		1		1		1					
73	1	1										
74	1		1		1			1				
75	1* 1			2						1		
76	1											
77	1						1*					
78	1		1					1				
79	2						1			1		
80	1	2										
81	2	1	1							1		
82	1	1	2									
83	1	1	1									
84	2			1	1					1		
85	1* 1	1	1				1					
86	1		1	1			1					
总计	49	40	37	7	24	1	67	9	2	5		1

表 3-4（续）

农场编号	工作月数 农场工作/月											
	雇佣劳动力			家庭劳动力			雇佣和家庭劳动力			等成人劳动力		
	男工	女工	童工	男工	女工	童工	男工	女工	童工	雇工	家工	雇工及家工
1				9	2.2		9	2.2			0.90	0.90
2	0.8			5	4		5.8	4		0.07	0.68	0.75
3				6.5			6.5				0.54	0.54
4				8	8		8	8			1.20	1.20
5				7.2	2.7		7.2	2.7			0.78	0.78
6	0.6			12	3		12.6	3		0.05	1.20	1.25
7				7.2			7.2				0.60	0.60
8				8	3		8	3			0.87	0.87
9				6			6				0.50	0.50
10	0.3			7.2			7.5			0.03	0.60	0.63
11				4	2		4	2			0.47	0.47
12				17			17				1.42	1.42
13				15			15				1.25	1.25
14				9			9				0.75	0.75
15	1			7.2			8.2			0.08	0.60	0.68
16				9		3	9		3		0.88	0.88
17				7.2	2.2		7.2	2.2			0.75	0.75
18				9	2.2	12	9	2.2	12		1.40	1.40
19	1.7			7.2	3.3		8.9	3.3		0.14	0.82	0.96
20				8.7	1.1		8.7	1.1			0.80	0.80
21	0.3			8	3.8		8.3	3.8		0.03	0.92	0.95
22	1.4			12	4	9	13.4	4	9	0.12	1.64	1.76
23	0.5			8*	2.7		8* 0.5	2.7		0.04	0.85	0.89
24				8.7			8.7				0.73	0.73
25	0.8			12			12.8			0.07	1.00	1.07
26	0.4			9	7.7		9.4	7.7		0.03	1.26	1.30
27				12	3.6		12	3.6			1.24	1.24
28	1.8			8			9.8			0.15	0.67	0.82
29				7.2* 9			7.2* 9				1.35	1.35
30	0.5			12*		1	12* 0.5		1	0.04	1.04	1.08
31	0.5			8	4	2.2	8.5	4	2.2	0.04	1.03	1.07
32				8		14.2	8		14.2		1.26	1.26
33	0.6			9.8	2.2		10.4	2.2		0.05	0.96	1.01
34				9	1.4	12	9	1.4	12		1.34	1.34
35				11	4.6		11	4.6			1.22	1.22
36				4* 10	2	2	4* 10	2	2		1.38	1.38
37	0.6			7.6	1.2		8.2	1.2		0.05	0.71	0.76
38	2			8.7			10.7			0.17	0.73	0.89
39				7.6*	2.4	18.9	7.6*	2.4	18.9		1.58	1.58
40				11.8		6.5	11.8		6.5		1.25	1.25
41	0.3			12	2	23.7	12.3	2	23.7	0.03	2.12	2.15
42	0.2			8.2			8.4			0.02	0.68	0.70
43	0.4			12	2.2		12.4	2.2		0.03	1.15	1.18
44				12* 5.5	7.2		12* 5.5	7.2			1.94	1.94

农场编号	工作月数 农场工作/月 雇佣劳动力			家庭劳动力			雇佣和家庭劳动力			等成人劳动力		
	男工	女工	童工	男工	女工	童工	男工	女工	童工	雇工	家工	雇工及家工
45				12.6		5.1	12.6		5.1		1.26	1.26
46				8.7	3.6	2.2	8.7	3.6	2.2		1.06	1.06
47	0.3			14.7			15			0.03	1.23	1.25
48				10.9			10.9				0.91	0.91
49	0.8			12	3.6		12.8	3.6		0.07	1.24	1.31
50	0.5	0.1		9.2			9.7	0.1		0.05	0.77	0.82
51				12		16.3	12		16.3		1.68	1.68
52				12* 11		3	12* 11		3		2.04	2.04
53				18.5		12	18.5		12		2.04	2.04
54	0.2			12		12	12.2		12	0.02	1.50	1.52
55				13.6			13.6				1.13	1.13
56	0.7	0.3		12		8.9	12.7	0.3	8.9	0.08	1.37	1.45
57				14.7		12	14.7		12		1.73	1.73
58	0.1			10.9			11			0.01	0.91	0.92
59	0.7			9.8		7.6	10.5		7.6	0.06	1.13	1.19
60				12* 9.8	12		12* 9.8	12			2.62	2.62
61				26		12	26		12		2.67	2.67
62											0.00	0.00
63	0.2			20.4	5.4		20.6	5.4		0.02	2.06	2.08
64	1.4			12	5		13.4	5		0.12	1.33	1.45
65				12* 15.5			12* 15.5				2.29	2.29
66	0.5			11	19.2		11.5	19.2		0.04	2.20	2.24
67	0.2			12	2.4	12	12.2	2.4	12	0.02	1.66	1.68
68	1.6			12	2.2		13.6	2.2		0.13	1.15	1.28
69	0.6			10	17.7		10.6	17.7		0.05	2.01	2.06
70	0.5		12	9.8	5.9		10.3	5.9	12	0.54	1.21	1.75
71	12	0.5		8			20	0.5		1.03	0.67	1.70
72				20.4		12	20.4		12		2.20	2.20
73	2			12	7.2		14	7.2		0.17	1.48	1.65
74	1			11.3	5.3	2.2	12.3	5.3	2.2	0.08	1.39	1.47
75	12			12*			12* 12			1.00	1.00	2.00
76	1.7	0.1		12			13.7	0.1		0.15	1.00	1.15
77	0.6	0.1		8.4* 12			8.4* 12.6	0.1		0.06	1.70	1.76
78	1			12	2.7	8.4	13	2.7	8.4	0.08	1.53	1.61
79	12		1.3	7.1			19.1		1.3	1.05	0.59	1.65
80	1.2			12	7.5		13.2	7.5		0.10	1.50	1.60
81	12.3			12	3.3	3	24.3	3.3	3	1.03	1.35	2.37
82	0.5	0.2		12	3.6	14.2	12.5	3.8	14.2	0.06	1.83	1.89
83	1.7			12	2	12	13.7	2	12	0.14	1.63	1.78
84	13.4			12			25.4			1.12	1.00	2.12
85	2.2	0.2		11.3* 22.9	2.4	11	11.3* 25.1	2.6	11	0.20	3.47	3.67
86	1.3	0.2		22.9		8.4	24.2	0.2	8.4	0.12	2.26	2.38
总计	97.9	1.7	13.3	118.5* 891.4	195.7	278.8	118.5* 989.3	197.4	292.1	8.83	108.82	117.65

表 3-4（续）

农场编号	工作月数						等成人劳动力／月	农场外副业收入的百分比／%
	农场外部工作							
	男工		女工		童工			
	工种	月数／月	工种	月数／月	工种	月数／月		
1	佣	15					1.25	35
2	军	7					0.58	20
3	佣、贩卖	5.5	卖豆腐	3.6			0.70	30
4	挑担	4					0.33	20
5	佣	4.8					0.40	20
6								
7	鞋匠	4.8					0.40	30
8	佣	4	经织	6			0.73	10
9	缝工	6	缝工	2.4			0.66	25
10	办公	4.8					0.40	30
11	木匠	8	经织	2			0.80	30
12	佣、卖糖	4	念经	3.6			0.57	25
13	佣、小贩	21					1.75	40
14	佣	3	做豆腐	6			0.65	15
15	医	4.8					0.40	30
16	贩卖	3	做豆腐	3	商	9	0.83	30
17	佣、担夫	4.8	经织	2.2			0.55	30
18	贩卖	3					0.25	20
19	贩牛	4.8					0.40	30
20	佣、担夫	3.3					0.28	40
21	缝工	4					0.33	20
22								
23	染布	4*			念经	12	0.83	30
24	佣、担夫	3.3					0.28	20
25								
26	贩卖	3	纺织	6.5			0.68	30
27								
28								
29	贩卖、担夫	4.8* 3	做豆腐	4.4*			0.94	30
30			经织	3.6			0.24	u
31	铜匠	4					0.33	10
32	贩卖、担夫	4					0.33	30
33	小贩	2.2	经织	6.4			0.61	10
34	泥匠	3					0.25	20
35	担夫	1	念经	12*			0.88	15
36	医、佣、担夫	8* 2					0.83	30
37	篾匠	4.4					0.37	35
38								
39	木匠	4.4*					0.37	15
40	泥匠、篾匠、佣	23.5	经织	1.2			2.04	40
41							0.00	
42	泥匠	3.1	做豆腐	3.3			0.48	20
43								

农场编号	工作月数							农场外副业收入的百分比 /%
	农场外部工作							
	男工		女工		童工		等成人劳动力 / 月	
	工种	月数 / 月	工种	月数 / 月	工种	月数 / 月		
44	木匠	6.5	佣、织	8.4			1.10	20
45	裁缝、商	10.7	做豆腐	3.6			1.13	20
46	贩卖、担夫	3.3					0.28	15
47	中人、篾匠、屠	9.3	织、绣	7.6			1.28	30
48	商	1.1	做豆腐	6.5			0.53	10
49								
50	商	2.1					0.18	10
51			做豆腐	3	佣	1.1	0.25	5
52	佣	1					0.08	5
53	念经、商	11* 5.5	做豆腐	6.4			1.80	30
54								
55	教员、商	10.4	做豆腐、念经	5.6* 4.8			1.56	20
56								
57	箍桶	8	经织	2.2			0.81	20
58	担夫	1.1	做豆腐	4			0.36	15
59	贩猪	2.2					0.18	20
60	佣、担夫	2.2					0.18	10
61	商	10	织绣	8			1.37	30
62								
63	念经	3.6					0.30	5
64								
65	泥匠	8					0.67	20
66			织绣	2			0.13	u
67								
68								
69								
70	商	2.2					0.18	20
71	中人	4					0.33	20
72	屠	3.6	织绣	1.2			0.38	15
73								
74			织绣	7.8			0.52	u
75	军、政	24					2.00	40
76								
77	商	3.6*					0.30	20
78			织绣	2.7			0.18	u
79	商	6					0.50	25
80								
81								
82								
83								
84	军	4.8	经织	4			0.67	u
85	商	1.1					0.09	10
86	中人、教	13.1					1.09	10
总计		32.2* 323.5		22* 122		22.1	40.16	1310

*含义不详

表 3-5　农场家庭劳动力和雇佣劳动力中男工、女工和童工分别从事农场工作和副业的工作时间（余姚）

农场编号	人数/人									长工/人		
	农场工作			副业			农场工作和副业					
	男工	女工	童工	男工	女工	童工	男工	女工	童工	男工	女工	童工
1							1*					
2	1											
3	1	1										
4							1					
5	1											
6	1*											
7	1											
8	1											
9	1											
10	1											
11							1					
12							1					
13	1											
14	1											
15	1											
16					1		1					
17	1											
18	1											
19	1											
20	1											
21	1		1									
22	1											
23	1											
24	1	1	1									
25							1					
26							1					
27		1					1					
28							1					
29							1					
30	1			1								
31							1					
32	1		1									
33	1											
34	1											
35	1				1							
36	1		1									
37	1						1					
38	1		1	1								
39	1	1								1		

农场编号	人数/人									长工/人		
	农场工作			副业			农场工作和副业					
	男工	女工	童工	男工	女工	童工	男工	女工	童工	男工	女工	童工
40	2											
41							1					
42	1						1					
43	1											
44	1											
45	1	1		1						1		
46	1											
47	1	1								1		
48	1											
49	2											
50	1											
51	1											
52	1											
53	1		1									
54	1											
55	3*											
56		1	2	1								
57	1											
58	1			1	1				1			
59	1											
60	1											
61	1											
62	1											
63	1											
64	1		1									
65	1											
66	1											
67	2											
68	1	1										
69	1											
70	1						1					
71	1											
72	1											
73			1				1					
74	1											
75	2	1	1									
76	1	1								1		
77	2						1					
78	1											
79	2		1									
80	1		1									

农场编号	人数 / 人									长工 / 人		
	农场工作			副业			农场工作和副业					
	男工	女工	童工	男工	女工	童工	男工	女工	童工	男工	女工	童工
81	1		2	1								
82	1											
83	1		2									
84	2											
85	1						1					
86	1	1										
87	1	1	1							1		
88	2		1									
89	2									1		
90	2		1	1								
91	2											
92	1		2									
93	2											
94	1						1					
95	2				1		1					
96	2											
97	3		3									
98	2			1								
99	1											
100	3											
101	2									1		
102	2									1		
103	2		2									
104	2									1		
105	2		1									
106	2			1	1							
107	2									1		
108	2									1		
109	3									1		
110	3									2		
111	3				1	2						
112	4		1									
113	3			1						1		
114	2		1							1		1
115	2		1							1		1
116	2	1		1						2		
117	3									1		
118	3											
总计	151	13	31	11	6	2	20		1	20		2

表 3-5（续）

农场编号	工作月数 农场工作/月 雇佣劳动力			家庭劳动力			雇佣和家庭劳动力			等成人劳动力		
	男工	女工	童工	男工	女工	童工	男工	女工	童工	雇工	家工	雇工及家工
1				7			7				0.58	0.58
2				12			12				1.00	1.00
3				12	12		12	12			1.80	1.80
4	0.5			9			9.5			0.04	0.75	0.79
5				12			12				1.00	1.00
6				12			12				1.00	1.00
7				12			12				1.00	1.00
8				12			12				1.00	1.00
9				12			12				1.00	1.00
10				12			12				1.00	1.00
11				10			10				0.83	0.83
12				10			10				0.83	0.83
13				12			12				1.00	1.00
14				12			12				1.00	1.00
15	0.2			12			12.2			0.02	1.00	1.02
16	0.2		0.1	8.5			8.7		0.1	0.02	0.71	0.73
17				12			12				1.00	1.00
18				12			12				1.00	1.00
19				12			12				1.00	1.00
20				12			12				1.00	1.00
21				12		12	12		12		1.50	1.50
22				12			12				1.00	1.00
23				12			12				1.00	1.00
24				12	12	12	12	12	12		2.30	2.30
25				9			9				0.75	0.75
26				10			10				0.83	0.83
27				6	6		6	6			0.90	0.90
28				10			10				0.83	0.83
29				9			9				0.75	0.75
30				12			12				1.00	1.00
31				9			9				0.75	0.75
32				12		12	12		12		1.50	1.50
33				12			12				1.00	1.00
34				12			12				1.00	1.00
35	0.1			12			12.1			0.01	1.00	1.01
36	0.2			12		12	12.2		12	0.02	1.50	1.52
37				18			18				1.50	1.50
38	0.4			12		12	12.4		12	0.03	1.50	1.53
39	12				12		12	12		1.00	0.80	1.80

农场编号	工作月数 农场工作/月											
	雇佣劳动力			家庭劳动力			雇佣和家庭劳动力			等成人劳动力		
	男工	女工	童工	男工	女工	童工	男工	女工	童工	雇工	家工	雇工及家工
40				24			24				2.00	2.00
41				10			10				0.83	0.83
42				19.5			19.5				1.63	1.63
43				12			12				1.00	1.00
44				12			12				1.00	1.00
45	12				12		12	12		1.00	0.80	1.80
46	0.1			11			11.1			0.01	0.92	0.93
47	12				12		12	12		1.00	0.80	1.80
48				12			12				1.00	1.00
49				24			24				2.00	2.00
50				12			12				1.00	1.00
51				12			12				1.00	1.00
52				12			12				1.00	1.00
53				12		12	12		12		1.50	1.50
54				12			12				1.00	1.00
55				36			36				3.00	3.00
56					12	24		12	24		1.80	1.80
57				12			12				1.00	1.00
58				12		10	12		10		1.42	1.42
59				12			12				1.00	1.00
60				12			12				1.00	1.00
61	0.3			12			12.3			0.03	1.00	1.03
62	0.4			12			12.4			0.03	1.00	1.03
63				12			12				1.00	1.00
64				12		12	12		12		1.50	1.50
65	0.5			12			12.5			0.04	1.00	1.04
66	0.2			12			12.2			0.02	1.00	1.02
67				24			24				2.00	2.00
68				12	6		12	6			1.40	1.40
69	0.4			12			12.4			0.03	1.00	1.03
70				18			18				1.50	1.50
71				12			12				1.00	1.00
72	2			12			14			0.17	1.00	1.17
73				9		12	9		12		1.25	1.25
74	0.3			12			12.3			0.03	1.00	1.03
75				24	12	12	24	12	12		3.30	3.30
76	16.5	0.1	0.2		12		16.5	12.1	0.2	1.39	0.80	2.19
77				30			30				2.50	2.50
78				12			12				1.00	1.00
79				24		12	24		12		2.50	2.50
80				12		12	12		12		1.50	1.50

农场编号	工作月数 农场工作 / 月											
	雇佣劳动力			家庭劳动力			雇佣和家庭劳动力			等成人劳动力		
	男工	女工	童工	男工	女工	童工	男工	女工	童工	雇工	家工	雇工及家工
81				12		18	12		18		1.75	1.75
82	3			12			15			0.25	1.00	1.25
83				12		24	12		24		2.00	2.00
84				24			24				2.00	2.00
85				18			18				1.50	1.50
86	6			12	12		18	12		0.50	1.80	2.30
87	15				12	12	15	12	12	1.25	1.30	2.55
88				24		12	24		12		2.50	2.50
89	12			12			24			1.00	1.00	2.00
90				24		12	24		12		2.50	2.50
91				24			24				2.00	2.00
92	0.2			12		24	12.2		24	0.02	2.00	2.02
93				24			24				2.00	2.00
94				23			23				1.92	1.92
95				30			30				2.50	2.50
96				24			24				2.00	2.00
97				36	36		36	36			4.50	4.50
98	0.6			24			24.6			0.05	2.00	2.05
99	0.3			12			12.3			0.03	1.00	1.03
100				36			36				3.00	3.00
101	12			12			24			1.00	1.00	2.00
102	12			12			24			1.00	1.00	2.00
103				24		34	24		34		3.42	3.42
104	14			12			26			1.17	1.00	2.17
105				24		12	24		12		2.50	2.50
106				24			24				2.00	2.00
107	12			12			24			1.00	1.00	2.00
108	12			12			24			1.00	1.00	2.00
109	12			24			36			1.00	2.00	3.00
110	24			12			36			2.00	1.00	3.00
111				36			36				3.00	3.00
112				48		12	48		12		4.50	4.50
113	14			24			38			1.17	2.00	3.17
114	12		12	12			24		12	1.50	1.00	2.50
115	12		12	12			24		12	1.50	1.00	2.50
116	24				12		24	12		2.00	0.80	2.80
117	12			24			36			1.00	2.00	3.00
118				36			36				3.00	3.00
总计	267.4	0.1	24.3	1736	144	362	2003.40	144.10	386.30	23.30	169.35	192.65

表 3-5（续）

农场编号	工作月数							农场外副业收入的百分比 /%
	农场外部工作							
	男工		女工		童工		等成人劳动力 / 月	
	工种	月数 / 月	工种	月数 / 月	工种	月数 / 月		
1	裁缝	5					0.42	76.9
2								
3								
4	渔	3					0.25	25
5								
6								
7								
8								
9								
10								
11	渔	2					0.17	16.7
12	渔	2					0.17	20
13								
14								
15								
16	车鱼	3.5	成衣	12			1.09	54
17								
18								
19								
20								
21								
22								
23								
24								
25	渔	3					0.25	16.4
26	渔	2					0.17	14.3
27	渔	6					0.50	20
28	渔	2					0.17	20
29	渔	3					0.25	20
30	渔	12					1.00	33
31	渔	3					0.25	19.8
32								
33								
34								
35			佣	3			0.20	20
36								
37	渔	6					0.50	20
38	渔	12					1.00	37.8
39								

农场编号	工作月数							农场外副业收入的百分比 /%
	农场外部工作						等成人劳动力 / 月	
	男工		女工		童工			
	工种	月数 / 月	工种	月数 / 月	工种	月数 / 月		
40								
41	渔	2					0.17	20
42	渔	4.5					0.38	15
43								
44								
45	中人	12					1.00	40
46								
47								
48								
49								
50								
51								
52								
53								
54								
55								
56	鱼贩	12					1.00	50
57								
58	肩贩	12	织布	12	肩贩	2	1.88	46.2
59								
60								
61								
62								
63								
64								
65								
66								
67								
68								
69								
70	渔	6					0.50	21
71								
72								
73	渔	3					0.25	13
74								
75								
76								
77	渔	6					0.50	22
78								
79								
80								

农场编号	工作月数 农场外部工作 男工 工种	月数/月	女工 工种	月数/月	童工 工种	月数/月	等成人劳动力/月	农场外副业收入的百分比 /%
81	茶房	12					1.00	37
82								
83								
84								
85	渔	6					0.50	20
86								28.6
87								
88								
89								
90	佣农	12					1.00	14.3
91								
92								
93								
94	商	1					0.08	19.4
95	渔	6	接生	2.4			0.66	20
96								
97								
98	弹花、称花、中人	12					1.00	30
99								
100								
101								
102								
103								
104								
105								31.9
106	贯器	12	编草帽	12			1.80	u
107								
108								
109								
110								
111			绣花、织布	6	绣花、织布	24	1.40	u
112								
113	商	12					1.00	17.8
114								
115								
116	晒盐	12					1.00	25
117								
118								
总计		207		47.4		26	21.49	885.1

＊含义不详

表 4-1　各种家畜的数量（汤溪）

农场编号	水牛成年	水牛未成年	黄牛成年	黄牛未成年	马成年	马未成年	骡成年	骡未成年	驴成年	驴未成年	总役畜单位	猪成年	猪未成年	绵羊成年	绵羊未成年	山羊成年	山羊未成年	羔羊成年	羔羊未成年	鹅成年	鹅未成年	鸡成年	鸡未成年	鸭成年	鸭未成年	总用畜单位	总家畜单位
1																							4	1		0.03	0.03
2																						2	8			0.06	0.06
3																						1	4			0.03	0.03
4																							7			0.04	0.04
5																							8			0.04	0.04
6																						1	4			0.03	0.03
7																						2	15			0.1	0.1
8																							5	2		0.04	0.04
9																							2			0.01	0.01
10														1								3	9			0.18	0.18
11																											
12														1									6			0.13	0.13
13																									7	0.04	0.04
14																						1	5			0.04	0.04
15																											
16																							5			0.03	0.03
17																							4			0.02	0.02
18														1								3	9			0.18	0.18
19																											
20												1										3	12			0.29	0.29
21												1		2	4								9			0.71	0.71
22												1	7									4	8			0.98	0.98
23												1										1	8			0.25	0.25
24														2								2	9			0.27	0.27
25				1							0.5			1								3	8			0.17	0.67
26																						2	10			0.07	0.07
27				1							0.5			2								2	8			0.26	0.76
28														2								2	12			0.28	0.28
29												1														0.2	0.2
30														1									8			0.14	0.14
31																						2				0.02	0.02
32														3								3	15			0.41	0.41
33												1										2	6			0.25	0.25
34				1							0.5	2		4	6							1	15			1.47	1.97
35			0.5								0.5			2								3	8			0.27	0.77
36			1								1	2										2	8			0.46	1.46
37														2								5	10			0.3	0.3
38				1							0.5			2								3	6			0.26	0.76
39																						2	8			0.06	0.06
40												1														0.2	0.2

农场编号	水牛成年	水牛未成年	黄牛成年	黄牛未成年	马成年	马未成年	骡成年	骡未成年	驴成年	驴未成年	总役畜单位	猪成年	猪未成年	绵羊成年	绵羊未成年	山羊成年	山羊未成年	羔羊成年	羔羊未成年	鹅成年	鹅未成年	鸡成年	鸡未成年	鸭成年	鸭未成年	总用畜单位	总家畜单位
41											1		2									1	22			0.32	1.32
42											1											4	12			0.1	1.1
43			1								0.33	3										2	8			0.66	0.99
44			1									3										4	8			0.68	0.68
45			0.33								1		2									3	10	3		0.51	1.51
46											1											4	8			0.28	0.28
47			1								1		2									4	8			0.48	1.48
48											1		2									5	8			0.49	1.49
49			1										2									6	16			0.34	0.34
50			1										2									6	8			0.5	0.5
51																						3	16			0.11	0.11
52											1.5		2									6	12			0.52	2.02
53											1		2									1	12			0.27	1.27
54			1	1							1.5		2							2			10			0.29	1.79
55			1								1	2		2	5							1	12			1.1	2.1
56	1										1											2	12			0.08	1.08
57			1								1		2										10			0.25	1.25
58			1								1		1									2	8			0.16	1.16
59			1								0.5		2									4	10			0.29	0.79
60			1								1		2							2		2	12			0.32	1.32
61				1							1	2										1	12			0.47	1.47
62			1								1											1	15			0.09	1.09
63			1								0.75		2									1	15			0.29	1.04
64			1								1		2													0.2	1.2
65		1									1		3									4	10			0.39	1.39
66			1								1		3									6	8			0.4	1.4
67			1								1		4									5	8			0.49	1.49
68			1								1		2									4	18			0.33	1.33
69			1								1.5		2									4	8			0.48	1.98
70			1								1		1									5	16			0.33	1.33
71			1	1							1		3									4	25			0.77	1.77
72			1										3									5	16			0.73	0.73
73			1										2									4	12			0.3	0.3
74			1								1		3									4	9	2	2	0.72	1.72
75			1								1		3									3	13			0.7	1.7
76													2									5	12			0.31	0.31
77			1								1		3									9	18			0.78	1.78
78			1								1		3									2	15			0.7	1.7
79			0.33								0.33	4														0.8	1.13
80			1	1							1.5	2	2									12	15			0.8	2.3
81			1								1		2									2	20			0.52	1.52

农场编号	役畜/(头、只) 水牛		黄牛		马		骡		驴		总役畜单位	用畜/(头、只) 猪		绵羊		山羊		羔羊		鹅		鸡		鸭		总用畜单位	总家畜单位
	成年	未成年	成年	未成年	成年	未成年	成年	未成年	成年	未成年		成年	未成年	成年	未成年	成年	未成年	成年	未成年	成年	未成年	成年	未成年	成年	未成年		
82			1								1	3										1	16			0.69	1.69
83			1								1	2										5	16			0.53	1.53
84			1								1	3										4	16	4		0.76	1.76
85	1										1.5	3										8	14			0.75	2.25
86	1										1.5		2									2	18			0.31	1.81
87			1								1		4									2	16			0.5	1.5
88	1										1.5	2														0.4	1.9
89	1										1.5	4										8	4			0.9	2.4
90	1										1.5		2									8	8			0.32	1.82
91			1								1	2	2									3	20	1		0.74	1.74
92	1										1.5	4														0.8	2.3
93	1										1.5	4										12	18			1.01	2.51
94			1								1	3										15	8			0.79	1.79
95			1								1	4									2	8	25			1.05	2.05
96			2								2	4	3									5	21			1.26	3.26
97	2	1									3.75	3	7									25	42			1.76	5.51
98			1								1	6										11	16			1.39	2.39
99	1										1.5	4	5									6	24	4		1.52	3.02
100	1		1								2.5	5									2	8	14	4		1.23	3.73
总计	12	2	41.16	8								116	90	8	15						8	327	1046	19	11		

表 4-2　各种家畜的数量（桐庐 1）

农场编号	水牛成年	水牛未成年	黄牛成年	黄牛未成年	马成年	马未成年	骡成年	骡未成年	驴成年	驴未成年	总役畜单位	猪成年	猪未成年	绵羊成年	绵羊未成年	山羊成年	山羊未成年	羔羊成年	羔羊未成年	鹅成年	鹅未成年	鸡成年	鸡未成年	鸭成年	鸭未成年	总用畜单位	总家畜单位
1																						3				0.03	0.03
2																							3			0.015	0.015
3																						1				0.01	0.01
4																						4				0.04	0.04
5																						2				0.02	0.02
6																						3				0.03	0.03
7	1										1.5	1										4				0.24	1.74
8																						3				0.03	0.03
9																						3				0.03	0.03
10																						2				0.02	0.02
11																						2				0.02	0.02
12																						2				0.02	0.02
13																						4				0.04	0.04
14																											
15																						1				0.01	0.01
16																						8				0.08	0.08
17												1											4			0.12	0.12
18																						2				0.02	0.02
19																						3				0.03	0.03
20																						4				0.04	0.04
21												1										5				0.15	0.15
22																						3				0.03	0.03
23																											
24												1										3				0.23	0.23
25			1	1							1.5	2										5				0.25	1.75
26												1														0.10	0.1
27																						2				0.02	0.02
28																											
29												1										3				0.13	0.13
30																						2				0.02	0.02
31																						4				0.04	0.04
32																						4				0.04	0.04
33																						4				0.04	0.04
34												1											3			0.115	0.115
35																						2				0.02	0.02
36												1										4				0.24	0.24
37																						3				0.03	0.03
38												1										4				0.14	0.14
39												1										5				0.25	0.25
40																						3				0.03	0.03

农场编号	役畜/(头、只)										总役畜单位	用畜/(头、只)														总用畜单位	总家畜单位
	水牛		黄牛		马		骡		驴			猪		绵羊		山羊		羔羊		鹅		鸡		鸭			
	成年	未成年	成年	未成年	成年	未成年	成年	未成年	成年	未成年		成年	未成年	成年	未成年	成年	未成年	成年	未成年	成年	未成年	成年	未成年	成年	未成年		
41													1									4				0.14	0.14
42																						3				0.03	0.03
43																						3				0.03	0.03
44													1									4				0.14	0.14
45	1										1.5	1										4				0.24	1.74
46												1										3				0.23	0.23
47																						3				0.03	0.03
48																						2				0.02	0.02
49																						2				0.02	0.02
50																						5				0.05	0.05
51	1										1.5											2				0.02	1.52
52																						2				0.02	0.02
53																						2				0.02	0.02
54																						2				0.02	0.02
55												1										3				0.23	0.23
56	1										1.5	1										5				0.25	1.75
57													1									4				0.14	0.14
58																						6				0.06	0.06
59																						2				0.02	0.02
60												1										5				0.25	0.25
61																											
62																						4				0.04	0.04
63																						3	3			0.045	0.045
64																						3				0.03	0.03
65																						2				0.02	0.02
66																						6				0.06	0.06
67													1									6				0.16	0.16
68												1										4				0.24	0.24
69				1							1		1									5				0.15	1.15
70				1							1	1										5				0.25	1.25
71												1										4				0.24	0.24
72				1							1	1										4				0.24	1.24
73																						4				0.04	0.04
74				1							1	1										3				0.23	1.23
75	2										3	1										4				0.14	3.14
76	1			1							2.5	1										7				0.27	2.77
77				1							1											8				0.08	1.08
78	1										1.5	1										5				0.25	1.75
79												1										3				0.23	0.23
80	1										1.5							2				2				0.06	1.56
81	1										1.5											3				0.03	1.53

农场编号	役畜/(头、只) 水牛 成年	水牛 未成年	黄牛 成年	黄牛 未成年	马 成年	马 未成年	骡 成年	骡 未成年	驴 成年	驴 未成年	总役畜单位	用畜/(头、只) 猪 成年	猪 未成年	绵羊 成年	绵羊 未成年	山羊 成年	山羊 未成年	羔羊 成年	羔羊 未成年	鹅 成年	鹅 未成年	鸡 成年	鸡 未成年	鸭 成年	鸭 未成年	总用畜单位	总家畜单位
82												1										5				0.25	0.25
83				1							0.5	1										2				0.12	0.62
84	1										1.5											3				0.03	1.53
85																						2				0.02	0.02
86																											
87												1						1				3	2			0.16	0.16
88			1								1	1										5				0.25	1.25
89	1										1.5	1										4				0.24	1.74
90																						2				0.02	0.02
91	1										1.5	1										4				0.24	1.74
92													2													0.2	0.2
93																							2			0.01	0.01
94	1		1								2.5	2										4				0.44	2.94
95												1										5				0.25	0.25
96	1										1.5		1									4				0.14	1.64
97	1										1.5											4				0.04	1.54
98	2										3	1										7				0.27	3.27
99			1								1	1										7				0.27	1.27
100	1										1.5		1									3				0.13	1.63
101	1										1.5	1										4				0.24	1.74
102												1										8				0.28	0.28
103												2										4				0.44	0.44
104												1	1									5				0.35	0.35
105			1								1	1										10				0.3	1.3
总计	20		11	2								32	21					3				353	17				

表 4-3　各种家畜的数量（桐庐 2）

农场编号	水牛成年	水牛未成年	黄牛成年	黄牛未成年	马成年	马未成年	骡成年	骡未成年	驴成年	驴未成年	总役畜单位	猪成年	猪未成年	绵羊成年	绵羊未成年	山羊成年	山羊未成年	羔羊成年	羔羊未成年	鹅成年	鹅未成年	鸡成年	鸡未成年	鸭成年	鸭未成年	总用畜单位	总家畜单位
1																											
2													1									3	1			0.11	0.11
3												1										2	3			0.24	0.24
4												1	9									5	3			1.17	1.17
5																											
6																						5	2			0.07	0.07
7			1								1	1										3				0.23	1.23
8												1										7	1			0.28	0.28
9												1									2	16				0.4	0.4
10																											
11													1									2	2			0.13	0.13
12																							2			0.01	0.01
13													5									13	1			0.64	0.64
14			0.5								0.5											2	5			0.05	0.55
15												1										2	3			0.24	0.24
16													1									4	6	2		0.19	0.19
17												1										2	3			0.24	0.24
18													1									4	2			0.15	0.15
19																						1	8	1		0.06	0.06
20												1										6				0.26	0.26
21																						2	3			0.04	0.04
22												1										3	4			0.25	0.25
23																						4				0.04	0.04
24			1	1							1.5											5				0.05	1.55
25	1	1									2.25	1										3	5			0.26	2.51
26			1								1	1										4	8			0.28	1.28
27												1										3	5			0.26	0.26
28												1	1									5				0.35	0.35
29												1	1									2	11			0.38	0.38
30																							2			0.01	0.01
31													1	1	2							2	8			0.44	0.44
32																						1	4			0.03	0.03
33												1	1									2				0.32	0.32
34			1								1		2										5			0.23	1.23
35												1	1									2	4			0.34	0.34
36												1	1									2	8			0.36	0.36
37																						2	3			0.04	0.04
38			0.5								0.5	1	1										8			0.34	0.84
39			1	1							1.5	1										2	2			0.13	1.63
40												1	1									3				0.33	0.33

农场编号	役畜/（头、只）										总役畜单位	用畜/（头、只）														总用畜单位	总家畜单位
	水牛		黄牛		马		骡		驴			猪		绵羊		山羊		羔羊		鹅		鸡		鸭			
	成年	未成年	成年	未成年	成年	未成年	成年	未成年	成年	未成年		成年	未成年	成年	未成年	成年	未成年	成年	未成年	成年	未成年	成年	未成年	成年	未成年		
41																											
42												1										4	6			0.27	0.27
43			0.33								0.33	1										2	5			0.25	0.58
44												1										2	5			0.25	0.25
45												1										4	5			0.27	0.27
46			1								1	1										2	11			0.28	1.28
47			0.5								0.5	1										5				0.25	0.75
48																						3				0.03	0.03
49												1										2	3			0.24	0.24
50												1										6	7	3	2	0.34	0.34
51			1								1		1									2	4			0.14	1.14
52			0.5								0.5	1										4	4			0.26	0.76
53												1	1									6				0.36	0.36
54												3	10									8	10			1.73	1.73
55			1								1	1										5	14			0.32	1.32
56			1								1	1										5				0.25	1.25
57																						2	5			0.05	0.05
58													1									1				0.11	0.11
59				1							0.5	1	1									5	6			0.38	0.88
60			1								1											5				0.05	1.05
61			0.25								0.25	1										2	5			0.25	0.5
62			0.5								0.5	1							1			4				0.26	0.76
63			1	2							2	1										3	4			0.25	2.25
64			1	1							1.5											5	4	4		0.11	1.61
65			1								1	1										3				0.23	1.23
66			1	2							2	1										6	8			0.3	2.3
67												1										3	6			0.26	0.26
68												1										2	2			0.23	0.23
69	1										1.5	1	1									6				0.36	1.86
70			0.5								0.5	0.5							0.5			2	8			0.17	0.67
71	1										1.5	1										4				0.24	1.74
72												1										12			2	0.34	0.34
73													1									5	7			0.19	0.19
74			1								1	1										5	8			0.29	1.29
75			1								1	1										4	3			0.26	1.26
76			1								1		1									3	8			0.17	1.17
77												1										1	3			0.23	0.23
78	1										1.5		1									7	4			0.19	1.69
79	1										1.5		1									7				0.17	1.67
80			1	1							1.5	1	1									3	12	1		0.4	1.9
81	1	1									2.25	1	1									8	10	2		0.45	2.7

农场编号	役畜 /（头、只）										总役畜单位	用畜 /（头、只）														总用畜单位	总家畜单位
	水牛		黄牛		马		骡		驴			猪		绵羊		山羊		羔羊		鹅		鸡		鸭			
	成年	未成年	成年	未成年	成年	未成年	成年	未成年	成年	未成年		成年	未成年	成年	未成年	成年	未成年	成年	未成年	成年	未成年	成年	未成年	成年	未成年		
82	1	1									2.25	1	1									5	6	2		0.4	2.65
83			1	1							1.5		1									5				0.15	1.65
84			0.25								0.25	1	1									5	3			0.37	0.62
85												1										3	2			0.24	0.24
86	1										1.5	1	1									10				0.4	1.9
87	1										1.5		1									4	4			0.16	1.66
88	1										1.5											2	3			0.04	1.54
89			1								1		1									2	9			0.17	1.17
90	1	2									3	2	1									9	12			0.65	3.65
91			1	1							1.5	3	12									6	15			1.94	3.44
92	1										1.5	1										6	12			0.32	1.82
93			1								1	1										2	6			0.25	1.25
94			1								1	2	10									14		3		1.57	2.57
95			1								1	2										16				0.56	1.56
96			1								1	1										6	8			0.3	1.3
97												1										8				0.28	0.28
98	1										1.5	1	2									3	6			0.46	1.96
99	2										3	1	1									12				0.42	3.42
100			1								1		2									1	4			0.23	1.23
101			1								1	1	1									5	5			0.38	1.38
102	1	1									2.25	2	1									20		1		0.71	2.96
总计	16	6	30.83	11								72.5	85	1	3					3.5		436	390	25	2		

87

表 4-4　各种家畜的数量（东阳）

农场编号	役畜/(头、只) 水牛		黄牛		马		骡		驴		总役畜单位	用畜/(头、只) 猪		绵羊		山羊		羔羊		鹅		鸡		鸭		总用畜单位	总家畜单位
	成年	未成年	成年	未成年	成年	未成年	成年	未成年	成年	未成年		成年	未成年	成年	未成年	成年	未成年	成年	未成年	成年	未成年	成年	未成年	成年	未成年		
1																						4				0.04	0.04
2																						2				0.02	0.02
3													2									2				0.22	0.22
4			1								1											5				0.05	1.05
5													1									4				0.14	0.14
6												1										2				0.22	0.22
7													1									4				0.14	0.14
8												1	7									8				0.98	0.98
9												1										3				0.23	0.23
10													1									4				0.14	0.14
11												1										4				0.24	0.24
12			1								1	1				1	2					5				0.53	1.53
13													1									5				0.15	0.15
14												1	2									5				0.45	0.45
15												1										3				0.23	0.23
16												1	2									2				0.42	0.42
17												1										5				0.25	0.25
18			1								1	1										8				0.18	1.18
19			1								1	1										3				0.23	1.23
20												1										6				0.26	0.26
21																						2				0.02	0.02
22												1										5				0.25	0.25
23												1										2				0.22	0.22
24													1									5				0.15	0.15
25												1										2				0.22	0.22
26			1								1	1										3				0.23	1.23
27			1	1							1.5	1										5				0.25	1.75
28												1										4				0.24	0.24
29												1	1									5				0.35	0.35
30			1	1							1.5											3				0.03	1.53
31			1								1	2										2	4			0.44	1.44
32			1								1	1										3				0.23	1.23
33																						3				0.23	0.23
34			1								1	1				1	1					5				0.46	1.46
35			1								1		1									4				0.14	1.14
36			1								1	1										5				0.25	1.25
37												1	1									8				0.32	0.32
38												1										8				0.18	0.18
39			1								1		1									5				0.15	1.15
40			1								1	1				1						7				0.41	1.41

农场编号	役畜/（头、只）										总役畜单位	用畜/（头、只）														总用畜单位	总家畜单位
	水牛		黄牛		马		骡		驴			猪		绵羊		山羊		羔羊		鹅		鸡		鸭			
	成年	未成年	成年	未成年	成年	未成年	成年	未成年	成年	未成年		成年	未成年	成年	未成年	成年	未成年	成年	未成年	成年	未成年	成年	未成年	成年	未成年		
41			1								1	1			1							9				0.36	1.36
42												1	8									6				1.06	1.06
43			1								1	1										4				0.24	1.24
44				1							0.5		1									6				0.16	0.66
45			1								1	2										5				0.45	1.45
46			1								1		1									4				0.14	1.14
47												1	2									6				0.46	0.46
48												2		1								6				0.6	0.6
49			1								1	1										2				0.22	1.22
50												1										5				0.25	0.25
51			1								1	2		2	2							8				0.9	1.9
52			1								1		1									7				0.17	1.17
53			1	1							1.5	1										6				0.26	1.76
54			1								1	1										4				0.24	1.24
55													2									8				0.28	0.28
56				1							0.5												3			0.015	0.515
57			1								1	1		2								6				0.54	1.54
58													2									5				0.25	0.25
59			1								1	1			1							7				0.34	1.34
60			1	1							1.5	1										7				0.27	1.77
61			1								1	1	1									6				0.36	1.36
62												1	1	1								3				0.47	0.47
63				1							0.5	1										7				0.27	0.77
64			1								1	1	1									3				0.33	1.33
65			1								1	2	9									3	5			1.355	2.355
66			1								1	1										7				0.27	1.27
67			1								1	1										5				0.25	1.25
68												2										4				0.44	0.44
69			1								1	1										5				0.25	1.25
70			1								1	1										4				0.24	1.24
71												1										5				0.25	0.25
72			1								1	2														0.4	1.4
73			1								1	1										5				0.25	1.25
74			1								1	1	1									7				0.37	1.37
75												2										4				0.44	0.44
76												1	1									4				0.34	0.34
77			1								1	1										7				0.27	1.27
78			1								1	1	1									6				0.36	1.36
79			1								1	1	1									6				0.36	1.36
80			1								1	1										3				0.23	1.23
81			1								1	1	1									5				0.35	1.35

农场编号	役畜/(头、只) 水牛		黄牛		马		骡		驴		总役畜单位	用畜/(头、只) 猪		绵羊		山羊		羔羊		鹅		鸡		鸭		总用畜单位	总家畜单位
	成年	未成年	成年	未成年	成年	未成年	成年	未成年	成年	未成年		成年	未成年	成年	未成年	成年	未成年	成年	未成年	成年	未成年	成年	未成年	成年	未成年		
82			1								1	1										5				0.25	1.25
83			1								1	1	2									6				0.46	1.46
84			1								1	2										6				0.46	1.46
85			1								1	2	1	1												0.64	1.64
86			1	1							1.5	2										5				0.45	1.95
总计			46	8								75	61	11	7							402	12				

表 4-5　各种家畜的数量（余姚）

农场编号	役畜 /（头、只）										总役畜单位	用畜 /（头、只）														总用畜单位	总家畜单位
	水牛		黄牛		马		骡		驴			猪		绵羊		山羊		羔羊		鹅		鸡		鸭			
	成年	未成年	成年	未成年	成年	未成年	成年	未成年	成年	未成年		成年	未成年	成年	未成年	成年	未成年	成年	未成年	成年	未成年	成年	未成年	成年	未成年		
1																						4				0.04	0.04
2																						3				0.03	0.03
3																						2				0.02	0.02
4																						4				0.04	0.04
5																						4				0.04	0.04
6																						2				0.02	0.02
7																						3				0.03	0.03
8																						2				0.02	0.02
9																						2				0.02	0.02
10																						2				0.02	0.02
11																						2				0.02	0.02
12																						3				0.03	0.03
13																						3				0.03	0.03
14																						2				0.02	0.02
15																						4				0.04	0.04
16																						4				0.04	0.04
17																						2				0.02	0.02
18																						3				0.03	0.03
19																						2				0.02	0.02
20																						3				0.03	0.03
21																						2				0.02	0.02
22																						2				0.02	0.02
23																						3				0.03	0.03
24																						3				0.03	0.03
25																						4				0.04	0.04
26																						5				0.05	0.05
27																						2				0.02	0.02
28																						3	2			0.04	0.04
29																						4				0.04	0.04
30														1								5				0.19	0.19
31																						4				0.04	0.04
32																						4				0.04	0.04
33																						4				0.04	0.04
34																						4				0.04	0.04
35																						3		2		0.05	0.05
36																						3				0.03	0.03
37																						2				0.02	0.02
38																						6				0.06	0.06
39																						3				0.03	0.03
40																						3				0.03	0.03

农场编号	水牛成年	水牛未成年	黄牛成年	黄牛未成年	马成年	马未成年	骡成年	骡未成年	驴成年	驴未成年	总役畜单位	猪成年	猪未成年	绵羊成年	绵羊未成年	山羊成年	山羊未成年	羔羊成年	羔羊未成年	鹅成年	鹅未成年	鸡成年	鸡未成年	鸭成年	鸭未成年	总用畜单位	总家畜单位
41																						3				0.03	0.03
42																						3	2			0.04	0.04
43																						4				0.04	0.04
44																						4				0.04	0.04
45																						2				0.02	0.02
46																						5		2		0.07	0.07
47																							2			0.01	0.01
48																						3				0.03	0.03
49																						4				0.04	0.04
50																						2				0.02	0.02
51																						5				0.05	0.05
52																						6				0.06	0.06
53																						4		2		0.06	0.06
54																						2				0.02	0.02
55																						5				0.05	0.05
56																						7				0.07	0.07
57																						3				0.03	0.03
58																						4		2		0.06	0.06
59																						3				0.03	0.03
60																						2				0.02	0.02
61																						5				0.05	0.05
62																						4				0.04	0.04
63																						3				0.03	0.03
64																						3				0.03	0.03
65																						6				0.06	0.06
66																						2				0.02	0.02
67																						4				0.04	0.04
68																						4				0.04	0.04
69																						3				0.03	0.03
70																						5		2		0.07	0.07
71																						5				0.05	0.05
72																						3				0.03	0.03
73																						5				0.05	0.05
74																						3				0.03	0.03
75																						6				0.06	0.06
76																						5	2			0.06	0.06
77																						7		2		0.09	0.09
78																						4				0.04	0.04
79																						4				0.04	0.04
80																						4				0.04	0.04
81																						5				0.05	0.05

| 农场编号 | 役畜/（头、只） | | | | | | | | | | 总役畜单位 | 用畜/（头、只） | | | | | | | | | | | | | | 总用畜单位 | 总家畜单位 |
| | 水牛 | | 黄牛 | | 马 | | 骡 | | 驴 | | | 猪 | | 绵羊 | | 山羊 | | 羔羊 | | 鹅 | | 鸡 | | 鸭 | | | |
	成年	未成年	成年	未成年	成年	未成年	成年	未成年	成年	未成年		成年	未成年	成年	未成年	成年	未成年	成年	未成年	成年	未成年	成年	未成年	成年	未成年		
82																						6				0.06	0.06
83																						3				0.03	0.03
84																						4				0.04	0.04
85																						4				0.04	0.04
86																						4				0.04	0.04
87																						4				0.04	0.04
88																						3				0.03	0.03
89																						3				0.03	0.03
90																						6				0.06	0.06
91																						4				0.04	0.04
92																						6				0.06	0.06
93																						4				0.04	0.04
94																						4				0.04	0.04
95																						4				0.04	0.04
96																						4				0.04	0.04
97																						4		2		0.06	0.06
98																						10				0.1	0.1
99																						4				0.04	0.04
100																						8				0.08	0.08
101																						3				0.03	0.03
102																						6				0.06	0.06
103																						5				0.05	0.05
104																						4				0.04	0.04
105																						7				0.07	0.07
106																						9				0.09	0.09
107																						4				0.04	0.04
108																						7				0.07	0.07
109																						5				0.05	0.05
110																						6				0.06	0.06
111																						5		3		0.08	0.08
112																						10				0.1	0.1
113																						8				0.08	0.08
114																						6				0.06	0.06
115																						8				0.08	0.08
116																						11				0.11	0.11
117																						8				0.08	0.08
118																						12				0.12	0.12
总计												1										499	8	17			

表 5-1　农场中不同用途的土地面积（汤溪）

农场编号	农场总面积/地方单位	作物总面积/地方单位	已收获的作物面积/地方单位	未收获的作物面积/地方单位	闲置面积/地方单位	农舍面积/地方单位	道路、池塘、坟墓等面积/地方单位	牧场面积/地方单位	未砍伐树林中的牧场面积/地方单位	森林面积/地方单位	有生产的水面面积/地方单位		专供柴薪的面积/地方单位	专供柴薪和牧场的面积/地方单位	可耕的荒地面积	
											作物	鱼类			数量/地方单位	原因
1	1.05	1	1			0.05										
2	1.15	1	1			0.05	0.1									
3	1.35	1.1	1.1			0.05	0.2									
4	1.45	1.4	1.4			0.05										
5	1.5	1.25	1.25			0.05	0.2									
6	1.5	1.35	1.35			0.05	0.1									
7	1.55	1.4	1.4			0.05	0.1									
8	1.7	1.25	1.25			0.05	0.4									
9	1.75	1.5	1.5			0.05	0.2									
10	1.85	1.6	1.6			0.05	0.2									
11	1.95	1.75	1.75			0.1	0.1									
12	2.05	1.8	1.8			0.05	0.2									
13	2.1	1.68	1.68			0.22	0.2									
14	2.15	1.9	1.9			0.05	0.2									
15	2.15	2	2			0.05	0.1									
16	2.35	2.2	2.2			0.05	0.1									
17	2.65	2.4	2.4			0.05	0.2									
18	2.65	2.3	2.3			0.1	0.25									
19	2.65	2.5	2.5			0.05	0.1									
20	3.15	2.8	2.8			0.05	0.3									
21	3.2	2.8	2.8			0.1	0.3									
22	3.25	2.85	2.85			0.1	0.3									
23	3.45	2.9	2.9			0.45	0.1									
24	3.5	3.2	3.2			0.2	0.1									
25	3.55	3.15	3.15			0.2	0.2									
26	3.6	3.2	3.2			0.1	0.3									
27	3.65	3.3	3.3			0.1	0.25									
28	3.7	3.6	3.6			0.05	0.05									
29	3.7	3.4	3.4			0.1	0.2									
30	3.85	3.6	3.6			0.1	0.15									
31	3.95	3.85	3.85			0.05	0.05									
32	4	3.8	3.8			0.1	0.1									
33	4	3.7	3.7			0.2	0.1									
34	4.2	3.9	3.9			0.15	0.15									
35	4.2	3.65	3.65			0.15	0.4									
36	4.25	3.9	3.9			0.1	0.25									
37	4.4	4.1	4.1			0.05	0.25									
38	4.45	4.2	4.2			0.05	0.2									
39	4.65	4.45	4.45			0.1	0.1									
40	4.9	4.5	4.5			0.1	0.3									

农场编号	农场总面积/地方单位	作物总面积/地方单位	已收获的作物面积/地方单位	未收获的作物面积/地方单位	闲置面积/地方单位	农舍面积/地方单位	道路、池塘、坟墓等面积/地方单位	牧场面积/地方单位	未砍伐树林中的牧场面积/地方单位	森林面积/地方单位	有生产的水面面积/地方单位		专供柴薪的面积/地方单位	专供柴薪和牧场的面积/地方单位	可耕的荒地面积	
											作物	鱼类			数量/地方单位	原因
41	5.15	4.8	4.8			0.05	0.3									
42	5.15	4.6	4.6			0.15	0.4									
43	5.55	5.35	5.35			0.1	0.1									
44	5.65	5.3	5.3			0.25	0.1									
45	5.65	5.25	5.25			0.2	0.2									
46	5.65	5.1	5.1			0.05	0.5									
47	5.65	5.1	5.1			0.05	0.5									
48	5.7	5.45	5.45			0.1	0.15									
49	5.7	5.6	5.6			0.05	0.05									
50	5.8	5.5	5.5			0.1	0.2									
51	5.8	5.5	5.5			0.15	0.15									
52	5.85	5.5	5.5			0.1	0.25									
53	5.9	5.6	5.6			0.1	0.2									
54	5.9	5.2	5.2			0.4	0.3									
55	6.15	5.8	5.8			0.15	0.2									
56	6.25	6.15	6.15			0.1										
57	6.4	6.1	6.1			0.05	0.25									
58	6.55	6	6			0.15	0.4									
59	6.85	6.55	6.55			0.1	0.2									
60	6.95	6.3	6.3			0.25	0.4									
61	7	6.6	6.6			0.2	0.2									
62	7.02	6.8	6.8			0.1	0.12									
63	7.05	6.8	6.8			0.05	0.2									
64	7.65	6.3	6.3			0.15	1.2									
65	7.75	7.4	7.4			0.15	0.2									
66	8.05	6.8	6.8			0.45	0.8									
67	8.5	7.4	7.4			0.1	1									
68	8.75	7.3	7.3			0.15	1.3									
69	8.9	8.5	8.5			0.1	0.3									
70	9.1	8.05	8.05			0.35	0.7									
71	9.3	8.7	8.7			0.2	0.4									
72	9.45	9	9			0.15	0.3									
73	9.8	8.6	8.6			0.2	1									
74	10.1	9.75	9.75			0.1	0.25									
75	10.6	10.1	10.1			0.3	0.2									
76	10.8	10.3	10.3			0.2	0.3									
77	11	9.8	9.8			0.1	1.1									
78	11	9.5	9.5			1	0.5									
79	11.4	9.9	9.9			0.6	0.9									
80	11.6	10.1	10.1			0.8	0.7									
81	11.8	11.3	11.3			0.2	0.3									

农场编号	农场总面积/地方单位	作物总面积/地方单位	已收获的作物面积/地方单位	未收获的作物面积/地方单位	闲置面积/地方单位	农舍面积/地方单位	道路、池塘、坟墓等面积/地方单位	牧场面积/地方单位	未砍伐树林中的牧场面积/地方单位	森林面积/地方单位	有生产的水面面积/地方单位		专供柴薪的面积/地方单位	专供柴薪和牧场的面积/地方单位	可耕的荒地面积	
											作物	鱼类			数量/地方单位	原因
82	11.9	10.4	10.4			1	0.5									
83	12.1	11.45	11.45			0.15	0.5									
84	12.3	11.2	11.2			0.4	0.7									
85	12.9	11.7	11.7			0.2	1									
86	13.8	12.7	12.7			0.3	0.8									
87	13.85	12.7	12.7			0.4	0.75									
88	13.9	12.6	12.6			0.3	1									
89	14	13.3	13.3			0.2	0.5									
90	14.6	13.6	13.6			0.2	0.8									
91	14.6	12.8	12.8			1.1	0.7									
92	16.6	15.2	15.2			0.4	1									
93	16.9	16	16			0.2	0.7									
94	19.8	18.4	18.4			0.2	1.2									
95	20	18.2	18.2			0.4	1.4									
96	21.4	19.4	19.4			1.5	0.5									
97	22.3	21.5	21.5			0.3	0.5									
98	22.75	21.1	21.1			0.65	1									
99	24.4	23	23			0.8	0.6									
100	29.4	25.7	25.7			1.2	2.5									
总计	759.52	696.93	696.93			22.02	40.57									

表 5-2 农场中不同用途的土地面积（桐庐 1）

农场编号	农场总面积/地方亩	作物总面积/地方亩	已收获的作物面积/地方亩	未收获的作物面积/地方亩	闲置面积/地方亩	农舍面积/地方亩	道路、池塘、坟墓等面积/地方亩	牧场面积/地方亩	未砍伐树林中的牧场面积/地方亩	森林面积/地方亩	有生产的水面面积/地方亩 作物	有生产的水面面积/地方亩 鱼类	专供柴薪的面积/地方亩	专供柴薪和牧场的面积/地方亩	可耕的荒地面积 数量/地方亩	可耕的荒地面积 原因
1	0.34	0.3	0.3			0.04										
2	0.82	0.8	0.8			0.02										
3	0.9	0.8	0.8			0.1										
4	1.02	1	1			0.02										
5	1.02	1	1			0.02										
6	1.1	1	1			0.1										
7	1.2	1	1			0.2										
8	1.25	1.2	1.2			0.05										
9	1.3	1.2	1.2			0.1										
10	1.35	1.25	1.25			0.1										
11	1.5	1.4	1.4			0.1										
12	1.5	1.4	1.4			0.1										
13	1.52	1.5	1.5			0.02										
14	1.7	1.1	1.1			0.1	0.5									
15	1.8	1.7	1.7			0.1										
16	2	1.9	1.9			0.1										
17	2.02	2	2			0.02										
18	2.05	1	1			0.05							1			
19	2.1	2	2			0.1										
20	2.2	1.8	1.8			0.2	0.2									
21	2.3	2	2			0.1	0.2									
22	2.3	2.2	2.2			0.1										
23	2.52	2.4	2.4			0.04	0.08									
24	2.55	1.5	1.5			0.05	1									
25	2.55	2.45	2.45			0.1										
26	2.7	2.5	2.5			0.1	0.1									
27	2.85	2.8	2.8			0.05										
28	2.95	2.75	2.75			0.1	0.1									
29	3.02	3	3			0.02										
30	3.03	2.5	2.5			0.03	0.5									
31	3.1	3.05	3.05			0.05							1			
32	3.15	2.1	2.1			0.05										
33	3.2	3.1	3.1			0.1										
34	3.22	3.2	3.2			0.02										
35	3.31	3.2	3.2			0.11										
36	3.34	3.3	3.3			0.04										
37	3.4	3.1	3.1			0.1	0.2									
38	3.5	3.3	3.3			0.1	0.1									
39	3.55	3.5	3.5			0.05										
40	3.84	2.2	2.2			0.04	0.2							1.4		

97

农场编号	农场总面积/地方亩	作物总面积/地方亩	已收获的作物面积/地方亩	未收获的作物面积/地方亩	闲置面积/地方亩	农舍面积/地方亩	道路、池塘、坟墓等面积/地方亩	牧场面积/地方亩	未砍伐树林中的牧场面积/地方亩	森林面积/地方亩	有生产的水面面积/地方亩 作物	有生产的水面面积/地方亩 鱼类	专供柴薪的面积/地方亩	专供柴薪和牧场的面积/地方亩	可耕的荒地面积 数量/地方亩	可耕的荒地面积 原因
41	4	2.7	2.7			1	0.3									
42	4	3.8	3.8			0.1	0.1									
43	4.02	4	4			0.02										
44	4.05	4	4			0.05										
45	4.15	4.05	4.05			0.1										
46	4.4	3.1	3.1			0.2	0.1							1		
47	4.5	4.2	4.2			0.3										
48	4.6	4	4			0.2	0.4									
49	4.72	2.4	2.4			0.02	0.3							2		
50	4.75	4.65	4.65			0.1										
51	5.1	5	5			0.1										
52	5.25	5.2	5.2			0.05										
53	5.47	3.4	3.4			0.07								2		
54	5.5	5.4	5.4			0.1										
55	5.5	4.8	4.8			0.2	0.5									
56	5.7	5.4	5.4			0.3										
57	5.9	2.6	2.6			0.2	0.1							3		
58	5.9	5.2	5.2			0.4	0.3									
59	6.2	4	4			0.1	0.1							2		
60	6.25	6	6			0.15	0.1									
61	6.5	6.2	6.2			0.1	0.2									
62	6.55	5.2	5.2			0.05	0.3							1		
63	6.86	5.86	5.86			0.3	0.2							0.5		
64	7.05	7	7			0.05										
65	7.14	2	2			0.04	0.1							5		
66	7.8	1.7	1.7			0.1								6		
67	8.05	5	5			0.15	0.4							2.5		
68	8.2	8.1	8.1			0.1										
69	8.6	8.5	8.5			0.1										
70	9.2	7.1	7.1			0.1								2		
71	9.2	7.9	7.9			0.1	0.2							1		
72	9.4	4.9	4.9			0.1	0.4		4							
73	9.5	7.9	7.9			0.1	1.5									
74	9.9	9	9			0.3	0.6									
75	10.15	9.65	9.65			0.2	0.3									
76	10.2	10.1	10.1			0.1										
77	10.3	6.7	6.7			0.1	3.5									
78	10.35	9.1	9.1			0.25	1									
79	10.8	1	1			0.5	0.3							9		
80	11	10.1	10.1			0.1	0.8									
81	11.3	10.8	10.8			0.1	0.4									

农场编号	农场总面积/地方亩	作物总面积/地方亩	已收获的作物面积/地方亩	未收获的作物面积/地方亩	闲置面积/地方亩	农舍面积/地方亩	道路、池塘、坟墓等面积/地方亩	牧场面积/地方亩	未砍伐树林中的牧场面积/地方亩	森林面积/地方亩	有生产的水面面积/地方亩		专供柴薪的面积/地方亩	专供柴薪和牧场的面积/地方亩	可耕的荒地面积	
											作物	鱼类			数量/地方亩	原因
82	11.4	3	3			0.2	0.2	8								
83	11.9	1.7	1.7			0.2		10								
84	12.5	12.4	12.4			0.1										
85	12.8	9.4	9.4			0.1	1.3							2		
86	13	2.8	2.8			0.1	0.1	10								
87	13.1	11	11			0.3	0.8							1		
88	13.2	10.8	10.8			0.2	0.2							2		
89	13.6	10.9	10.9			0.2								2.5		
90	13.8	1.5	1.5			0.1	0.2							12		
91	14.73	12.6	12.6			0.03	0.1							2		
92	15.7	5.3	5.3			0.2	0.2							10		
93	16.12	11	11			0.02	0.1							5		
94	16.3	16	16			0.3										
95	16.5	16.1	16.1			0.4										
96	16.9	10.5	10.5			0.2	0.2	6								
97	18.6	3.3	3.3			0.2	0.1							15		
98	21	18.5	18.5			0.5	2									
99	21.9	21.4	21.4			0.5										
100	23.6	7.2	7.2			0.2	3.2							13		
101	28.6	14.2	14.2			0.2	0.2		14							
102	30.4	24.5	24.5			0.3	0.6							5		
103	31.3	15.1	15.1			0.2	1							15		
104	37	18.1	18.1			1	2.8						0.3	14.8		
105	49.2	48.3	48.3			0.3	0.6									
总计	850.23	612.81	612.81			15.84	29.58	34		18			0.3	139.7		

表 5-3　农场中不同用途的土地面积（桐庐 2）

农场编号	农场总面积/地方亩	作物总面积/地方亩	已收获的作物面积/地方亩	未收获的作物面积/地方亩	闲置面积/地方亩	农舍面积/地方亩	道路、池塘、坟墓等面积/地方亩	牧场面积/地方亩	未砍伐树林中的牧场面积/地方亩	森林面积/地方亩	有生产的水面面积/地方亩 作物	有生产的水面面积/地方亩 鱼类	专供柴薪的面积/地方亩	专供柴薪和牧场的面积/地方亩	可耕的荒地面积 数量/地方亩	可耕的荒地面积 原因
1	2.26	2.2	2.2			0.06										
2	3.33	0.77	0.77			0.05	0.51			2						
3	3.64	3.6	3.6			0.04										
4	3.88	3.35	3.35			0.03	0.5									
5	4.1	4	4				0.1									
6	4.2	3.5	3.5			0.2	0.5									
7	4.31	3.8	3.8			0.4	0.11									
8	4.6	3.4	3.4			0.2	0.2						0.8		0.5	地处山谷土瘠兽害
9	5.01	4.75	4.75			0.2	0.06									
10	5.1	5	5			0.1										
11	5.1	4.2	4.2			0.2	0.2						0.5			
12	5.3	5.05	5.05			0.05	0.2									
13	5.32	5.18	5.18			0.08	0.06									
14	5.7	5.1	5.1			0.1	0.5									
15	6.16	6.05	6.05			0.03	0.08									
16	6.2	6	6			0.2										
17	6.25	6.15	6.15			0.02	0.08									
18	6.6	6.3	6.3			0.1	0.2									
19	7.3	5	5			0.2	0.1						2			
20	7.31	6.27	6.27			1	0.04									
21	7.4	6.8	6.8			0.3	0.3									
22	7.41	7.3	7.3			0.04	0.07									
23	7.8	7.3	7.3			0.2	0.3									
24	8.2	7.9	7.9			0.2	0.1									
25	8.35	7.8	7.8			0.3	0.25									
26	8.44	8.4	8.4			0.02	0.02									
27	8.5	8.1	8.1			0.1	0.3									
28	9.25	8.95	8.95			0.2	0.1									
29	9.4	9.35	9.35			0.05										
30	9.4	7.2	7.2			0.2	0.5						1.5		3	地系沙积无人无钱
31	9.45	9.2	9.2			0.2	0.05									
32	9.69	9.59	9.59			0.02	0.08									
33	9.92	9	9			0.8	0.12									
34	9.96	9.8	9.8			0.08	0.08									
35	10.14	10.07	10.07			0.03	0.04									
36	10.17	10.05	10.05			0.08	0.04									
37	10.28	10.2	10.2			0.02	0.06									
38	10.49	10.31	10.31			0.1	0.08									
39	10.9	6.5	6.5			0.4	2	1					1			

农场编号	农场总面积/地方亩	作物总面积/地方亩	已收获的作物面积/地方亩	未收获的作物面积/地方亩	闲置面积/地方亩	农舍面积/地方亩	道路、池塘、坟墓等面积/地方亩	牧场面积/地方亩	未砍伐树林中的牧场面积/地方亩	森林面积/地方亩	有生产的水面面积/地方亩 作物	有生产的水面面积/地方亩 鱼类	专供柴薪的面积/地方亩	专供柴薪和牧场的面积/地方亩	可耕的荒地面积 数量/地方亩	可耕的荒地面积 原因
40	11	9	9			0.2	0.3						1.5			
41	11.1	6.1	5.5		0.6	0.2	1						3.8			
42	11.43	9.43	9.43			1.5	0.5									
43	11.9	11.6	11.6			0.2	0.1									
44	12.31	11.31	11.31			0.2	0.8									
45	12.4	11.8	11.8			0.2	0.4									
46	12.54	12.26	12.26			0.18	0.1									
47	12.55	7.15	7.15			0.2	0.2			5						
48	12.7	11.2	11.2			0.2	0.3						1			
49	12.8	7.1	7.1			0.2	0.5			2			3			
50	12.93	12.75	12.75			0.08	0.1									
51	13.1	12.1	12.1			0.3	0.7									
52	13.25	13.1	13.1			0.05	0.1									
53	13.3	7.6	7.6			0.2	0.5			2			3			
54	13.4	13.1	13.1			0.2	0.1									
55	13.58	12.54	12.54			0.04	1									
56	14.28	12.18	12.18			0.5	1.6									
57	14.3	9	9			0.1	0.2						5			
58	14.7	13.6	13.6			0.1	1									
59	14.85	12.35	12.35			0.5	2									
60	15.1	11	11			0.2	0.4		2					1.5		
61	15.2	14.4	14.4			0.3	0.5									
62	15.5	14.4	14.4			0.5	0.6									
63	15.79	14.99	14.99			0.5	0.3									
64	15.95	15.75	15.75			0.1	0.1									
65	16.07	15.74	15.74			0.2	0.13									
66	16.35	16.25	16.25			0.02	0.08									
67	16.43	16.3	16.3			0.08	0.05									
68	16.61	16.51	16.51			0.04	0.06									
69	16.65	16.25	16.25			0.2	0.2									
70	16.7	9.1	9.1			0.3	0.3			7						
71	18.3	16.7	16.7			0.2	0.4						1			
72	18.33	17.95	17.95			0.3	0.08									
73	18.6	18.2	18.2			0.4										
74	18.7	15.2	15.2			0.2	1.3			2						
75	18.85	18.45	18.45			0.3	0.1									
76	19.2	18.5	18.5			0.2	0.5									
77	19.2	17.2	17.2			0.5	1.5									
78	19.9	17.5	17.5			0.2	0.2						2			
79	20.1	14.4	14.4			0.2	0.5		3					2		
80	20.45	20.25	20.25			0.1	0.1									
81	20.5	14.5	14.5			0.2	0.8			2			3			

农场编号	农场总面积/地方亩	作物总面积/地方亩	已收获的作物面积/地方亩	未收获的作物面积/地方亩	闲置面积/地方亩	农舍面积/地方亩	道路、池塘、坟墓等面积/地方亩	牧场面积/地方亩	未砍伐树林中的牧场面积/地方亩	森林面积/地方亩	有生产的水面面积/地方亩 作物	有生产的水面面积/地方亩 鱼类	专供柴薪的面积/地方亩	专供柴薪和牧场的面积/地方亩	可耕的荒地面积 数量/地方亩	可耕的荒地面积 原因
82	20.55	17.75	17.75			0.3	0.5							2		
83	21.24	20.32	20.32			0.12	0.8									
84	21.5	20.2	20.2			0.8	0.5									
85	22.5	20.5	20.5			0.5	1.5									
86	23.3	17.5	17.5			0.3	0.5			2				3		
87	24.62	23.32	23.32			0.5	0.8									
88	25.39	24.15	24.15			0.04	1.2									
89	25.4	24.6	24.6			0.5	0.3									
90	25.97	25.41	25.41			0.5	0.06									
91	26.02	25.96	25.96			0.04	0.02									
92	26.47	26.34	26.34			0.08	0.05									
93	27.2	25.2	25.2			0.5	1.5									
94	27.5	26	26			0.5	1									
95	27.51	25.28	25.28			0.2	0.03							2		
96	27.61	27.33	27.33			0.2	0.08									
97	33.9	31.2	31.2			0.3	0.4							2		
98	38.3	32	32			0.3	1		2	1				2		
99	39.3	29.5	29.5			0.8	1	3					5			
100	44.2	32.85	32.85			1	0.35			1.5			8.5			
101	47	41.8	41.8			0.12	0.08			5						
102	81.2	53	53			0.2	3		20					5		
总计	1580.4	1388.51	1387.91		0.6	24.99	42.3	4	27	31.5			47.6	14.5	3.5	

表 5-4　农场中不同用途的土地面积（东阳）

农场编号	农场总面积/地方单位	作物总面积/地方单位	已收获的作物面积/地方单位	未收获的作物面积/地方单位	闲置面积/地方单位	农舍面积/地方单位	道路、池塘、坟墓等面积/地方单位	牧场面积/地方单位	未砍伐树林中的牧场面积/地方单位	森林面积/地方单位	有生产的水面面积/地方单位		专供柴薪的面积/地方单位	专供柴薪和牧场的面积/地方单位	可耕的荒地面积	
											作物	鱼类			数量/地方单位	原因
1	72	68	68			2	2									
2	75	63	63			2				10						
3	78	74	74			2										
4	83	78	78			2	3									
5	92	84	84			2	4						2			
6	105	104	104			1										
7	107	85	85			2	6			14						
8	110	87	87			3	8			12						
9	112	78	78			6	3			25						
10	112	84	84			3	5			20						
11	115	107	107			2				6						
12	116	109	109			3	4									
13	117	97	97			3	2			15						
14	117	105	105							12						
15	117	110	110			5	2									
16	122	115	115			2	2			3						
17	135	109	109			3	5			15			3			
18	137	127	127			2	3			5						
19	138	125	125			3	2			8						
20	139	108	108			3	3			5			20			
21	144	127	127			2				15						
22	145	125	120		5	5	7			8						
23	146	137	137			4				5						
24	151	138	138			2	3						8			
25	157	153	153			2	2									
26	157	134	134			3	6			6			8			
27	164	146	146			3	2			13						
28	165	124	124			10	5			26						
29	165	156	156			4	5									
30	168	140	140			3	5			20						
31	168	150	150			3	5			10						
32	169	152	152			3	6		8							
33	169	157	157			3	4			5						
34	172	152	152			3	8			7			2			
35	174	150	150			2	6			10			6			
36	174	135	135			4	5			30						
37	178	160	160			2	8						8			
38	179	147	147			4	10			5			13			
39	183	168	168			3	5			5			2			
40	184	165	165			2	3			10			4			
41	185	170	170			3	3			9						
42	188	160	160			3	8			5			12			
43	188	160	160			3	5			20						
44	189	172	172			2	2			10			3			

农场编号	农场总面积/地方单位	作物总面积/地方单位	已收获的作物面积/地方单位	未收获的作物面积/地方单位	闲置面积/地方单位	农舍面积/地方单位	道路、池塘、坟墓等面积/地方单位	牧场面积/地方单位	未砍伐树林中的牧场面积/地方单位	森林面积/地方单位	有生产的水面面积/地方单位		专供柴薪的面积/地方单位	专供柴薪和牧场的面积/地方单位	可耕的荒地面积	
											作物	鱼类			数量/地方单位	原因
45	189	175	175			3	5							6		
46	193	155	155			3	10			18				7		
47	194	175	170	5		3	6			5				5		
48	213	194	194			2	6			6				5		
49	219	185	185			4	3			27						
50	221	194	194			3	7			10				7		
51	221	188	188			3	3			27						
52	224	207	207			6	4			7						
53	230	210	210			5	7			5				3		
54	232	210	210			3	4			15						
55	235	208	208			5	8			3				11		
56	236	215	215			4	5			5				7		
57	238	213	213			3	7			1				14		
58	239	213	213			4	7			15						
59	244	229	229			3	3							9		
60	248	205	205			4	9			25				5		
61	253	230	230			3	2			18						
62	255	230	230			8	2			15						
63	256	233	233			3	5			3				12		
64	262	235	235			2	7			18						
65	266	245	245			5	6			10						
66	269	225	225			4	6			10				24		
67	271	230	230			5	10			20				6		
68	272	230	230			6	8			20				8		
69	272	240	240			5	6			5				16		
70	276	247	247			4	2			5				18		
71	285.5	245.5	245.5			4	11			20				5		
72	288	252	252			4	4			20				8		
73	301	275	275			4	4			18						
74	302	280	280			4	8			10						
75	311	280	280			10	3			18						
76	317	286	286			5	8			11				7		
77	323	297	297			5	6			5				10		
78	323	286	286			5	5			20				7		
79	323	308	308			5	2			8						
80	350	310	310			8	5			27						
81	368	340	340			5	6			17						
82	369	343	343			4	4			9				9		
83	371	342	342			4	5			20						
84	419	390	390			7	2			20						
85	636	580	580			6	9			25				16		
86	640	600	600			8	8			10				14		
总计	18415.5	16430.5	16420.5		10	320	407		8	920				330		

表 5-5　农场中不同用途的土地面积（余姚）

农场编号	农场总面积/地方亩	作物总面积/地方亩	已收获的作物面积/地方亩	未收获的作物面积/地方亩	闲置面积/地方亩	农舍面积/地方亩	道路、池塘、坟墓等面积/地方亩	牧场面积/地方亩	未砍伐树林中的牧场面积/地方亩	森林面积/地方亩	有生产的水面面积/地方亩		专供柴薪的面积/地方亩	专供柴薪和牧场的面积/地方亩	可耕的荒地面积	
											作物	鱼类			数量/地方亩	原因
1	8.7	6.4	6.4			0.3	2									
2	8.7	7	7			0.2	1.5									
3	9.8	8	8			0.3	1.5									
4	10.1	9	9			0.3	0.8									
5	10.25	9.8	9.8			0.15	0.3									
6	10.8	9	9			0.3	1.5									
7	10.8	9	9			0.3	1.5									
8	11.1	9	9			0.3	1.8									
9	11.2	9	9			0.2	2									
10	11.3	9	9			0.3	2									
11	11.3	9	9			0.3	2									
12	11.3	9	9			0.3	2									
13	11.8	9	9			0.3	2				0.5					
14	11.8	11	11			0.3	0.5									
15	12	9.2	9.2			0.3	2.5									
16	12	9.6	9.6			0.4	1.5					0.5				
17	12.2	10	10			0.2	2									
18	12.2	11	11			0.4	0.8									
19	12.3	10	10			0.3	2									
20	12.4	10	10			0.4	2									
21	12.5	10.3	10.3			0.2	2									
22	12.7	10	10			0.2	2.5									
23	12.7	10	10			0.2	2.5									
24	13	10	10			0.5	2.5									
25	13	10	10			0.5	2.5									
26	13	9.5	9.5			0.5	3									
27	13.2	10	10			0.2	2				1					
28	13.4	10	10			0.4	3									
29	13.5	10	10			0.5	3									
30	13.6	10.5	10.5			0.6	2.5									
31	13.6	10	10			0.6	3									
32	13.9	11	11			0.4	2.5									
33	13.9	10	10			0.4	3				0.5					
34	14.2	11	11			0.2	3									
35	14.2	11.9	11.9			0.3	2									
36	14.5	11	11			0.5	3									
37	14.6	11.4	11.4			0.2	2				1					
38	14.6	11.2	11.2			0.4	3									
39	14.7	11	11			0.7	3									
40	14.7	12	12			0.2	1.5				1					

农场编号	农场总面积/地方亩	作物总面积/地方亩	已收获的作物面积/地方亩	未收获的作物面积/地方亩	闲置面积/地方亩	农舍面积/地方亩	道路、池塘、坟墓等面积/地方亩	牧场面积/地方亩	未砍伐树林中的牧场面积/地方亩	森林面积/地方亩	有生产的水面面积/地方亩 作物	有生产的水面面积/地方亩 鱼类	专供柴薪的面积/地方亩	专供柴薪和牧场的面积/地方亩	可耕的荒地面积 数量/地方亩	可耕的荒地面积 原因
41	14.7	11	11			0.2	3.5									
42	14.7	11.8	11.8			0.3	2.4				0.2					
43	14.9	12.2	12.2			0.3	2				0.4					
44	15.1	11.8	11.8			0.3	3									
45	15.2	12.25	12.25			0.2	2.75									
46	15.25	12.35	12.35			0.5	2				0.4					
47	15.35	12.2	12.2			0.5	2.65									
48	15.4	12	12			0.4	3									
49	15.6	12.3	12.3			0.3	3									
50	15.7	13	13			0.2	2.5									
51	15.7	12	12			0.7	3									
52	15.7	12.2	12.2			0.5	3									
53	15.9	13	13			0.3	2.6									
54	15.9	12.6	12.6			0.3	3									
55	16	13	13			0.5	2.5									
56	16.1	12	12			0.6	3.5									
57	16.4	12.3	12.3			0.4	2.7					1				
58	16.7	13	13			0.7	3									
59	16.8	13	13			0.3	3.5									
60	16.8	13	13			0.3	3.5									
61	16.8	14.6	14.6			0.5	1.7									
62	17	13	13			0.5	3.5									
63	17	13	13			0.2	3				0.8					
64	17.1	13	13			0.3	3.8									
65	17.2	14	14			0.2	3									
66	17.3	13.1	13.1			0.2	4									
67	17.3	14	14			0.3	3									
68	17.3	14	14			0.3	3									
69	17.3	14	14			0.3	3									
70	17.3	14	14			0.3	3									
71	17.5	13	13			0.5	4									
72	18.2	15	15			0.2	3									
73	18.5	14	14			0.5	4									
74	18.6	15	15			0.6	2				1					
75	19.4	15	15			0.4	4									
76	19.4	18.2	18.2			0.2	1									
77	19.45	15	15			0.45	2				2					
78	19.5	14	14			0.5	5									
79	20.3	16	16			0.3	4									
80	20.3	15.5	15.5			0.3	4.5									
81	20.9	17	17			0.4	2.5				1					

农场编号	农场总面积/地方亩	作物总面积/地方亩	已收获的作物面积/地方亩	未收获的作物面积/地方亩	闲置面积/地方亩	农舍面积/地方亩	道路、池塘、坟墓等面积/地方亩	牧场面积/地方亩	未砍伐树林中的牧场面积/地方亩	森林面积/地方亩	有生产的水面面积/地方亩		专供柴薪的面积/地方亩	专供柴薪和牧场的面积/地方亩	可耕的荒地面积	
											作物	鱼类			数量/地方亩	原因
82	20.9	15.5	15.5			0.4	5									
83	21.5	17	17			0.5	2				2					
84	21.9	16.4	16.4			0.5	5									
85	22	17.6	17.6			0.4	4									
86	22	17	17			0.5	4.5									
87	22.1	17.1	17.1			0.5	4.5									
88	22.4	18	18			0.4	4									
89	22.5	18	18			0.5	4									
90	22.9	17.5	17.5			0.4	5									
91	23.1	18.5	18.5			0.6	4									
92	23.3	20	20			0.3	3									
93	23.4	18	18			0.4	5									
94	23.5	18	18			0.5	5									
95	23.5	20	20			0.5	1				2					
96	23.5	18	18			0.5	5									
97	24.4	23	23			0.3	1				0.1					
98	24.7	20.2	20.2			0.5	2				2					
99	24.8	19	19			0.8	5									
100	25.5	20	20			0.5	3					2				
101	26	19.5	19.5			0.5	6									
102	26.3	21	21			0.3	5									
103	28.4	22.5	22.5			0.4	5.5									
104	29.4	25	25			0.4	2				2					
105	29.4	22.4	22.4			1	6									
106	29.9	27.4	27.4			1.8	0.7									
107	31	24.5	24.5			1	5.5									
108	32.5	25	25			0.5	7									
109	32.7	27	27			0.7	5									
110	32.8	25	25			0.8	7									
111	33.8	27.3	27.3			1	5.5									
112	34	26	26			0.5	6				1.5					
113	34.8	28.2	28.2			0.6	6									
114	35.5	28.5	28.5			1	6									
115	36.9	28.6	28.6			1.8	6.5									
116	39.3	33	33			1.8	4.5									
117	42.6	34	34			0.6	8									
118	50.5	40.7	40.7			0.8	9									
总计	2236.8	1779.6	1779.6			53.3	381				19.4	3.5				

表 6-1 农场内坟墓的数量及其所占的面积（汤溪）

农场编号	每个农场耕地中的坟墓数量 / 个	农场坟墓占地面积 / 地方单位	位于耕地中的坟墓面积 / 地方单位	位于可耕地中的坟墓面积 / 地方单位	位于不可耕地中的坟墓面积 / 地方单位
1					
2	2	1	1		
3	12	2	2		
4					
5	9	2	2		
6	4	1	1		
7	2	1	1		
8	7	4	4		
9	5	2	2		
10	7	2	2		
11	7	1	1		
12	5	2	2		
13	10	2	2		
14	4	2	2		
15	1	1	1		
16	3	1	1		
17	3	2	2		
18	5	2.5	2.5		
19	1	1	1		
20	5	3	3		
21	6	3	3		
22	5	3	3		
23	2	1	1		
24	3	1	1		
25	6	2	2		
26	5	3	3		
27	4	2.5	2.5		
28	1	0.5	0.5		
29	6	2	2		
30	5	1.5	1.5		
31	1	0.5	0.5		
32	3	1	1		
33	2	1	1		
34	2	1.5	1.5		
35	30	4	4		
36	5	2.5	2.5		
37	13	2.5	2.5		
38	9	2	2		
39	2	1	1		
40	6	3	3		
41	7	3	3		
42	8	4	4		

农场编号	每个农场耕地中的坟墓数量 / 个	农场坟墓占地面积 / 地方单位	位于耕地中的坟墓面积 / 地方单位	位于可耕地中的坟墓面积 / 地方单位	位于不可耕地中的坟墓面积 / 地方单位
43	4	1	1		
44	3	1	1		
45	3	2	2		
46	10	5	5		
47	14	5	5		
48	4	1.5	1.5		
49	1	0.5	0.5		
50	2	2	2		
51	4	1.5	1.5		
52	20	2.5	2.5		
53	4	2	2		
54	13	3	3		
55	8	2	2		
56	17	2.5	2.5		
57					
58	8	4	4		
59	8	2	2		
60	8	2.5	2.5		
61	6	2	2		
62	4	1.2	1.2		
63	4	2	2		
64	100	12	12		
65	4	2	2		
66	9	8	8		
67	6	10	10		
68	7	13	3	10	
69	7	3	3		
70	45	6	6		
71	6	3	3		
72	12	3	3		
73	20	10	10		
74	9	2.5	2.5		
75	4	2	2		
76	9	3	3		
77	10	10	10		
78	8	3	3		
79	18	9	9		
80	15	5	5		
81	21	3	3		
82	8	3	3		
83	6	5	5		
84	18	4	4		
85	25	7	7		

农场编号	每个农场耕地中的坟墓数量 / 个	农场坟墓占地面积 / 地方单位	位于耕地中的坟墓面积 / 地方单位	位于可耕地中的坟墓面积 / 地方单位	位于不可耕地中的坟墓面积 / 地方单位
86	20	8	8		
87	20	7.5	7.5		
88	28	10	10		
89	10	5	5		
90	16	8	8		
91	9	3	3		
92	18	10	10		
93	8	3	3		
94	35	10	10		
95	15	7.5	7.5		
96	4	3.5	3.5		
97	8	5	5		
98	10	10	10		
99	10	6	6		
100	21	4	4		
总计	967	350.2	340.2	10	

表 6-2　农场内坟墓的数量及其所占的面积（桐庐 1）

农场编号	每个农场耕地中的坟墓数量 / 个	农场坟墓占地面积 / 地方亩	位于耕地中的坟墓面积 / 地方亩	位于可耕地中的坟墓面积 / 地方亩	位于不可耕地中的坟墓面积 / 地方亩
1					
2					
3					
4					
5					
6					
7					
8					
9					
10					
11					
12					
13					
14		0.5			0.5
15					
16					
17					
18					
19					
20		0.2			0.2
21		0.2			0.2
22					
23		0.08			0.08
24		1			1
25					
26		0.1			0.1
27					
28		0.1			0.1
29					
30		0.5			0.5
31					
32					
33					
34					
35					
36					
37		0.2			0.2
38		0.1			0.1
39					
40		0.2			0.2
41		0.3			0.3
42	1	0.1	0.1		

农场编号	每个农场耕地中的坟墓数量/个	农场坟墓占地面积/地方亩	位于耕地中的坟墓面积/地方亩	位于可耕地中的坟墓面积/地方亩	位于不可耕地中的坟墓面积/地方亩
43					
44					
45					
46		0.1			0.1
47					
48		0.4			0.4
49		0.3			0.3
50					
51					
52					
53					
54					
55		0.5			0.5
56					
57		0.1			0.1
58		0.3			0.3
59		0.1			0.1
60		0.1			0.1
61		0.2			0.2
62		0.3			0.3
63	2	0.2	0.1	0.1	
64					
65		0.1			0.1
66					
67		0.4			0.4
68					
69					
70					
71		0.2			0.2
72		0.4			0.4
73		1.5			1.5
74		6			6
75		0.3			0.3
76					
77	3	3.5	3		0.5
78		1			1
79		0.3			0.3
80		0.8			0.8
81		0.4			0.4
82		0.2			0.2
83					
84					
85		1.3			1.3

农场编号	每个农场耕地中的坟墓数量 / 个	农场坟墓占地面积 / 地方亩	位于耕地中的坟墓面积 / 地方亩	位于可耕地中的坟墓面积 / 地方亩	位于不可耕地中的坟墓面积 / 地方亩
86		0.1			0.1
87		0.8			0.8
88		0.2			0.2
89					
90	1	0.2	0.2		
91		0.1			0.1
92		0.2			0.2
93		0.1			0.1
94					
95					
96		0.2			0.2
97		0.1			0.1
98		2		2	
99					
100		3			3
101		0.2			0.2
102	5	0.6	0.3		0.3
103		1			1
104		2			2
105		0.6			0.6
总计	12	33.98	3.7	2.1	28.18

表 6-3　农场内坟墓的数量及其所占的面积（桐庐 2）

农场编号	每个农场耕地中的坟墓数量／个	农场坟墓占地面积／地方亩	位于耕地中的坟墓面积／地方亩	位于可耕地中的坟墓面积／地方亩	位于不可耕地中的坟墓面积／地方亩
1					
2	2	0.5	0.04	0.46	
3					
4	5	0.4	0.3	0.1	
5		0.1			0.1
6		0.5			0.5
7	4	0.05	0.05		
8		0.2			0.2
9		0.04			0.04
10					
11		0.2			0.2
12	3	0.15	0.05	0.1	
13	u	0.05	0.02	0.03	
14	4	0.4	0.1	0.3	
15	3	0.05	0.02	0.03	
16					
17	2	0.06	0.04	0.02	
18		0.2			0.2
19		0.1			0.1
20	1	0.02	0.02		
21		0.3			0.3
22	3	0.04	0.03	0.01	
23		0.3			0.3
24		0.1			0.1
25	2	0.05	0.05		
26	u	0.02	0.01		0.01
27	3	0.3	0.2	0.1	
28	2	0.1	0.1		
29					
30		0.5			0.5
31	1	0.02	0.02		
32	u	0.08	0.04	0.02	0.02
33	u	0.1	0.02	0.03	0.05
34	u	0.05	0.02	0.03	
35	u	0.04	0.01		0.03
36	u	0.04	0.04		
37	u	0.04	0.02		0.02
38	u	0.08	0.02	0.03	0.03
39	9	2	0.45		1.55
40		0.3			0.3
41		1			1
42	1	0.3	0.3		

农场编号	每个农场耕地中的坟墓数量 / 个	农场坟墓占地面积 / 地方亩	位于耕地中的坟墓面积 / 地方亩	位于可耕地中的坟墓面积 / 地方亩	位于不可耕地中的坟墓面积 / 地方亩
43	3	0.05	0.05		
44	3	0.07	0.03	0.04	
45	4	0.3	0.2	0.1	
46	3	0.1	0.1		
47		0.2			0.2
48		0.3			0.3
49		0.3			0.3
50	u	0.04	0.02	0.02	
51	1	0.3	0.1	0.2	
52	2	0.05	0.05		
53		0.3			0.3
54					
55	u	0.89	0.02	0.07	0.8
56	u	1.02	0.38	0.19	0.45
57		0.2			0.2
58	3	0.1	0.1		
59	u	1.6	1	0.4	0.2
60		0.3			0.3
61	4	0.3	0.2	0.1	
62	1	0.4	0.1	0.2	0.1
63	u	0.19	0.04	0.06	0.09
64		0.1			0.1
65	u	0.11	0.08	0.03	
66	u	0.06	0.01	0.02	0.03
67	u	0.03	0.02	0.01	
68	3	0.03	0.02	0.01	
69		0.2			0.2
70	1	0.22	0.02	0.2	
71		0.2			0.2
72		0.06			0.06
73					
74	3	1	0.7	0.3	
75		0.1			0.1
76		0.5			0.5
77	3	1	0.7	0.2	0.1
78		0.2			0.2
79		0.5			0.5
80		0.1			0.1
81		0.8			0.8
82		0.5			0.5
83	u	0.51	0.4	0.05	0.06
84	3	0.3	0.2	0.1	
85	5	1	0.3	0.7	

农场编号	每个农场耕地中的坟墓数量 / 个	农场坟墓占地面积 / 地方亩	位于耕地中的坟墓面积 / 地方亩	位于可耕地中的坟墓面积 / 地方亩	位于不可耕地中的坟墓面积 / 地方亩
86		0.3			0.3
87	u	0.61	0.5	0.01	0.1
88	u	0.9	0.3	0.4	0.2
89	4	0.2	0.2		
90	4	0.04	0.04		
91	2	0.01	0.01		
92	2	0.02	0.02		
93	5	1	1		
94	2	0.9	0.3	0.6	
95		0.03			0.03
96	2	0.06	0.06		
97		0.2			0.2
98		1			1
99		1			1
100	u	0.25	0.06	0.12	0.07
101	2	0.03	0.02	0.01	
102		2			2
总计	110	31.86	9.32	5.4	17.14

表 6-4　农场内坟墓的数量及其所占的面积（东阳）

农场编号	每个农场耕地中的坟墓数量 / 个	农场坟墓占地面积 / 地方单位	位于耕地中的坟墓面积 / 地方单位	位于可耕地中的坟墓面积 / 地方单位	位于不可耕地中的坟墓面积 / 地方单位
1		2		2	
2					
3	3	2	2		
4	5	3	3		
5	1	4	1		3
6					
7	2	6	1		5
8		8		3	5
9	2	3	1		2
10		5		2	3
11					
12	4	4	2	2	
13		2			2
14					
15	3	2	2		
16		2			2
17	2	5	3		2
18	4	3	3		
19		2		2	
20		3			3
21					
22	4	7	2		5
23					
24	1	3	1		2
25	3	2	2		
26		6		4	2
27		2			2
28	3	5	2	1	2
29	1	5	1	2	2
30	2	5	1		4
31		5		2	3
32	4	6	4	2	
33	3	4	2	2	
34	2	8	2	3	3
35	2	6	2		4
36		5		2	3
37	4	8	6		2
38	2	5	3		2
39	1	5	2		3
40	2	3	2		1
41	4	3	2		1
42		8		5	3
43		5			5

农场编号	每个农场耕地中的坟墓数量 / 个	农场坟墓占地面积 / 地方单位	位于耕地中的坟墓面积 / 地方单位	位于可耕地中的坟墓面积 / 地方单位	位于不可耕地中的坟墓面积 / 地方单位
44		2			2
45	1	5	1	2	2
46	2	7	2	2	3
47	2	6	2		4
48	2	6	2		4
49		3			3
50	2	7	4		3
51		3			3
52	1	4	1		3
53	1	4	2		2
54	4	4	2		2
55	1	8	2	2	4
56	1	5	2		3
57	2	7	2	4	1
58	2	7	2	2	3
59	2	3	2		1
60	3	9	4		5
61		2			2
62		2			2
63		5		2	3
64		7		2	5
65		6			6
66		6			6
67	4	10	6		4
68	4	8	6		2
69	1	6	2		4
70		2			2
71	4	11	6		5
72		2			2
73	3	4	2	2	
74	2	8	2		6
75	1	3	1		2
76	1	8	1	4	3
77		5		3	2
78	2	5	2		3
79		2		2	
80	4	5	2		3
81	3	6	3		3
82	2	4	2	1	1
83	2	5	1	4	
84		2			2
85	3	9	5		4
86	1	8	2		6
总计	127	393	125	66	202

表 6-5 农场内坟墓的数量及其所占的面积（余姚）

农场编号	每个农场耕地中的坟墓数量 / 个	农场坟墓占地面积 / 地方亩	位于耕地中的坟墓面积 / 地方亩	位于可耕地中的坟墓面积 / 地方亩	位于不可耕地中的坟墓面积 / 地方亩
1					
2					
3	1	0.015	0.015		
4	1	0.06	0.06		
5	1	0.01	0.01		
6					
7					
8					
9					
10					
11	2	0.08	0.08		
12	3	0.11	0.11		
13	1	0.05	0.05		
14	2	0.1	0.1		
15	1	0.05	0.05		
16	1	0.06	0.06		
17	2	0.1	0.1		
18					
19	2	0.1	0.1		
20	2	0.05	0.05		
21	4	0.2	0.2		
22					
23					
24	3	0.15	0.15		
25	2	0.05	0.05		
26	2	0.02	0.02		
27	2	0.1	0.1		
28	4	0.2	0.2		
29					
30	3	0.15	0.15		
31	2	0.08	0.08		
32	3	0.15	0.15		
33	5	0.5	0.5		
34	1	0.01	0.01		
35					
36	1	0.05	0.05		
37					
38	2	0.07	0.07		
39	2	0.02	0.02		
40	3	0.18	0.18		
41	1	0.01	0.01		
42	3	0.15	0.15		

农场编号	每个农场耕地中的坟墓数量 / 个	农场坟墓占地面积 / 地方亩	位于耕地中的坟墓面积 / 地方亩	位于可耕地中的坟墓面积 / 地方亩	位于不可耕地中的坟墓面积 / 地方亩
43	1	0.05	0.05		
44	3	0.17	0.17		
45	1	0.03	0.03		
46	1	0.05	0.05		
47	2	0.15	0.15		
48	3	0.15	0.15		
49					
50					
51	3	0.15	0.15		
52	3	0.15	0.15		
53					
54	3	0.15	0.15		
55	2	0.1	0.1		
56	1	0.07	0.07		
57	4	0.2	0.2		
58	3	0.08	0.08		
59	2	0.1	0.1		
60					
61					
62	4	0.05	0.05		
63	2	0.1	0.1		
64	1	0.07	0.07		
65	2	0.07	0.07		
66	1	0.06	0.06		
67	2	0.1	0.1		
68	1	0.05	0.05		
69	2	0.08	0.08		
70	2	0.1	0.1		
71	3	0.18	0.18		
72	1	0.05	0.05		
73					
74	4	0.5	0.5		
75	3	0.15	0.15		
76					
77	5	0.25	0.25		
78					
79	3	0.17	0.17		
80	2	0.12	0.12		
81					
82	2	0.1	0.1		
83	2	0.1	0.1		
84	1	0.01	0.01		
85	3	0.15	0.15		

农场编号	每个农场耕地中的坟墓数量 / 个	农场坟墓占地面积 / 地方亩	位于耕地中的坟墓面积 / 地方亩	位于可耕地中的坟墓面积 / 地方亩	位于不可耕地中的坟墓面积 / 地方亩
86	1	0.01	0.01		
87	1	0.05	0.05		
88	2	0.02	0.02		
89					
90	3	0.15	0.15		
91	3	0.17	0.17		
92	4	0.2	0.2		
93	4	0.25	0.25		
94	2	0.07	0.07		
95	4	0.3	0.3		
96	3	0.2	0.2		
97	u	0.05	0.05		
98	1	0.05	0.05		
99					
100	2	0.1	0.1		
101	1	0.02	0.02		
102	2	0.1	0.1		
103	3	0.2	0.2		
104	2	0.1	0.1		
105	4	0.2	0.2		
106	2	0.1	0.1		
107	1	0.05	0.05		
108	4	0.2	0.2		
109	4	0.05	0.05		
110	4	0.12	0.12		
111	4	0.3	0.3		
112	6	0.5	0.5		
113	4	0.25	0.25		
114	2	0.1	0.1		
115	2	0.08	0.08		
116	1	0.05	0.05		
117	3	0.1	0.1		
118	5	0.3	0.3		
总计	224	11.375	11.375		

表 7-1 田地块数与丘数之大小距离及数量（汤溪）

农场编号	田块数量 / 块	田丘数量 / 块	最远田块与农舍的距离 / 地方单位	所有田块与农舍的平均距离 / 地方单位
1	3	3	2.5	1
2	4	5	2	1.5
3	7	7	1	0.5
4	5	5	2.5	1
5	6	6	2.5	1.5
6	7	7	2	1
7	3	3	1	0.5
8	6	6	2	0.8
9	3	3	1	0.5
10	5	5	2.5	2
11	5	5	0.5	0.3
12	8	8	1.5	1
13	6	7	1	0.5
14	5	5	3	1
15	4	4	1	0.6
16	3	3	2	1
17	5	5	1	0.8
18	10	10	2	1
19	8	8	1	0.5
20	5	5	1.2	1
21	7	7	3.5	1.5
22	4	4	0.9	0.5
23	7	7	1.5	1
24	6	6	1.5	0.8
25	5	5	1.5	1
26	4	4	1.2	0.6
27	8	8	1.5	0.5
28	7	7	1.5	0.8
29	5	5	3	1.5
30	8	8	2	1.5
31	5	5	3	2
32	8	8	2	0.5
33	4	4	1	0.5
34	9	9	3	2
35	12	12	3.5	1
36	4	4	1.5	0.8
37	15	15	2.5	1.4
38	6	6	2	1
39	12	12	1	0.5
40	11	11	3	1
41	14	14	4	1.5
42	13	13	2	0.5
43	6	6	3	1.2

农场编号	田块数量／块	田丘数量／块	最远田块与农舍的距离／地方单位	所有田块与农舍的平均距离／地方单位
44	14	14	4	2
45	19	22	2.5	1
46	12	12	1.5	0.4
47	8	8	2	1
48	9	9	1	0.8
49	9	9	1.8	1
50	12	12	2	1.5
51	9	9	4	1.5
52	12	12	2	1
53	14	14	4	2
54	12	12	2.5	1
55	16	16	3	1.5
56	6	6	1.5	1
57	8	8	2.5	1
58	12	12	1	0.5
59	16	16	1	0.6
60	12	12	1.5	0.8
61	15	15	5	2
62	12	12	3	2
63	18	18	2.5	1
64	15	15	1	0.6
65	18	18	1	0.5
66	12	12	1.2	0.5
67	8	8	2	0.8
68	15	15	3	1.5
69	22	22	2	1
70	13	13	1.2	0.5
71	17	17	3.5	1.5
72	22	22	1	0.5
73	12	12	2	0.5
74	12	12	1.5	0.5
75	23	23	3	1
76	12	12	1	0.5
77	16	16	3	1.2
78	26	30	3	1
79	14	14	1.5	0.8
80	43	43	5	2.3
81	23	27	1.5	0.5
82	24	31	3	1
83	17	17	1.2	0.5
84	20	20	1.5	1
85	15	15	2.5	1
86	23	23	0.8	0.5
87	26	27	3	1

农场编号	田块数量/块	田丘数量/块	最远田块与农舍的距离/地方单位	所有田块与农舍的平均距离/地方单位
88	23	23	1.5	1
89	26	26	3	1
90	20	20	1	0.8
91	25	33	1.5	0.5
92	35	35	1	0.5
93	22	22	1	0.5
94	32	32	3	1
95	33	33	2	1
96	28	28	5	1.5
97	45	45	1	0.6
98	28	28	2	0.5
99	38	38	1	0.5
100	52	52	1.5	1
总计	1388	1417	205	96.3

表 7-2 田地块数与丘数之大小距离及数量（桐庐 1）

农场编号	田块数量 / 块	田丘数量 / 块	最远田块与农舍的距离 / 地方单位	所有田块与农舍的平均距离 / 地方单位
1	1	1	0.3	0.3
2	1	2	0.1	0.1
3	1	1	0.3	0.3
4	1	1	0.5	0.5
5	1	2	0.5	0.5
6	1	2	0.2	0.2
7	1	2	0.5	0.5
8	1	1	0.3	0.3
9	1	1	0.5	0.5
10	1	1	0.3	0.3
11	1	2	0.4	0.4
12	1	2	1	1
13	1	1	1	1
14	1	1	0.2	0.2
15	1	1	0.4	0.4
16	2	2	0.3	0.3
17	1	1	0.3	0.3
18	2	2	0.1	0.1
19	2	4	1	0.7
20	1	2	0.5	0.5
21	2	3	0.5	0.4
22	2	2	0.2	0.2
23	2	2	0.2	0.2
24	1	1	0.5	0.5
25	2	2	0.6	0.3
26	1	2	0.4	0.4
27	2	2	1	0.5
28	1	2	0.8	0.8
29	3	3	3	0.4
30	2	2	0.3	0.3
31	2	2	0.5	0.3
32	5	5	3	3
33	4	4	1	0.5
34	3	3	1	0.3
35	2	2	1.2	1.2
36	4	7	2	1
37	5	6	0.9	0.7
38	2	3	0.9	0.4
39	2	2	0.3	0.3
40	2	3	2.5	2
41	1	2	2.7	2.7
42	7	10	1	0.5
43	3	4	0.5	0.3

农场编号	田块数量 / 块	田丘数量 / 块	最远田块与农舍的距离 / 地方单位	所有田块与农舍的平均距离 / 地方单位
44	2	3	1	1
45	1	1	3	3
46	1	1	0.5	0.5
47	5	7	0.4	0.2
48	2	7	0.2	0.1
49	2	3	0.4	0.4
50	3	3	0.5	0.3
51	2	6	1	0.4
52	8	12	3	2
53	5	8	1	0.6
54	3	5	1	0.5
55	3	5	0.5	0.2
56	4	5	0.5	0.2
57	1	3	0.3	0.3
58	4	4	0.5	0.3
59	2	5	2	2
60	3	3	0.3	0.3
61	4	6	1	0.7
62	8	8	1	0.5
63	5	10	8	3
64	8	11	4	2
65	2	3	3	2.5
66	2	2	0.5	0.3
67	2	4	0.5	0.5
68	8	8	1	0.3
69	2	6	0.5	0.3
70	5	6	2	1
71	8	10	2	1
72	3	4	0.5	0.4
73	18	18	5	1
74	3	3	0.4	0.3
75	6	6	0.2	0.2
76	20	20	2	1
77	3	5	0.5	0.3
78	11	15	3	1
79	1	1	0.4	0.4
80	7	10	1	0.1
81	8	8	0.5	0.3
82	3	4	0.7	0.2
83	2	4	0.2	0.2
84	4	6	0.3	0.2
85	5	5	0.4	0.3
86	1	2	0.1	0.1
87	8	8	0.5	0.25

农场编号	田块数量/块	田丘数量/块	最远田块与农舍的距离/地方单位	所有田块与农舍的平均距离/地方单位
88	9	9	2	1
89	18	21	3	1.5
90	1	1	2	2
91	7	7	1	0.5
92	6	u	2	1.6
93	8	9	3	2
94	9	14	4	1
95	14	18	3	1
96	3	5	2	1.5
97	4	6	1	0.5
98	16	16	0.5	0.3
99	17	22	4	2
100	3	14	0.7	0.4
101	7	11	2	1.1
102	19	19	1	0.5
103	7	9	1	0.5
104	18	18	0.2	0.2
105	20	26	1	0.5
总计	477	605	122.4	74.35

表 7-3　田地块数与丘数之大小距离及数量（桐庐 2）

农场编号	田块数量 / 块	田丘数量 / 块	最远田块与农舍的距离 / 地方单位	所有田块与农舍的平均距离 / 地方单位
1	2	2	0.13	0.13
2	1	7	0.5	0.5
3	2	5	1	0.5
4	1	9	2	2
5	1	2	0.5	0.5
6	7	7	1	0.25
7	4	14	3	1
8	1	2	1	1
9	3	10	0.5	0.25
10	1	4	0.5	0.5
11	2	6	2	1
12	3	8	1	0.25
13	3	12	1.5	1
14	3	10	1	0.25
15	3	18	2	0.25
16	5	6	0.5	0.25
17	3	24	5	1
18	3	7	0.5	0.25
19	3	16	4	2
20	3	9	0.8	0.4
21	1	3	2	2
22	3	23	1.5	0.17
23	1	37	3	3
24	2	29	1	1
25	3	18	3	1.7
26	5	17	0.5	0.25
27	3	24	1	0.25
28	2	31	2	1
29	2	9	1	1
30	5	40	0.5	0.25
31	3	20	0.5	0.1
32	6	43	0.5	0.13
33	4	8	1.5	1
34	3	80	3	2
35	9	50	3	2
36	5	45	1.5	1
37	4	34	1.5	1
38	6	45	3	2
39	u	u	u	u
40	2	37	4	4
41	1	9	0.5	0.5
42	4	16	1	0.5
43	5	24	3	0.5

农场编号	田块数量 / 块	田丘数量 / 块	最远田块与农舍的距离 / 地方单位	所有田块与农舍的平均距离 / 地方单位
44	4	19	2	1.5
45	4	19	1	0.13
46	7	50	1.5	0.87
47	5	27	3	1.5
48	4	6	3	1.5
49	3	12	1	1
50	7	28	1	0.75
51	4	49	0.5	0.25
52	3	24	2	0.33
53	3	7	0.5	0.05
54	4	37	2	1
55	4	90	2	1.5
56	7	90	5	3
57	3	7	0.5	0.25
58	3	8	1	0.5
59	3	14	0.5	0.5
60	3	16	2	1
61	13	49	3	1
62	6	30	2	1
63	7	110	1	0.5
64	5	54	3	2
65	3	52	3	2
66	2	72	0.5	0.25
67	9	29	1.5	1
68	8	39	2.5	1.5
69	4	32	3	2
70	5	21	1.5	0.5
71	4	70	2	1
72	6	33	0.5	0.25
73	u	u	u	u
74	4	30	2	0.5
75	12	65	3	2
76	4	31	0.5	0.25
77	10	50	3	0.5
78	4	12	1	0.5
79	3	18	2	1
80	4	50	3	2
81	3	32	2	1
82	12	70	3	0.5
83	5	60	2	0.5
84	10	30	3	0.8
85	8	32	2	0.5
86	8	42	1	1
87	9	38	1.5	0.5

农场编号	田块数量 / 块	田丘数量 / 块	最远田块与农舍的距离 / 地方单位	所有田块与农舍的平均距离 / 地方单位
88	6	38	2	1
89	6	17	1	0.5
90	9	54	2	1.5
91	4	95	0.5	0.25
92	5	27	3	0.75
93	13	81	3	0.25
94	8	115	3	1.5
95	7	125	3	1.25
96	6	37	3	2
97	4	20	1	0.25
98	8	50	2	1
99	4	80	5	2
100	4	34	1	0.4
101	6	107	4	0.25
102	5	67	2	0.5
总计	467	3421	183.43	92.21

表 7-4　田地块数与丘数之大小距离及数量（东阳）

农场编号	田块数量 / 块	田丘数量 / 块	最远田块与农舍的距离 / 地方单位	所有田块与农舍的平均距离 / 地方单位
1	4	4	2	1
2	4	5	2	1
3	5	5	2	1
4	4	4	2	1
5	7	12	4	2
6	5	5	2	1
7	5	8	4	2
8	6	8	4	2
9	7	7	4	2
10	7	8	3	2
11	3	5	2	1
12	6	7	3	2
13	4	6	3	2
14	5	6	3	2
15	5	7	2	1
16	5	6	3	2
17	6	8	4	2
18	6	7	3	2
19	7	7	2	1
20	5	7	3	2
21	5	5	2	1
22	4	5	3	2
23	7	9	2	1
24	6	8	3	1.5
25	6	7	3	1
26	6	8	3	1
27	6	8	4	2
28	6	9	4	2
29	5	7	3	2
30	7	8	3	2
31	7	9	3	2
32	9	13	3	2
33	9	12	3	2
34	11	14	3	2
35	6	9	3	2
36	7	9	4	3
37	8	13	4	2
38	8	10	3	1
39	6	11	3	1.5
40	5	10	3	2
41	8	11	3	1
42	7	9	3	1
43	6	8	3	2

农场编号	田块数量/块	田丘数量/块	最远田块与农舍的距离/地方单位	所有田块与农舍的平均距离/地方单位
44	7	12	2	1.5
45	8	10	3	2
46	7	10	3	1.5
47	12	14	3	2
48	7	11	3	2
49	7	9	3	2
50	5	8	3	2
51	6	11	3	2
52	7	11	3	1
53	8	12	4	2
54	8	12	3	2
55	7	9	2	1
56	8	11	4	2
57	7	12	4	1.5
58	7	12	4	2
59	8	11	3	1.5
60	8	12	3	2
61	12	13	4	2
62	10	11	3	1
63	7	9	3	1.5
64	8	13	3	2
65	9	12	3	2
66	8	12	4	2
67	10	13	4	2
68	12	15	3	2
69	15	19	3	2
70	9	12	2	1
71	9	12	4	2
72	9	14	3	2
73	10	13	4	2
74	13	16	3	1.5
75	9	12	3	1
76	8	14	3	1.5
77	8	11	3	1
78	10	13	4	2
79	8	13	3	2
80	6	9	4	2
81	9	12	3	2
82	8	14	3	1
83	12	15	2	1
84	10	14	3	2
85	15	22	4	2
86	15	20	4	2
总计	647	884	266	145.5

表 7-5 田地块数与丘数之大小距离及数量（余姚）

农场编号	田块数量 / 块	田丘数量 / 块	最远田块与农舍的距离 / 地方单位	所有田块与农舍的平均距离 / 地方单位
1	4	4	2	1.5
2	4	5	3.5	2.2
3	4	9	2	1.3
4	4	6	3	2.3
5	4	10	4	2.2
6	4	5	3	2
7	9	10	3.5	2.4
8	5	9	2	1.5
9	6	6	2.5	1.5
10	4	5	3	1.4
11	3	3	2.5	2
12	3	4	3.5	2.2
13	3	8	4	2
14	7	11	5	2
15	6	15	4	2.3
16	3	4	3	1.7
17	3	6	3	2.3
18	4	6	3	1
19	6	6	2.5	2
20	3	8	3	2
21	6	6	3	1.5
22	3	4	4	2.3
23	7	9	3	2
24	5	8	3.5	1.8
25	5	11	3	2.7
26	4	5	3.5	2.6
27	6	7	3	2
28	7	8	2.5	2
29	5	9	3	2.5
30	7	9	4	1.5
31	4	8	2	1.2
32	4	5	3.5	2.7
33	6	7	2.5	2
34	5	11	4	1.5
35	8	8	6	2
36	4	9	4	2.7
37	6	7	3	2
38	5	11	4	2.4
39	4	7	3	2
40	6	6	3	2
41	5	5	5	2.5
42	6	6	5	1.8
43	7	16	4	2.4

农场编号	田块数量 / 块	田丘数量 / 块	最远田块与农舍的距离 / 地方单位	所有田块与农舍的平均距离 / 地方单位
44	5	9	3	2
45	5	5	3.5	2.2
46	8	8	3	1.5
47	4	4	10	7
48	5	9	3.5	2.5
49	7	13	3.9	2.5
50	6	7	3	1
51	5	10	3.5	2.2
52	7	12	3.5	2.1
53	7	13	3	2.3
54	5	7	3	2.3
55	13	19	3.5	2
56	7	13	3	2.5
57	5	11	4	3.2
58	5	10	5	2.8
59	8	11	3	1.2
60	5	6	2.5	1.8
61	5	11	4	3.2
62	7	13	4	3
63	5	7	4	2
64	6	9	2	0.5
65	6	10	4	3
66	5	10	4	1.8
67	9	11	3	2
68	6	6	4	3
69	5	9	5	2.4
70	6	9	2.5	1.8
71	7	13	2.5	1
72	8	11	3	1
73	6	8	5	2.2
74	7	10	4	0.5
75	5	12	5	2.8
76	5	5	4	1.7
77	9	15	5	1.5
78	7	12	3.5	2
79	6	9	3	2.2
80	7	9	6	3
81	10	10	3	1.5
82	8	11	4	2.5
83	8	15	3.8	2.8
84	6	11	4	2.8
85	8	13	3	2
86	5	7	3.5	2.6
87	6	9	4	2

农场编号	田块数量 / 块	田丘数量 / 块	最远田块与农舍的距离 / 地方单位	所有田块与农舍的平均距离 / 地方单位
88	6	10	3.5	1.8
89	6	8	3.5	2
90	8	15	3	2
91	8	9	6	4
92	10	12	8	3
93	14	23	3	2
94	6	11	4	2.6
95	8	12	6	2
96	8	10	1.5	1
97	10	15	10	2
98	7	10	4	2
99	8	8	7	4
100	14	14	5	3
101	7	11	4	2.5
102	10	14	4	3
103	8	11	3	2
104	12	14	4	2
105	12	18	4	3
106	9	15	7	3.5
107	9	12	3	2
108	4	11	2.5	2
109	8	15	3	2.3
110	11	14	3	2.3
111	8	17	3	2.6
112	19	24	3.5	2
113	12	19	4	2.3
114	9	12	5	2.4
115	8	13	4	2.6
116	19	22	7	2.2
117	9	14	4	2.3
118	32	42	8	2.5
总计	818	1219	450.7	258.7

表 8-1 农场租用面积的百分比（汤溪）

农场编号	租赁制度					生产限制			所有权 / 地方单位				
	分租	钱租	谷租	工佃分租	其他				农场所有	混合所有者			出租人所有
										农场所有	租赁	合计	
1		√								0.45	0.6		
2									1.15				
3		√								0.55	0.8		
4		√								0.75	0.7		
5		√											1.5
6		√								1.3	0.2		
7		√								0.15	1.4		
8		√								0.9	0.8		
9									1.75				
10									1.85				
11		√	√							0.2	1.75		
12			√										2.05
13		√								1.9	0.2		
14		√								0.05	2.1		
15		√	√							0.15	2		
16		√								2.15	0.2		
17		√								0.25	2.4		
18		√								1.45	1.2		
19		√	√							0.05	2.6		
20		√	√							0.35	2.8		
21									3.2				
22		√	√							0.45	2.8		
23		√	√							0.55	2.9		
24									3.5				
25		√	√							1.45	2.1		
26		√	√							1.4	2.2		
27		√								2.65	1		
28		√								0.4	3.3		
29		√								1.9	1.8		
30		√								3.05	0.8		
31		√								0.75	3.2		
32									4				
33		√	√							0.6	3.4		
34									4.2				
35		√	√							1.5	2.7		
36		√	√							1.35	2.9		
37		√								1.4	3		
38		√								1.25	3.2		
39		√								2.45	2.2		
40		√								1.8	3.1		
41		√								2.75	2.4		

农场编号	租赁制度					生产限制		所有权/地方单位				
	分租	钱租	谷租	工佃分租	其他			农场所有	混合所有者			出租人所有
									农场所有	租赁	合计	
42			√						4.15	1		
43								5.55				
44								5.65				
45		√							1.65	4		
46		√	√						0.55	5.1		
47								5.65				
48		√	√						1.2	4.5		
49		√	√						2.2	3.5		
50		√	√						0.3	5.5		
51								5.8				
52		√	√						1.45	4.4		
53								5.9				
54		√							4.4	1.5		
55		√							4.75	1.4		
56		√	√						1.25	5		
57		√	√						5.2	1.2		
58		√	√						1.75	4.8		
59								6.85				
60								6.95				
61		√							4	3		
62								7.02				
63			√						4.05	3		
64		√	√						3.05	4.6		
65								7.75				
66		√							7.7	0.35		
67								8.5				
68		√	√						5.75	3		
69		√	√						4.7	4.2		
70		√	√						3	6.1		
71								9.3				
72								9.45				
73		√	√						4.3	5.5		
74								10.1				
75		√	√						5.6	5		
76								10.8				
77		√	√						6	5		
78								11				
79		√	√						5.4	6		
80								11.6				
81								11.8				
82								11.9				
83		√	√						7.7	4.4		

农场编号	租赁制度					生产限制	所有权 / 地方单位				
	分租	钱租	谷租	工佃分租	其他		农场所有	混合所有者			出租人所有
								农场所有	租赁	合计	
84							12.3				
85			√					10.6	2.3		
86			√					10.8	3		
87							13.85				
88		√	√					7.9	6		
89							14				
90							14.6				
91							14.6				
92							16.6				
93							16.9				
94							19.8				
95			√					18.1	1.9		
96							21.4				
97							22.3				
98							22.75				
99		√	√					14.4	10		
100							29.4				
总计							389.72	188.25	178	366.25	3.55

表 8-2 农场租用面积的百分比（桐庐 1）

农场编号	租赁制度					生产限制	所有权 / 地方亩				
	分租	钱租	谷租	工佃分租	其他		农场所有	混合所有者			出租人所有
								农场所有	租赁	合计	
1							0.34				
2			√								0.82
3							0.9				
4			√					0.02	1		
5			√					0.02	1		
6							1.1				
7							1.2				
8							1.25				
9			√					0.1	1.2		
10							1.35				
11							1.5				
12			√					0.1	1.4		
13			√					0.02	1.5		
14			√					0.9	0.8		
15			√					0.3	1.5		
16							2				
17			√					0.02	2		
18			√					1.05	1		
19			√					0.1	2		
20			√					0.6	1.6		
21							2.3				
22			√								2.3
23							2.52				
24			√					1.05	1.5		
25			√					0.45	2.1		
26			√					1.2	1.5		
27			√					2.05	0.8		
28			√					1.55	1.4		
29			√					1.22	1.8		
30			√					0.53	2.5		
31							3.1				
32			√					1.15	2		
33			√					0.2	3		
34			√					0.02	3.2		
35			√					0.11	3.2		
36			√					1.54	1.8		
37							3.4				
38			√					0.2	3.3		
39			√					0.55	3		
40			√					2.24	1.6		
41			√					1.5	2.5		

农场编号	租赁制度					生产限制			所有权 / 地方亩				
	分租	钱租	谷租	工佃分租	其他				农场所有	混合所有者			出租人所有
										农场所有	租赁	合计	
42									4				
43			√							1	3.02		
44			√							1.55	2.5		
45									4.15				
46									4.4				
47			√							2.5	2		
48			√							0.6	4		
49			√							3.32	1.4		
50			√							0.25	4.5		
51			√							0.1	5		
52			√							0.25	5		
53			√							2.67	2.8		
54			√							3.2	2.3		
55			√							3.9	1.6		
56			√										5.7
57			√							3.4	2.5		
58									5.9				
59			√							2.2	4		
60			√							0.25	6		
61									6.5				
62									6.55				
63									6.86				
64			√							4.85	2.2		
65			√							5.14	2		
66									7.8				
67			√							6.05	2		
68			√							2.2	6		
69			√							0.6	8		
70									9.2				
71			√							7.7	1.5		
72			√							7.4	2		
73			√							5.5	4		
74			√							0.9	9		
75			√							5.15	5		
76									10.2				
77									10.3				
78			√							5.35	5		
79									10.8				
80			√							0.9	10.1		
81			√							3.2	8.1		
82			√							8.4	3		
83									11.9				

农场编号	租赁制度					生产限制			所有权／地方亩				
	分租	钱租	谷租	工佃分租	其他				农场所有	混合所有者			出租人所有
										农场所有	租赁	合计	
84									12.5				
85			√							8.8	4		
86			√							10.3	2.7		
87			√							2.6	10.5		
88			√							9.2	4		
89			√							11.1	2.5		
90			√							12.3	1.5		
91			√							7.73	7		
92			√							11.7	4		
93									16.12				
94			√							14.3	2		
95									16.5				
96			√							10.9	6		
97			√							16.6	2		
98									21				
99									21.9				
100			√							16.6	7		
101			√							20.1	8.5		
102			√							25.4	5		
103									31.3				
104			√							34	3		
105									49.2				
总计									288.04	318.95	234.42	553.37	8.82

表 8-3　农场租用面积的百分比（桐庐 2）

农场编号	租赁制度					生产限制	农场所有	混合所有者			出租人所有
	分租	钱租	谷租	工佃分租	其他			农场所有	租赁	合计	
1		√									2.66
2							3.33				
3		√	√					0.64	3		
4			√					0.88	3		
5							4.1				
6							4.2				
7			√					1.31	3		
8			√					1.6	3		
9							5.01				
10			√								5.1
11							5.1				
12			√					0.25	5.05		
13			√			长年须种早稻，如种别种作物，一遇欠岁田，主强要赔租		0.14	5.18		
14			√					0.6	5.1		
15			√					1.16	5		
16	√										6.2
17			√					1.25	5		
18			√					0.4	6.2		
19							7.3				
20							7.31				
21							7.4				
22			√					2.41	5		
23			√					0.8	7		
24			√					0.7	7.5		
25		√	√								8.35
26			√					1.44	7		
27			√					2.5	6		
28			√					0.55	8.7		
29							9.4				
30	√							2.4	7		
31		√	√					0.25	9.2		
32			√					1.69	8		
33		√	√					0.12	9.8		
34			√					5.46	4.5		
35		√	√					3.64	6.5		
36							10.17				
37			√					3.28	7		
38			√					5.49	5		
39			√					6.4	4.5		
40			√					2	9		

农场编号	租赁制度					生产限制	所有权/地方亩				
	分租	钱租	谷租	工佃分租	其他		农场所有	混合所有者			出租人所有
								农场所有	租赁	合计	
41			√					5.6	5.5		
42							11.43				
43			√					1.9	10		
44		√	√					2.31	10		
45			√					6.4	6		
46			√					8.54	4		
47							12.55				
48			√					8.7	4		
49							12.8				
50			√					2.93	10		
51	√		√					1	12.1		
52		√	√					2.25	11		
53							13.3				
54		√	√					0.3	13.1		
55		√	√					12.58	1		
56			√					4.28	10		
57			√					10.3	4		
58			√					1.1	13.6		
59			√					8.85	6		
60			√					12.1	3		
61			√					4.8	10.4		
62							15.5				
63		√						5.79	10		
64			√								15.95
65			√			田中限制稻，如种别种，花息遇欠岁，田主不肯承认减租		0.18	15.89		
66			√					3.35	13		
67			√					12.43	4		
68			√					0.61	16		
69			√					8.65	8		
70			√					12.7	4		
71			√					13.3	5		
72							18.33				
73			√								18.6
74			√					8.7	10		
75			√					8.55	10.3		
76			√					11.2	8		
77			√					11.7	7.5		
78							19.9				
79							20.1				
80			√					0.2	20.25		
81							20.5				

农场编号	租赁制度					生产限制	所有权／地方亩				
	分租	钱租	谷租	工佃分租	其他		农场所有	混合所有者			出租人所有
								农场所有	租赁	合计	
82			√					15.55	5		
83			√					2.99	18.25		
84			√					11.5	10		
85			√					7.5	15		
86							23.3				
87			√					16.62	8		
88			√					1.39	24		
89							25.4				
90			√					15.97	10		
91			√					0.27	25.75		
92							26.47				
93			√					19.7	7.5		
94			√					14.5	13		
95			√					5.51	22		
96			√			如种不适宜之稻或其他花息，田主强制占全租		21.61	6		
97			√					23.9	10		
98			√					31.8	6.5		
99							39.3				
100							44.2				
101			√					40	7		
102							81.2				
总计							447.6	467.47	608.87	1076.34	56.86

表 8-4 农场租用面积的百分比（东阳）

农场编号	租赁制度					生产限制			所有权/地方单位				
	分租	钱租	谷租	工佃分租	其他				农场所有	混合所有者			出租人所有
										农场所有	租赁	合计	
1									72				
2									75				
3		√								61	17		
4			√							66	17		
5		√								78	14		
6									105				
7									107				
8			√							102	8		
9		√								109	3		
10									112				
11		√								90	25		
12		√	√							73	43		
13									117				
14		√	√							90	27		
15									117				
16									122				
17		√								113	22		
18		√								119	18		
19									138				
20			√							123	16		
21			√							118	26		
22									145				
23		√								127	19		
24		√	√							116	35		
25									157				
26		√								137	20		
27									164				
28									165				
29									165				
30									168				
31									168				
32		√								134	35		
33									169				
34									172				
35		√	√							149	25		
36									174				
37		√								151	27		
38		√								152	27		
39			√							140	43		
40		√	√							159	25		
41		√								137	48		
42		√	√							164	24		
43									188				

农场编号	租赁制度					生产限制				所有权／地方单位				
	分租	钱租	谷租	工佃分租	其他					农场所有	混合所有者			出租人所有
											农场所有	租赁	合计	
44											166	23		
45		√									174	15		
46		√									167	26		
47		√	√							194				
48		√									193	20		
49										219				
50		√									206	15		
51		√									186	35		
52		√									199	25		
53										230				
54										232				
55		√									217	18		
56			√								221	15		
57		√	√								208	30		
58		√	√								197	42		
59		√	√								198	46		
60		√	√								218	30		
61			√								213	40		
62										255				
63		√	√								214	42		
64										262				
65			√								236	30		
66										269				
67		√	√								253	18		
68		√									227	45		
69										272				
70			√								241	35		
71										285.5				
72		√	√								260	28		
73			√							301				
74											284	18		
75										311				
76	√										297	20		
77		√	√								293	30		
78		√									283	40		
79		√									281	42		
80										350				
81										368				
82		√									334	35		
83										371				
84										419				
85			√								598	38		
86		√	√								610	30		
总计										7138.5	9882	1395	11277	

表 8-5　农场租用面积的百分比（余姚）

农场编号	租赁制度					生产限制				所有权／地方亩				
	分租	钱租	谷租	工佃分租	其他					农场所有	混合所有者			出租人所有
											农场所有	租赁	合计	
1		√									3.7	5		
2		√									2.7	6		
3		√									4.8	5		
4		√									3.1	7		
5		√									0.55	9.7		
6		√									4.8	6		
7		√									1.5	9.3		
8		√									7.1	4		
9		√									7.2	4		
10		√									7.3	4		
11		√									2.3	9		
12			√								2.3	9		
13		√									3.8	8		
14		√									3.8	8		
15		√									4	8		
16		√									4	8		
17		√									4.2	8		
18		√									1.8	10.4		
19		√									2.3	10		
20		√									6.4	6		
21		√									2	10.5		
22		√									2.7	10		
23		√									4.7	8		
24		√									3	10		
25		√									6	7		
26		√									3	10		
27		√									5.2	8		
28		√									6.4	7		
29		√									7.5	6		
30		√									2.5	11.1		
31		√									6.6	7		
32		√									2.9	11		
33		√									3.9	10		
34		√									6.2	8		
35		√									2	12.2		
36		√									4	10.5		
37		√									3	11.6		
38		√									5.6	9		
39		√									6.7	8		
40		√									2.5	12.2		
41		√									3.7	11		

农场编号	租赁制度					生产限制	所有权 / 地方亩				
	分租	钱租	谷租	工佃分租	其他		农场所有	混合所有者			出租人所有
								农场所有	租赁	合计	
42		√						2.9	11.8		
43		√						5.4	9.5		
44		√						6.1	9		
45		√						7.2	8		
46		√						13.25	2		
47		√						6.35	9		
48		√						3	12.4		
49		√						4.6	11		
50		√						6.7	9		
51		√						5.7	10		
52		√						11.7	4		
53		√						5.9	10		
54		√						5.9	10		
55		√						3	13		
56							16.1				
57		√						5.4	11		
58		√						5.7	11		
59		√						6.8	10		
60		√						3.8	13		
61		√						12.8	4		
62		√						13	4		
63		√						6	11		
64		√						7.1	10		
65		√						3.2	14		
66		√						9.3	8		
67		√						8.3	9		
68		√						5.3	12		
69		√						3.3	14		
70		√						7.3	10		
71		√						14.5	3		
72		√						8.2	10		
73		√						4	14.5		
74		√						3	15.6		
75		√						7.4	12		
76		√						15.4	4		
77		√						4	15.45		
78		√						16.5	3		
79		√						5.3	15		
80		√						4.5	15.8		
81		√						3.5	17.4		
82		√						7.4	13.5		
83		√						8.5	13		

农场编号	租赁制度					生产限制	所有权／地方亩				
	分租	钱租	谷租	工佃分租	其他		农场所有	混合所有者			出租人所有
								农场所有	租赁	合计	
84		√						9.9	12		
85		√						7	15		
86		√						21.8	0.2		
87		√						13.1	9		
88		√						7.4	15		
89		√						13.5	9		
90		√						22.4	0.5		
91		√						9.1	14		
92		√						3.3	20		
93		√						13.4	10		
94		√						14.5	9		
95		√						3	20.5		
96		√						10.5	13		
97		√						1.4	23		
98		√						4.7	20		
99		√						11.8	13		
100		√						7.5	18		
101							26				
102							26.3				
103		√						16.4	12		
104		√						9.4	20		
105		√						14.4	15		
106		√						10	19.9		
107		√					31				
108		√						27.5	5		
109		√						17.7	15		
110		√						22.8	10		
111								13.8	20		
112			√				34				
113								10.8	24		
114							35.5				
115							36.9				
116		√						19.3	20		
117		√						22.6	20		
118		√						25.5	25		
总计							205.8	839.45	1191.55	2031	

表 9-1　不同农作物的耕作面积（汤溪）（单位：地方单位）

农场编号	冬季作物								春季作物	夏季作物			春季后种植的夏季作物		秋季作物		
	沙地				沙泥地				沙泥地	沙地		沙泥地	沙泥地		沙地	沙泥地	
	大麦	小麦	油菜		大麦	油菜		小麦	晚稻	小米	花生	晚稻	荞麦		小米	荞麦	
	非灌溉	非灌溉	灌溉	非灌溉	非灌溉	灌溉	非灌溉	非灌溉	灌溉	非灌溉	非灌溉	灌溉	灌溉	非灌溉	非灌溉	灌溉	非灌溉
1	0.4	0.6								0.2							
2	0.5	0.5													0.3		
3	0.5	0.5													1		
4	0.65	0.25							0.5						0.4		
5	0.45	0.8								0.25					0.6		
6		0.75			0.6							0.6			0.5		
7	0.8	0.6									0.1				0.4		
8	0.4	0.7								0.5							
9	0.7	0.6		0.2							0.1				0.3		
10	1.2	0.4													0.8		
11	0.3	0.5			0.65		0.3					0.9			0.6		
12	1.4	0.4													1		
13	1.4	0.2													1.2		
14	1	0.9													0.5		
15	0.5	0.5								0.6		0.4			0.7		
16	1	0.5			0.5					0.5					0.9		
17	1.4	1													1.5		
18	1.3	1													1		
19		0.65			1		0.5					1			0.6		0.05
20	1.4	0.8			0.6						0.8	0.6			1.4		
21	1.3	1					0.3			0.2		0.3			1.5		
22	0.9	0.7			0.6							1.2			1.6		
23	0.4	0.6			0.3				1			0.9	1		0.3		
24	2.4	0.8													1.6		
25	1.05	0.5			1		0.3			0.3		1.3			1.2		
26	1.7				1.1			0.4				1.5			0.9		
27	2	1.3									0.05				1.4		
28	2.1	1.5													1.6		
29	1.65	0.25							1.5						1		
30	1.8	1.2										0.6			1.4		
31	1	0.3							1	0.2		0.5			0.5		
32	2.4	1		0.4											2		
33	0.8	0.8			1		0.2			0.8		1.2			0.7		
34	1.7	1.2					0.4			0.2		0.8			1.5		
35	0.85	0.8			1.6		0.4					1			0.8		0.5
36	1.1	0.8			0.6		0.4			0.6		1.3			1.5	0.4	
37	2	2										0.2			2		
38	1.4	1					0.3			0.9		0.9			1.2		
39	2.4	1.6					0.4					0.4			2		
40	2.7	1.6		0.2											1.7		

表头层次结构：冬季作物／春季作物／夏季作物／春季后种植的夏季作物／秋季作物，下分沙地、沙泥地，再分作物（大麦、小麦、油菜、晚稻、小米、花生、荞麦），最底层为灌溉／非灌溉。

农场编号	冬·沙地·大麦(非灌溉)	冬·沙地·小麦(非灌溉)	冬·沙地·油菜(灌溉)	冬·沙地·油菜(非灌溉)	冬·沙泥地·大麦(非灌溉)	冬·沙泥地·油菜(灌溉)	冬·沙泥地·油菜(非灌溉)	春·沙泥地·小麦(非灌溉)	夏·沙泥地·晚稻(灌溉)	夏·沙地·小米(非灌溉)	夏·沙地·花生(非灌溉)	夏·沙泥地·晚稻(灌溉)	春后·沙泥地·荞麦(灌溉)	春后·沙泥地·荞麦(非灌溉)	秋·沙地·小米(非灌溉)	秋·沙泥地·荞麦(灌溉)	秋·沙泥地·荞麦(非灌溉)
41	1.8	1.4		0.4					1		0.1				1.6		
42	2.6	1							0.4			0.6			1.6		
43	2.5	1.4							1			0.4			1.5		
44	2	1.5				0.4			0.8		0.05	1			1.8		
45	4.3	0.95									0.3				1.6		
46	1	0.6	0.4		2				0.7			2.3		0.3	1		
47	1.7	1	0.4		1.7										1.8		
48	1.15	0.8				0.4			1.5		0.4	2			0.6	1.8	
49	1	1			1.6	1			0.3			3.3			1		
50	2.3	0.6			1	1			0.6		0.3	1.9			2.4		
51	2.6	1.4							0.95		0.1	0.55			2.4		
52	0.9	1.5			2.1	0.5						3			1.2		0.9
53	2.2	1.7							0.8	0.6	0.1	0.8			1.3		
54	3	2									0.2				2.5		
55	2.2	2			0.8	0.4			1		0.3	0.6			1.9		
56	2.3	0.8				0.5			1.35			1.65			2.6		
57	3	2.2									0.1				2		
58	1.7	0.8			1.7	0.5			0.7			2.3			1.5		
59	1.7	1.5			1	0.8			1.05			1.95			2		
60	0.8	1.6			1.4	1			0.9			2.9			1.2	0.8	
61	2	2.2	0.3						2	0.6					1.2		
62	2.8	1.8				0.2			0.4	0.5	0.1	1		0.2	2.2		
63	2.1	1.7			1.6				1			2			1.8		
64	1.8	1.5			0.7	0.8			1.5			1.5			1.7	1	
65	2.1	0.8			1.5	0.5			1.2			2.9			1.5		0.2
66	2.1	2			1.5	0.3			0.9			1.8			2		0.1
67	2	1.4			1.5	0.3			2.2			1.8			2.8	0.8	
68	1.9	1.6	0.3			0.4			0.6			2.3			2	1.1	
69	1.8	1.7			3.5	0.5					0.4	3.9			1.4		0.4
70	2.8	0.5		0.4	0.45	1.6			0.8		0.4	3.25			2.2	2.1	
71	4.7	2							1		0.2	1			3		
72	1.3	2			1.9	0.5			2.3			3.3	0.7		2		
73	2	1.5			0.3	1			2.6			2.4		0.6	1.5		0.4
74	1.6	2			2.4	0.9			1.75			4.25			2		0.8
75	5	2						1		0.5		3			2.9		
76	2.2	1.2				0.8			3.6			2.9		0.6	1.5		0.9
77	4.1	1.5			1	0.8			1.4			2.6			3.2		0.5
78	5	3.1			1.3							1.3			4		
79	2.8	2.5			2.1	0.8					0.8	4.2			2.5	0.8	
80	3.6	2.5							2			2			3		

农场编号	冬季作物								春季作物	夏季作物			春季后种植的夏季作物		秋季作物		
	沙地				沙泥地				沙泥地	沙地		沙泥地	沙泥地		沙地	沙泥地	
	大麦	小麦	油菜		大麦	油菜		小麦	晚稻	小米	花生	晚稻	荞麦		小米	荞麦	
	非灌溉	非灌溉	灌溉	非灌溉	非灌溉	灌溉	非灌溉	非灌溉	灌溉	非灌溉	非灌溉	灌溉	灌溉	非灌溉	非灌溉	灌溉	非灌溉
81	3.6	3.5						0.4	1.6		0.1	2.4			3		
82	5.5	3.6							1.2		0.1				4.5		
83	4.3	1.4			1.5	1			2.25			3.25			3.3		0.8
84	2.4	1.6			1.6	2			1.8			5.2			2		1.2
85	2.4	3			2	1						6			3	1.5	
86	5.2	1.5					1		1			5		1	3.5		
87	3.6	2					1.6		3.5			3.5			3		
88	4.3	2			2.8	1			2.3		0.3	3.5			2.3		1.4
89	3.7	2.5					1.5		2.9			3.1	1		3		
90	4.6	2			1	1.1			3.9			3.1			4		
91	6	5.9									0.3	0.6			5		
92	4.8	2			1.5	1.5			2.8			5.2			3.5	1	
93	7.1	1.2			1.5	0.8			2.3			5.1			4	1.5	
94	6.5	3.5			4.5	1.5			1			7		1	5.7		
95	4.6	3			5.4		2		0.5			9.5			4	1.1	
96	6.7	5					1.5			0.8		7.5			5.3		
97	7.3	2			2	1			1.7			6.8	1.2		4		
98	5	5			4		1.5		3.8			6.2			4		2
99	10	2.6			2.3		3		2.5		1	7.5			6		2
100	6	5.5			4	1			6			8			4.5	1	
总计	245	151.45	1.1	1.9	76.7	31.2	13.6	0.4	87.45	4.15	6.9	186.5	3.9	3.7	195.1	18.9	8.15

表 9-2　不同农作物的耕作面积（桐庐 1）（单位：地方亩）

农场编号	冬季作物									春季作物						
	泥			沙土			其他			泥		沙土		其他		
	小麦	大麦	蚕豆	小麦	大麦	蚕豆	小麦	蚕豆	大麦	稻	糯稻	稻	糯稻	黄豆	稻	糯稻
	非灌溉	非灌溉	非灌溉	非灌溉	非灌溉	非灌溉	非灌溉	非灌溉	非灌溉	灌溉	灌溉	灌溉	灌溉	非灌溉	灌溉	灌溉
1							0.3									
2	0.8															
3	0.8															
4				0.8								0.2				
5	1															
6	1															
7	1															
8		1.2														
9	1.2															
10										1.2						
11										1.4						
12	0.9	0.5														
13	1.5															
14										0.8						
15										1.5						
16	0.8							1								
17	2															
18	1															
19							1									
20	1.6															
21	1.5	0.5														
22	0.8	1.4														
23				1	1											
24	1.5															
25	1.6															
26	2											0.5				
27	0.8							1								
28																
29	1	0.8						1.1								
30	1	0.5								1						
31	0.6	1.5	0.7									0.2				
32				1								1				
33				2								0.5	0.3			
34	1.8	1								0.2	0.2					
35							2.5		0.7							
36	0.6									2.1						
37	0.4	1.6								1.1						
38	2.7									0,6						
39	0.4									2.6					0.5	
40	0.6									1.6						

农场编号	冬季作物									春季作物						
	泥			沙土			其他			泥		沙土		其他		
	小麦	大麦	蚕豆	小麦	大麦	蚕豆	小麦	蚕豆	大麦	稻	糯稻	稻	糯稻	黄豆	稻	糯稻
	非灌溉	非灌溉	非灌溉	非灌溉	非灌溉	非灌溉	非灌溉	非灌溉	非灌溉	灌溉	灌溉	灌溉	灌溉	非灌溉	灌溉	灌溉
41	1	1.5														
42	1							1		1.5						
43	1									2						
44	1.1	0.8						1.5		0.6						
45	4															
46	1.5															
47	4										0.2					
48		1								3						
49	0.9									1.5						
50	1.5	1	0.5							1.5						
51	2									3						
52	1						0.2			4						
53	1.3	1.5	0.6													
54	2	1.3										1.9				
55	2.6	1.6														
56	3.5	1.5					0.3									
57										2.5						
58	2.8				1	0.2				0.8						
59	4															
60	3	3														
61										6						
62	1									3	0.5					
63	1.2					0.3				3	0.6					
64	2									5						
65	2															
66	0.3						0.7	0.3				0.3				
67	1.25	0.75								3						
68				2	2							3.2	0.6			
69				2	2.4	0.6						3				
70				3	2											
71	3	1							1			2	0.5			
72	3	1.5	0.4													
73				2	1	0.8				4						
74	2	4	1							2						
75				4	2.8	1.2						1				
76				3								6.5	0.5			
77				4				0.4			0.5	0.6			1	
78				3.1								5.4	0.4			
79										1						
80				4.4	4.1	1.5										
81	2	1.5	0.5							5	0.8					

农场编号	冬季作物									春季作物						
	泥			沙土			其他			泥		沙土		其他		
	小麦	大麦	蚕豆	小麦	大麦	蚕豆	小麦	蚕豆	大麦	稻	糯稻	稻	糯稻	黄豆	稻	糯稻
	非灌溉	非灌溉	非灌溉	非灌溉	非灌溉	非灌溉	非灌溉	非灌溉	非灌溉	灌溉	灌溉	灌溉	灌溉	非灌溉	灌溉	灌溉
82	1.4	1.6														
83	0.9															
84	3	1.5					2	0.9		1.2	0.5					
85	2.5		2.5							4						
86		2.7														
87	6	2.2		1												
88	3	2								5	0.5					
89				4								6	0.5			
90	1.5															
91	4	1	1							4	0.5					
92	3.8	1.5														
93	1.2	0.8	0.7							7						
94							7		1.5						6.2	
95				4	1					7	0.8	3				
96	4	4														
97	2.5		0.8													
98				1.5			8								4	1
99				4	2							14	1			
100	4	3														
101	7	5	2													
102	2	4	2				4	2		10						
103	4	1					1	0.8		7	1.2					
104	1		1	3.3	2.7		1	2		0.5	1.5				3.5	
105	6	4	7							17						
总计	144.65	65.25	20.7	50.1	22	5.6	28	12	2.2	129.2	8.8	48.3	3.8	0.5	14.7	1

表 9-2（续）

农场编号	夏季作物									
	泥				沙土			其他		
	稻	糯稻	黄豆	小米	稻	黄豆	糯稻	黄豆	稻	糯稻
	灌溉	灌溉	非灌溉	非灌溉	灌溉	非灌溉	灌溉	非灌溉	灌溉	灌溉
1								0.1		
2	0.8									
3	0.8									
4					0.8					
5	1									
6	1									
7	1									
8	1.2									
9	1.2									
10										
11										
12	1.4									
13	1.5									
14										
15										
16	0.8							0.3		
17	2									
18	1									
19									2	
20	1.6									
21	2									
22	2.2									
23					2					
24	1.5									
25	1.6									
26	2									
27	0.8									
28	1.4									
29	1.8							0.6		
30	1.5									
31	1.9	0.1	0.3							
32					1					
33					2					
34	2.8									
35									3.2	
36	0.6									
37	0.5		0.4	0.3						
38	2.7									
39	0.4									
40	0.6									

农场编号	夏季作物									
	泥				沙土			其他		
	稻	糯稻	黄豆	小米	稻	黄豆	糯稻	黄豆	稻	糯稻
	灌溉	灌溉	非灌溉	非灌溉	灌溉	非灌溉	灌溉	非灌溉	灌溉	灌溉
41	2.5									
42	1									
43	1									
44	1.9							0.3		
45	4									
46	3									
47	4									
48	1									
49	0.9									
50	2.5	0.5								
51	2									
52	1								0.2	
53	2.8									
54	3.1	0.2								
55	4.2									
56	4.3	0.5								
57										
58	2.8				1.2					
59	4									
60	5.5	0.3								
61										
62	1									
63	1.2					0.1				
64	2									
65	2									
66		0.3						0.7		
67	2									
68					4					
69					4.3		0.5			
70					6.4		0.5			
71	4				1					
72	2.2									
73	3.8									
74	7									
75					8					
76					3					
77					3.4					
78					3.1					
79										
80	4				10					
81										

农场编号	夏季作物									
	泥				沙土			其他		
	稻	糯稻	黄豆	小米	稻	黄豆	糯稻	黄豆	稻	糯稻
	灌溉	灌溉	非灌溉	非灌溉	灌溉	非灌溉	灌溉	非灌溉	灌溉	灌溉
82	3									
83	0.9									
84	4.5							1.3		
85			2							
86	2.7									
87	9.7	0.5								
88	5									
89					4					
90	1.5									
91	5		0.5							
92	5.3									
93	2.7									
94									8.6	1
95					5					
96	8									
97	2.5		0.8							
98									12	
99					6					
100	7									
101	14									
102	7	1						2		
103	5							0.5		
104									7	
105								10		
总计	204.1	3.4	4	0.3	65.2	0.1	1	15.8	33	1

表 9-3　不同农作物的耕作面积（桐庐 2）（单位：地方亩）

农场编号	春季作物										冬季作物			
	沙土			泥土		沙泥土		其他			沙土		泥土	
	黄豆	稻	糯稻	稻	黄豆	稻	糯稻	黄豆	稻	糯稻	油菜	小麦	油菜	小麦
	非灌溉	灌溉	灌溉	灌溉	非灌溉	灌溉	灌溉	非灌溉	灌溉	灌溉	非灌溉	非灌溉	非灌溉	非灌溉
1	0.3										0.2			
2											0.5	0.1		
3				3										
4	0.3	3												
5				2.6									1.4	
6				3.5										
7		1.5									1.5	0.5		
8				3				0.3						
9				1.75									2.5	
10				5										
11				4										
12		4									1			
13				4									1	
14		5												
15		5									1			
16				2.7									2	
17				5.5									0.5	
18				4									1	
19				4										
20				4.5									1.25	
21				6										
22		6									1			
23						7.3								
24				5.3									0.7	
25				0.2		6.05						0.8		
26				7									1	
27						6							2	
28				6									1.5	
29		9											0.3	
30				6.3									0.7	
31						6						1	2	
32		8										1.5		
33				7									1	
34				9	0.25				8.25	0.75				
35									8.75					
36														
37				8.6					10				1	0.4
38														
39				2.75									1.5	
40				8										

农场编号	春季作物										冬季作物			
	沙土			泥土		沙泥土		其他			沙土		泥土	
	黄豆	稻	糯稻	稻	黄豆	稻	糯稻	黄豆	稻	糯稻	油菜	小麦	油菜	小麦
	非灌溉	灌溉	灌溉	灌溉	非灌溉	灌溉	灌溉	非灌溉	灌溉	灌溉	非灌溉	非灌溉	非灌溉	非灌溉
41				5.5										
42				8									1	
43		10	0.4										1	
44				11										
45		8		1		0.5					2			
46				3.3					6.7	1			1	
47				5									1	
48				8									2	
49				3									2	
50				8.5									0.5	1
51		9									3			
52						11					2			
53				5									2	
54		12											1	
55				4.5					8					
56				3.75					5				1.25	
57				7										
58				10								0.5		
59				10.5								0.1	1.5	
60				7.5									0.5	
61						13								
62				0.2		12.3					1.5			
63				9.25								1	3	
64						14.25								0.5
65				0.08					15.17		0.25			
66				9.5									1.5	
67				11								3	2	
68	0.3			0.2		14.3					1.5			
69				11.25									1	
70	0.3	1				4.5	0.7							
71				13									2	
72				12.5									3	
73				14									3	
74		12											1	
75				16.05								0.2	2	
76				15									2	
77				1		15							1	
78				13									2	
79				10									2	
80				17.5									2	
81				8									4	

农场编号	春季作物										冬季作物			
	沙土			泥土		沙泥土		其他			沙土		泥土	
	黄豆	稻	糯稻	稻	黄豆	稻	糯稻	黄豆	稻	糯稻	油菜	小麦	油菜	小麦
	非灌溉	灌溉	灌溉	灌溉	非灌溉	灌溉	灌溉	非灌溉	灌溉	灌溉	非灌溉	非灌溉	非灌溉	非灌溉
82				13.25									2	
83									20					
84		19									1			
85	0.3			0.9		15	2						2	
86				12									3	
87				20									2	
88				21									3	
89				18.5									4.5	
90				21									4	
91				22									3	
92	1			19.5									3	
93		20		2									3	
94	1					21							3	
95				20									3	1
96				24									3	
97				17.5									6	
98				28.5									1.5	
99				24									1.5	
100				28									2	
101						33								
102				25									13	
总计	3.5	132.5	0.4	693.93	0.25	179.2	2.7	0.3	81.87	1.75	16.45	10	129.2	2.5

表 9-3（续）

农场编号	冬季作物				夏季作物							
	沙泥土		其他		沙土		泥土			沙泥土		其他
	小麦	油菜	油菜	小麦	黄豆	稻	稻	糯稻	黄豆	稻	黄豆	稻
	非灌溉	非灌溉	非灌溉	非灌溉	非灌溉	灌溉	灌溉	灌溉	非灌溉	灌溉	非灌溉	灌溉
1					0.2							
2					0.2							
3												
4												
5							1.4					
6												
7					0.5	1.5						
8												
9							2.25					
10												
11												
12						1						
13							1					
14												
15						1						
16	0.4						2					
17					0.05		0.5			0.8		
18							1	1				
19												
20							1.25					
21		0.5										
22						1.2					0.5	
23												
24	1.5						0.7					
25		0.75			0.8						1.5	
26							1			0.75		
27							2					
28	1						1.5					
29					0.3					1		
30							0.7					
31						1	2					
32												
33							1					
34												
35			1									1
36			1.25									1.25
37						1	0.4					
38												
39	1.5						1.5					
40		1									1.5	

农场编号	冬季作物				夏季作物							
	沙泥土		其他		沙土		泥土			沙泥土		其他
	小麦	油菜	油菜	小麦	黄豆	稻	稻	糯稻	黄豆	稻	黄豆	稻
	非灌溉	非灌溉	非灌溉	非灌溉	非灌溉	灌溉	灌溉	灌溉	非灌溉	灌溉	非灌溉	灌溉
41												1
42							1					
43							1					
44												
45					0.2	2						
46							1					
47							1					
48		1					2					
49	1.5						2				1	
50							0.5			0.5	1.5	
51						3						
52						2						
53								2				
54							1					
55												
56							1.25					
57	1	0.5									1	
58		3			0.5					3		
59							1.5					
60	1.5						0.5					
61		1								1		
62						1.5						
63						1	3					
64		0.75								0.5	0.75	
65						0.25						
66							1.5					
67					2		2					
68						1.5						
69	1						1					
70		2								2		
71							2					
72				2			3					
73							4					
74							1					
75					0.2	0.2	1.75					
76	1						1	0.75			1	
77								1				
78	2						2					
79	2						2					
80							1.5	1				
81	2						4				2	

农场编号	冬季作物				夏季作物							
	沙泥土		其他		沙土		泥土			沙泥土		其他
	小麦	油菜	油菜	小麦	黄豆	稻	稻	糯稻	黄豆	稻	黄豆	稻
	非灌溉	非灌溉	非灌溉	非灌溉	非灌溉	灌溉	灌溉	灌溉	非灌溉	灌溉	非灌溉	灌溉
82	1						2				1	
83												
84						1						
85							2.1					
86	2						3					
87								2				
88							3					
89							4.5					
90							4					
91				0.5			3					
92							3					
93							3					
94								3				
95							4	1				
96							3					
97	5						6					
98							1.5				1	
99							1.5					
100							2					
101		4								2		
102	7						13					
总计	31.4	14.5	2.25	2.5	4.95	19.15	121.3	11.75	1	11.3	13	2.25

表 9-4　不同农作物的耕作面积（东阳）（单位：地方单位）

农场编号	冬季作物 NO.2*			春季作物 NO.2*	夏季作物后种植的冬季作物 NO.2*			秋季作物 NO.2*	
	大麦	小麦	油菜	稻	稻	糯稻	黄豆	玉米	红萝卜
	非灌溉	非灌溉	非灌溉	灌溉	灌溉	灌溉	非灌溉	非灌溉	非灌溉
1	20	34			59		9	9	4
2		23	5	25	13		25	25	3
3	25	30	5		39	5	30	30	
4	9	36		13	48		9	9	
5	15	28	6	25	29	6	24	24	3
6	22	20		27	43	9	25	25	2
7	18	30	4	16	37		32	32	
8	37	25			62		25	25	8
9	15	26		22	30		24	24	3
10	16	21		27	42		13	13	
11	36	24	5	30	48		17	17	4
12	28	32	5	24	70		15	15	
13	40	25		27	45		25	25	5
14	24	28		21	61		18	18	
15	20	16		50	32	16			3
16	20	34	7	30	56	14	5	5	8
17	34	27	7	13	65		18	18	5
18	24	34	5	54	50	7	16	16	
19	36	17	6	37	49	17	17	17	6
20	42	28	7	2	68		26	26	4
21	10	43		54	30		43	43	3
22	20	17		53	27	30	10	10	7
23	27	20	4	71	23	24	19	19	3
24	22	37	6	59	42	12	20	20	6
25	31	14		66	2	47	25	25	3
26	33	27		29	63	27	15	15	4
27	33	16		75	21	22	16	16	5
28	45	21	5	33	5	65	21	21	3
29	30	28	9	52	45	37	22	22	4
30	18	35	5	62	43	20	15	15	
31	35	32	5	58	72		20	20	10
32	32	40		50	56	17	20	20	4
33	32	37	5	30	68	15	28	28	5
34	20	35		62	48	7	30	30	4
35	25	46	4	49	54	7	32	32	4
36	27	30	5	44	46	6	30	30	
37	25	33	5	73	41	13	28	28	3
38	15	40	5	58	11	20	55	55	3
39	27	49	3	52	57	14	35	35	3
40	18	47	4	65	33	20	38	38	5
41	16	37		88	43	24	15	15	5
42	57	30	7	29	64	24	30	30	5
43	48	30	7	57	41	14	48	48	
44	35	42	5	66	50	8	40	40	4

| 农场编号 | 冬季作物 NO.2* | | | 春季作物 NO.2* | 夏季作物后种植的冬季作物 NO.2* | | | 秋季作物 NO.2* | |
| | 大麦 | 小麦 | 油菜 | 稻 | 稻 | 糯稻 | 黄豆 | 玉米 | 红萝卜 |
	非灌溉	非灌溉	非灌溉	灌溉	灌溉	灌溉	非灌溉	非灌溉	非灌溉
45	35	42	8	70	50	32	20	20	4
46	24	37	4	55	39	24	30	30	3
47	40	45	6		96	24	45	45	5
48	52	46	5	37	70	32	46	46	5
49	40	35	5	59	45	38	35	35	
50	48	35	6	65	61	25	30	30	3
51	40	35	4	72	51	7	42	42	8
52	43	48	6	78	60	28	37	37	6
53	58	36	9	60	97	16	20	20	8
54	42	40	8	72	50	32	38	38	5
55	44	30	7	83	59	17	35	35	7
56	53	38		45	77	50	38	38	4
57	32	45	5	88	42	26	50	50	7
58	36	38	5	70	50	24	29	29	5
59	45	58	8	68	78	32	30	30	5
60	50	46	5	71	77	22	23	23	4
61	38	40	6	108	44	23	45	45	3
62	32	16	6	138	7	52	16	16	
63	62	30	7	95	74	22	30	30	4
64	36	40	5	107	5	56	67	67	
65	65	40	12	73	82	25	40	40	10
66	68	37	9	56	77	45	40	40	4
67	42	38	6	89	40	43	50	50	5
68	50	36	6	64	61	36	50	50	4
69	50	44	8	88	53	57	35	35	3
70	60	27	7	93	66	46	27	27	3
71	67	40	6	89	31	82	40	40	3
72	82	44	5	52	93	28	64	64	3
73	50	26	6	133	1	86	50	50	4
74	74	37	10	109	47	64	52	52	5
75	57	30		121	28	70	57	57	10
76	64	25	9	82	51	58	75	75	5
77	66	35	5	105	91	58	35	35	3
78	77	60	8	68	78	57	60	60	5
79	45	47	10	127	15	95	47	47	10
80	85	30	4	121	15	114	60	60	5
81	85	20	7	128	22	107	65	65	7
82	84	30	10	133	55	77	50	50	4
83	66	20	7	180	15	96	36	36	5
84	76	37	9	173	57	108	34	34	6
85	150	98	12	223	112	144	74	74	9
86	150	90	10	195	123	138	120	120	10
总计	3625	2995	427	5721	4276	2763	2895	2895	360

＊分地块，但具体土质不详

表 9-5　不同农作物的耕作面积（余姚）（单位：地方亩）

农场编号	冬季作物				冬季作物之后种植的夏季作物		春季作物
	沙土				沙土		沙土
	蚕豆	油菜籽	大麦	豌豆	棉	马铃薯	棉
	非灌溉	非灌溉	非灌溉	非灌溉	非灌溉	非灌溉	非灌溉
1	4	0.9			6.3		
2	6	1			6.5	0.5	
3	5.5	1			7.4	0.5	
4	6.5	1			8.5	0.3	
5	5.2	0.8	1		6.5	0.3	0.1
6	8.3	0.5	0.2		8.8	0.2	
7	7	0.5			8.5	0.5	
8	5.5	1			7.5	0.4	
9	6.5	1			9		
10	8	1			8.5	0.5	
11	7.5	0.5	1		9		
12	6	0.5	1		8.5	0.5	
13	5	0.5			5	0.9	
14	3	0.5	1		6.5	0.8	2
15	3.5	0.5	1		6.5	1	
16	7	0.5	1		9		
17	7.5	0.5			9.2	0.7	
18	9.5	0.5			10.9	0.1	
19	7	0.5			10		
20	6.5	0.5			9.4	0.5	
21	9.5	0.5			10		
22	9.5	0.5			9.8	0.2	
23	6.5	0.5	1		8.5	0.5	
24	8.5	1			9.9		
25	6	1			9	0.6	
26	6.4	1	0.6		9.4		
27	8.5	0.5	1		9		
28	7.5	0.5	1		9	1	
29	5.5	1	0.5		8	0.5	
30	7.6	0.5	2	0.1	9.9		
31	6	1			9.3	0.6	
32	8.5	0.5	2		10	1	
33	5.5	0.5			9.8	0.2	
34	7	1			10.4	0.5	
35	11.5	0.2			11.9		
36	8	0.5			10	0.9	
37	9.5	1			9.9		
38	7	1.5			10	0.7	
39	8	1			10.9		

农场编号	冬季作物				冬季作物之后种植的夏季作物		春季作物
	沙土				沙土		沙土
	蚕豆	油菜籽	大麦	豌豆	棉	马铃薯	棉
	非灌溉	非灌溉	非灌溉	非灌溉	非灌溉	非灌溉	非灌溉
40	10				12		
41	9.5		0.5		11		
42	11	0.5			11.5		
43	6.5	0.5			9	0.5	1
44	8	1			10.8		
45	9	1			12		
46	9.95	1			10.95		
47	8.9	1	0.5		11		
48	8.5	0.5	1		11.4	0.5	
49	8	1			10	0.5	
50	10	0.5			12.8		
51	7.5	1	0.5		10.9	0.5	
52	6.2	1	1		10	0.5	
53	6	0.8			10		
54	7.6	1			12	0.5	
55	8.5	0.5	2		10.5	1	
56	8	1.5			11	0.4	
57	6.5	0.5	1		11.3	0.5	
58	9.5	1			11.5	0.5	
59	8	1			11.5		
60	9	1			12.5	0.5	
61	6.8	1			10.2	1	
62	7	1	0.5		10.5	0.5	
63	9.5	0.5			12.5	0.5	
64	5	1	2		12.4	0.5	
65	7	1.5	0.5		13.5	0.4	
66	10	1			12.4	0.5	
67	8.5	1	1		13.2	0.5	
68	8	1			13.85		
69	10	1			13.3	0.6	
70	12	1	1		10.5		
71	8.5	1			11.05		
72	11	1			11.9		
73	7.5	1	0.5		13.4	0.4	
74	9	1			14.6	0.2	
75	10	1	1		12	0.7	
76	13	1	2		16.1	0.5	
77	8.5	0.5	0.5		12		
78	8	1			12		
79	10.5	0.5	1		15.4	0.5	

农场编号	冬季作物				冬季作物之后种植的夏季作物		春季作物
	沙土				沙土		沙土
	蚕豆	油菜籽	大麦	豌豆	棉	马铃薯	棉
	非灌溉	非灌溉	非灌溉	非灌溉	非灌溉	非灌溉	非灌溉
80	10	1			14.8		
81	11	1	1		17		
82	11.5		2		13		
83	10.2	1			15	0.8	
84	11	1			13.2		
85	10.6	1	2		16.4	1	
86	12	1.5	0.5		16	0.8	
87	12	1			16		
88	14	1			17.4	0.5	
89	12	1			17	0.5	
90	10.5	0.5	2		14	1	
91	13.5	1			17.5	0.5	
92	17.5	1	1		18.8		
93	8.5	1	0.5		13	0.5	
94	11	2			16	0.9	
95	15.5	1			19.6	0.2	
96	10	1			17	0.5	
97	21.5	1			22.9		
98	17	1			19	0.5	
99	14.1	1	0.5		18.6		
100	12	1			20		
101	14	1.5			18.7	0.5	
102	13	1			16.8	1	
103	12	1			20		
104	15	1	1		24.3	0.5	
105	9	1	2		13.3	1	
106	18.2	1.6	0.7		22.75	0.5	
107	14.5	1			20	0.8	
108	14	2			22	0.5	
109	17	1.5			24	0.5	
110	17				24	0.9	
111	15.5	1	2		19.8	1	
112	15	1			23.7	1	
113	21	2			27	0.8	
114	13	1	1		24.6		
115	14.5	2	0.5		23	0.7	
116	27.5	1			32		
117	23	2			31.4	0.5	
118	24.5	1.5	1		34.4	1	
总计	1180.55	106.3	48.5	0.1	1594.6	46	3.1

表 10-1 农场肥料生产数量（汤溪）（单位：千克）

农场编号	人粪	厩肥	人粪和厩肥
1	1170	217.5	1387.5
2	1350	435	1785
3	1710	217.5	1927.5
4	2070	290	2360
5	1530	290	1820
6	1530	217.5	1747.5
7	1800	725	2525
8	1575	290	1865
9	1485	72.5	1557.5
10	1530	1305	2835
11	2205		2205
12	1710	942.5	2652.5
13	3735	290	4025
14	1170	290	1460
15	1935		1935
16	1215	217.5	1432.5
17	810	145	955
18	2025	1305	3330
19	1305		1305
20	1665	2102.5	3767.5
21	1575	5147.5	6722.5
22	2160	7105	9265
23	1530	1812.5	3342.5
24	3015	1957.5	4972.5
25	1440	4857.5	6297.5
26	1485	507.5	1992.5
27	2610	5510	8120
28	2115	2030	4145
29	1260	1450	2710
30	1350	1015	2365
31	1665	145	1810
32	2790	2972.5	5762.5
33	1980	1812.5	3792.5
34	2340	14282.5	16622.5
35	2610	5582.5	8192.5
36	1800	10585	12385
37	2340	2175	4515
38	2610	5510	8120
39	2250	435	2685
40	990	1450	2440
41	1800	9570	11370
42	2430	7975	10405
43	2295	7177.5	9472.5

农场编号	人粪	厩肥	人粪和厩肥
44	1755	4930	6685
45	2790	10947.5	13737.5
46	3060	2030	5090
47	3070	10730	13800
48	2205	10802.5	13007.5
49	395	2465	2860
50	2700	3625	6325
51	2318	797.5	3115.5
52	3600	14645	18245
53	3015	9207.5	12222.5
54	2295	12977.5	15272.5
55	2925	15225	18150
56	2610	7830	10440
57	2835	9062.5	11897.5
58	1395	8410	9805
59	2115	5727.5	7842.5
60	1620	9570	11190
61	3510	10657.5	14167.5
62	2025	7902.5	9927.5
63	2160	7540	9700
64	2790	8700	11490
65	3420	10077.5	13497.5
66	2250	10150	12400
67	2115	10802.5	12917.5
68	4050	9642.5	13692.5
69	2925	14355	17280
70	3105	9642.5	12747.5
71	3465	12832.5	16297.5
72	1890	5292.5	7182.5
73	2835	2175	5010
74	3600	12470	16070
75	3555	12325	15880
76	2835	2247.5	5082.5
77	2475	12905	15380
78	3015	12325	15340
79	7785	8192.5	15977.5
80	3465	16675	20140
81	2475	11020	13495
82	3915	12252.5	16167.5
83	2160	11092.5	13252.5
84	3555	12760	16315
85	5760	16312.5	22072.5
86	4860	13122.5	17982.5
87	4770	10875	15645

农场编号	人粪	厩肥	人粪和厩肥
88	5445	13775	19220
89	5310	17400	22710
90	3510	13195	16705
91	5625	12615	18240
92	4275	16675	20950
93	4995	18197.5	23192.5
94	5130	12977.5	18107.5
95	5130	14862.5	19992.5
96	6480	23635	30115
97	9855	39947.5	49802.5
98	4230	17327.5	21557.5
99	8280	21895	30175
100	7875	27042.5	34917.5
总计	287573	783290	1070863

表 10-2 农场肥料生产数量（桐庐 1）（单位：千克）

农场编号	人粪	厩肥	人粪和厩肥
1	1575	217.5	1792.5
2	1395	108.75	1503.75
3	1260	72.5	1332.5
4	1260	290	1550
5	1125	145	1270
6	1170	217.5	1387.5
7	1620	12615	14235
8	1440	217.5	1657.5
9	1755	217.5	1972.5
10	630	145	775
11	1260	145	1405
12	1170	145	1315
13	1260	290	1550
14	630		630
15	450	72.5	522.5
16	900	580	1480
17	1080	870	1950
18	1260	145	1405
19	1080	217.5	1297.5
20	810	290	1100
21	1620	1087.5	2707.5
22	1125	217.5	1342.5
23	1980		1980
24	1620	1667.5	3287.5
25	1665	12687.5	14352.5
26	1485	725	2210
27	1170	145	1315
28	810		810
29	2835	942.5	3777.5
30	1350	145	1495
31	1440	290	1730
32	2160	290	2450
33	1170	290	1460
34	1125	833.75	1958.75
35	2070	145	2215
36	1980	1740	3720
37	945	217.5	1162.5
38	1170	1015	2185
39	1710	1812.5	3522.5
40	1485	217.5	1702.5
41	1755	1015	2770
42	1620	217.5	1837.5
43	1530	217.5	1747.5

农场编号	人粪	厩肥	人粪和厩肥
44	1035	1015	2050
45	1800	12615	14415
46	1305	1667.5	2972.5
47	1080	217.5	1297.5
48	1305	145	1450
49	540	145	685
50	1530	362.5	1892.5
51	990	11020	12010
52	2295	145	2440
53	1035	145	1180
54	1260	145	1405
55	2295	1667.5	3962.5
56	2835	12687.5	15522.5
57	1935	1015	2950
58	2700	435	3135
59	990	145	1135
60	1845	1812.5	3657.5
61	855		855
62	1845	290	2135
63	1260	326.25	1586.25
64	1350	217.5	1567.5
65	1170	145	1315
66	1665	435	2100
67	1800	1160	2960
68	2160	1740	3900
69	1980	8337.5	10317.5
70	2250	9062.5	11312.5
71	1710	1740	3450
72	2835	8990	11825
73	2925	290	3215
74	1710	8917.5	10627.5
75	1935	22765	24700
76	2610	20082.5	22692.5
77	2160	7830	9990
78	4185	12687.5	16872.5
79	1530	1667.5	3197.5
80	3375	11310	14685
81	1260	11092.5	12352.5
82	1620	1812.5	3432.5
83	2295	4495	6790
84	2880	11092.5	13972.5
85	765	145	910
86	900		900
87	3645	1160	4805

农场编号	人粪	厩肥	人粪和厩肥
88	1800	9062.5	10862.5
89	3735	12615	16350
90	2925	145	3070
91	2970	12615	15585
92	990	1450	2440
93	2475	72.5	2547.5
94	5490	21315	26805
95	3780	1812.5	5592.5
96	3150	11890	15040
97	1440	11165	12605
98	5175	23707.5	28882.5
99	4365	9207.5	13572.5
100	1935	11817.5	13752.5
101	4005	12615	16620
102	5625	2030	7655
103	2340	3190	5530
104	1260	2537.5	3797.5
105	3330	9425	12755
总计	197190	392768.75	589958.75

表 10-3 农场肥料生产数量（桐庐 2）（单位：千克）

农场编号	人粪	厩肥	人粪和厩肥
1	450		450
2	810	797.5	1607.5
3	810	1740	2550
4	675	8482.5	9157.5
5	450		450
6	810	507.5	1317.5
7	1170	8917.5	10087.5
8	1665	2030	3695
9	2475	2900	5375
10	450		450
11	585	942.5	1527.5
12	1035	72.5	1107.5
13	1125	4640	5765
14	450	3987.5	4437.5
15	1395	1740	3135
16	990	1377.5	2367.5
17	1260	1740	3000
18	450	1087.5	1537.5
19	1170	435	1605
20	1800	1885	3685
21	675	290	965
22	810	1812.5	2622.5
23	810	290	1100
24	1620	11237.5	12857.5
25	2880	18197.5	21077.5
26	1260	9280	10540
27	1125	1885	3010
28	1215	2537.5	3752.5
29	1440	2755	4195
30	450	72.5	522.5
31	1890	3190	5080
32	1080	217.5	1297.5
33	810	2320	3130
34	2295	8917.5	11212.5
35	1035	2465	3500
36	1215	2610	3825
37	810	290	1100
38	1260	6090	7350
39	810	11817.5	12627.5
40	1485	2392.5	3877.5
41	900		900
42	2475	1957.5	4432.5
43	2385	4205	6590

农场编号	人粪	厩肥	人粪和厩肥
44	810	1812.5	2622.5
45	810	1957.5	2767.5
46	1350	9280	10630
47	1620	5437.5	7057.5
48	900	217.5	1117.5
49	810	1740	2550
50	2520	2465	4985
51	990	8265	9255
52	990	5510	6500
53	810	2610	3420
54	2025	12542.5	14567.5
55	1395	9570	10965
56	2610	9062.5	11672.5
57	450	362.5	812.5
58	2205	797.5	3002.5
59	2925	6380	9305
60	1170	7612.5	8782.5
61	810	3625	4435
62	1643	5510	7153
63	1440	16312.5	17752.5
64	1980	11672.5	13652.5
65	1350	8917.5	10267.5
66	3645	16675	20320
67	1440	1885	3325
68	990	1667.5	2657.5
69	1575	13485	15060
70	1170	4857.5	6027.5
71	1755	12615	14370
72	2115	2465	4580
73	810	1377.5	2187.5
74	1575	9352.5	10927.5
75	2025	9135	11160
76	1373	8482.5	9855.5
77	810	1667.5	2477.5
78	1485	12252.5	13737.5
79	2070	12107.5	14177.5
80	1755	13775	15530
81	1845	19575	21420
82	1845	19212.5	21057.5
83	1890	11962.5	13852.5
84	1350	4495	5845
85	1575	1740	3315
86	1710	13775	15485
87	1890	12035	13925

农场编号	人粪	厩肥	人粪和厩肥
88	1620	11165	12785
89	2070	8482.5	10552.5
90	2430	26462.5	28892.5
91	1800	24940	26740
92	1980	13195	15175
93	2070	9062.5	11132.5
94	1260	18632.5	19892.5
95	2835	11310	14145
96	1575	9425	11000
97	1845	2030	3875
98	3420	14210	17630
99	2205	24795	27000
100	2835	8917.5	11752.5
101	3150	10005	13155
102	3465	21460	24925
总计	153631	688460	842091

表 10-4 农场肥料生产数量（东阳）（单位：千克）

农场编号	人粪	厩肥	人粪和厩肥
1	1395	290	1685
2	990	145	1135
3	1485	1595	3080
4	990	7612.5	8602.5
5	1215	1015	2230
6	810	1595	2405
7	990	1015	2005
8	1170	7105	8275
9	1215	1667.5	2882.5
10	1440	1015	2455
11	1215	1740	2955
12	1755	11092.5	12847.5
13	2160	1087.5	3247.5
14	1170	3262.5	4432.5
15	1890	1667.5	3557.5
16	1845	3045	4890
17	990	1812.5	2802.5
18	1395	8555	9950
19	810	8917.5	9727.5
20	1125	1885	3010
21	1395	145	1540
22	1305	1812.5	3117.5
23	1665	1595	3260
24	1170	1087.5	2257.5
25	1260	1595	2855
26	1620	8917.5	10537.5
27	1035	12687.5	13722.5
28	1260	1740	3000
29	1260	2537.5	3797.5
30	1125	11092.5	12217.5
31	1530	10440	11970
32	1665	8917.5	10582.5
33	1170	1667.5	2837.5
34	1395	10585	11980
35	1170	8265	9435
36	1710	9062.5	10772.5
37	1215	2320	3535
38	900	1305	2205
39	1575	8337.5	9912.5
40	2070	10222.5	12292.5
41	1980	9860	11840
42	1035	7685	8720
43	1035	8990	10025

农场编号	人粪	厩肥	人粪和厩肥
44	1800	4785	6585
45	1755	10512.5	12267.5
46	1125	8265	9390
47	2160	3335	5495
48	990	4350	5340
49	1125	8845	9970
50	1350	1812.5	3162.5
51	1755	13775	15530
52	2025	8482.5	10507.5
53	2610	12760	15370
54	1800	8990	10790
55	1800	2030	3830
56	1305	3733.75	5038.75
57	2115	11165	13280
58	1530	1812.5	3342.5
59	1530	9715	11245
60	1620	12832.5	14452.5
61	2475	9860	12335
62		3407.5	3407.5
63	1620	5582.5	7202.5
64	1170	9642.5	10812.5
65	2610	17073.75	19683.75
66	1710	9207.5	10917.5
67	1530	9062.5	10592.5
68	1035	3190	4225
69	1170	9062.5	10232.5
70	1890	8990	10880
71	2295	1812.5	4107.5
72	3420	10150	13570
73	1170	9062.5	10232.5
74	2970	9932.5	12902.5
75	2745	3190	5935
76	1800	2465	4265
77	2520	9207.5	11727.5
78	3420	9860	13280
79	2070	9860	11930
80	1665	8917.5	10582.5
81	2520	9787.5	12307.5
82	2655	9062.5	11717.5
83	2205	10585	12790
84	3240	10585	13825
85	5625	11890	17515
86	5265	14137.5	19402.5
总计	146790	559772.5	706562.5

表 10-5　农场肥料生产数量（余姚）（单位：千克）

农场编号	人粪	厩肥	人粪和厩肥
1	810	290	1100
2	810	217.5	1027.5
3	810	145	955
4	1350	290	1640
5	2115	290	2405
6	450	145	595
7	990	217.5	1207.5
8	990	145	1135
9	810	145	955
10	990	145	1135
11	810	145	955
12	1170	217.5	1387.5
13	1260	217.5	1477.5
14	990	145	1135
15	990	290	1280
16	1170	290	1460
17	1485	145	1630
18	990	217.5	1207.5
19	810	145	955
20	990	217.5	1207.5
21	1440	145	1585
22	450	145	595
23	1440	217.5	1657.5
24	1170	217.5	1387.5
25	1215	290	1505
26	945	362.5	1307.5
27	1575	145	1720
28	1170	290	1460
29	1170	290	1460
30	1800	1377.5	3177.5
31	1440	290	1730
32	1620	290	1910
33	1350	290	1640
34	1215	290	1505
35	1260	362.5	1622.5
36	1080	217.5	1297.5
37	1755	145	1900
38	1890	435	2325
39	1395	217.5	1612.5
40	1620	217.5	1837.5
41	1350	217.5	1567.5
42	1755	290	2045
43	990	290	1280

农场编号	人粪	厩肥	人粪和厩肥
44	945	290	1235
45	1935	145	2080
46	1215	507.5	1722.5
47	1395	72.5	1467.5
48	1710	217.5	1927.5
49	1260	290	1550
50	1440	145	1585
51	1215	362.5	1577.5
52	1215	435	1650
53	1350	435	1785
54	1350	145	1495
55	1350	362.5	1712.5
56	2385	507.5	2892.5
57	990	217.5	1207.5
58	3060	435	3495
59	1395	217.5	1612.5
60	932	145	1077
61	1575	362.5	1937.5
62	1215	290	1505
63	1620	217.5	1837.5
64	1305	217.5	1522.5
65	1845	435	2280
66	810	145	955
67	1260	290	1550
68	1305	290	1595
69	990	217.5	1207.5
70	1260	507.5	1767.5
71	1350	362.5	1712.5
72	2205	217.5	2422.5
73	1395	362.5	1757.5
74	810	217.5	1027.5
75	2025	435	2460
76	1350	435	1785
77	2475	652.5	3127.5
78	1800	290	2090
79	1620	290	1910
80	1395	290	1685
81	2385	362.5	2747.5
82	1350	435	1785
83	1800	217.5	2017.5
84	1260	290	1550
85	2340	290	2630
86	1125	290	1415
87	1800	290	2090

农场编号	人粪	厩肥	人粪和厩肥
88	2025	217.5	2242.5
89	1980	217.5	2197.5
90	2340	435	2775
91	1498	290	1788
92	1845	435	2280
93	1620	290	1910
94	2070	290	2360
95	2430	290	2720
96	1800	290	2090
97	3330	435	3765
98	2430	725	3155
99	810	290	1100
100	2250	580	2830
101	1260	217.5	1477.5
102	1845	435	2280
103	2475	362.5	2837.5
104	2025	290	2315
105	2700	507.5	3207.5
106	4410	652.5	5062.5
107	1260	290	1550
108	2610	507.5	3117.5
109	1935	362.5	2297.5
110	2430	435	2865
111	3825	580	4405
112	5670	725	6395
113	2520	580	3100
114	2025	435	2460
115	3600	580	4180
116	3195	797.5	3992.5
117	3195	580	3775
118	4005	870	4875
总计	196110	38715	234825

表 11-1　每地方亩肥料的使用种类和数量（汤溪）

农场编号	油菜				大麦					小麦				
	种植面积/地方单位	人粪/C	草灰/C	厩肥/C	种植面积/地方单位	人粪/C	草灰/C	厩肥/C	堆肥/C	种植面积/地方单位	人粪/C	草灰/C	厩肥/C	堆肥/C
1					0.4	400				0.6	600			
2					0.5	500	100			0.5	500	100		
3					0.5	400	40			0.5	400	60		
4					0.65	600	150			0.25	200	50		
5					0.45	500				0.8	800			
6					0.6	600	100			0.75	700	100		
7					0.8	800			2000	0.6	600		500	
8					0.4	400	50			0.7	650	100		
9	0.2		100		0.7	400			1800	0.6	400			1200
10					1.2	1200				0.4	400			
11	0.3				0.95	1000				0.5	500			
12					1.4	1500	100			0.4	500	50		
13					1.4	2000				0.2	800			
14					1	1000				0.9	1000			
15					0.5	500				0.5	500			
16					1.5	1000				0.5	500			
17					1.4	1400	150			1	1000	100		
18					1.3	1300	100	1500		1	1000	100	1500	
19	0.5	500	50		1	1000	100			0.65	500	50		
20					2	1700				0.8	800			
21	0.3	200	50	1800	1.3	1000				1	600		5000	
22					1.5	1300				0.7	500		3000	
23					0.7	700			1300	0.6	500			1000
24					2.4	2000		3500		0.8	800		1200	
25	0.3	300		2000	2.05	2000		2000		0.5	500		1000	
26					2.8	1500				0.4	400			
27					2	1000		3000		1.3	1000		3000	
28					2.1		200	3000		1.5		100	2000	
29					1.65			2500		0.25			500	
30					1.8	1500		9000		1.2	1000		6000	
31					1	1000		1000		0.3	300	50		
32	0.4	500		2500	2.4		300	3000		1	1000		1000	
33	0.2	200		1500	1.8	1500		3000		0.8		500	2000	
34	0.4	300	100	2000	1.7	1500				1.2	1000		6000	
35	0.4	500		2000	2.45	2000		3000		0.8	500		1500	
36	0.4	300		2800	1.7	1500		5000		0.5	500		2500	
37					2	1000	100			2	1000	100		
38	0.3	500		1600	1.4	1800		2500		1	1200		2100	
39	0.4		100	2000	2.4	2000		5000		1.6	1500	150	3000	
40	0.2	200		1200	2.7	1000		2000		1.6	800		1500	
41	0.4		50		1.8	1500		2500		1.4	1000	100	2000	

农场编号	油菜 种植面积/地方单位	人粪/C	草灰/C	厩肥/C	大麦 种植面积/地方单位	人粪/C	草灰/C	厩肥/C	堆肥/C	小麦 种植面积/地方单位	人粪/C	草灰/C	厩肥/C	堆肥/C
42					2.6	2000				1	1000			
43					2.5	2000		5000		1.4	1000		2000	
44	0.4			2500	2	600	100			1.5	600	100		
45					4.3	4000		12000		0.95	9000		3000	
46	0.4	800		2000	3	3000				0.6	1000		2000	
47	0.4	300		2400	3.4	2300		7500	2000	1	800		1500	
48	0.4	400		2200	1.15	900		4000		0.8	700		3000	
49	1	800		6000	2.6	2500		4000		1	800		2000	
50	1	1000		5000	3.3	3000		6000		0.6	600		1500	
51					2.6	2400		15000		1.4	1400		7300	
52	0.5	500		3000	3	3000		5000		1.5	1500		3000	
53					2.2	2000		3000		1.7	1500		3000	
54					3	2000		3000		2	1500		2000	
55	0.4	300	100	2000	3	2300				2	1500		10000	
56	0.5	500		3000	2.3	2000				0.8	800			
57					3	1500		3500		2.2	1200		2500	
58	0.5	300		3000	3.4	1200		2000		0.8	500		1500	
59	0.8	700		5000	2.7	1500		5500		1.5	1200		3000	
60	1	800	200	5000	2.2	1500		4500		1.6	1000		8000	
61	0.3	300		1500	2	2000		2500		2.2	2000		2500	
62	0.2	200			2.8	500				1.8	500			
63					3.7	2000		3800		1.7	1500		1500	
64	0.8	800		4000	2.5	2000		4000		1.5	1500		3000	
65	0.5	500		2400	3.6	3500		16000		0.8	800		3000	
66	0.3	300		2000	3.6	3500		7000		2	2000		4000	
67	0.3	200		1800	3.5	1600		8000		1.4	1600		3000	
68	0.7	700		1500	1.9	2000		4000		1.6	1600		3500	
69	0.5	400		3000	5.3			5000		1.7	1500		2500	
70	2	1200		8000	3.25	2300		6000		0.8	800		1000	
71					4.7	2000		7000		2	2000	300		
72	0.5	500		2500	3.2			5000		2	2000		4000	
73	1	800		5500	2.3	2300		3800		1.5	1200		2000	
74	0.9	800		5000	4	3500		10000		2	1800		4000	
75	1	200	30	5000	5	3000	200	5000		2	1000		3000	
76	0.8	800		4000	2.2	2000		4000		1.2	1200		2000	
77	0.8	200		5000	5.1			10000		1.5	1000		3000	
78					6.3	3500	150	7000		3.1	15000		3000	
79	0.8	800		4500	4.9	4500		5000		2.5	2000		5000	
80					3.6	3200		8000		2.5	2500		5000	
81	0.4	500		2000	3.6	2000		3500		3.5	2000		3500	
82					5.5	3000		7000		3.6	2000		4000	
83	1	100		7000	5.8	3800	420	6000		1.4	1000		2500	

农场编号	油菜				大麦					小麦				
	种植面积/地方单位	人粪/C	草灰/C	厩肥/C	种植面积/地方单位	人粪/C	草灰/C	厩肥/C	堆肥/C	种植面积/地方单位	人粪/C	草灰/C	厩肥/C	堆肥/C
84	2	1500		15000	4	3500		8000		1.6	1500		3000	
85	1	1000		6000	4.4	3800		9000		3	2400		7000	
86	1	1000		5000	5.2	5000		12000		1.5	2000		3000	
87	1.6	1500		10000	3.6	3500		9000		2	2000		5000	
88	1	1000		5500	7.1	3000		12000		2	2000		3000	
89	1.5	1500		8000	3.7	3200		7000		2.5	2200		5000	
90	1.1	800		5000	5.6	3800		5000		2	1600		3000	
91					6	3000		8000		5.9	3000		8000	
92	1.5	1000		7000	6.3	5000		15000		2	1600		3000	
93	0.8	500		5000	8.6	5500		18000		1.2	1000		2000	
94	1.5	1000		8000	11	4000		9000		3.5	3000		3000	
95	2	1500		10000	10	4000		25000	25000	3	2500		9000	
96	1.5	1000		8000	6.7	6000		13000		5	5500		10000	
97	1	800		4000	9.3	7500		24000		2	1600		4000	
98	1.5	1000		75000	9			18000		5	4000		10000	
99	3	3000		15000	12.3	10000	400	13000		2.6	2000		3000	
100	1	800		5000	10	8000		20000		5.5	4500		10000	
总计	47.8	38100	780	316700	321.7	214700	2760	497900	28300	151.55	144950	2110	257800	1000

表 11-1（续）

农场编号	小米				荞麦			花生		
	种植面积/地方单位	人粪/C	草灰/C	厩肥/C	种植面积/地方单位	人粪/C	草灰/C	种植面积/地方单位	草灰/C	石灰/C
1	0.2	300								
2	0.3	500								
3	1	800	100							
4	0.4	500	100							
5	0.85	600								
6	0.5	500								
7	0.4	400		1500				0.1		
8	0.5	500								
9	0.3	300		1000				0.1		
10	0.8	800								
11	0.6	1500								
12	1	1000								
13	1.2	2000								
14	0.5	500								
15	0.7	700								
16	0.9	1000	100							
17	1.5	1500								
18	1	1000		3000						
19	0.6	600			0.05		10			
20	1.4	700						0.8	80	
21	1.5	1200								
22	1.6	1500								
23	0.3	300			0.1		100			
24	1.6	1500		2000						
25	1.2	1200		2000						
26	0.9	800								
27	1.4	2000		4000				0.05		
28	1.6	1500		2000						
29	1	1000		2000						
30	1.4	1000								
31	0.2	200		1000						
32	2			4500						
33	0.7	500		2000						
34	1.5	1200								
35	0.8	800			0.5		50			
36	1.5	1000			0.4		50			
37	2	1210						0.2	50	
38	1.2	1000								
39	2	1600		4000						
40	1.7	1500		1500						
41	1.6	1600		3000				0.1	50	

农场编号	小米				荞麦			花生		
	种植面积/地方单位	人粪/C	草灰/C	厩肥/C	种植面积/地方单位	人粪/C	草灰/C	种植面积/地方单位	草灰/C	石灰/C
42	1.6	1500		3000						
43	1.5	1500		3000						
44	1.8	700						0.05		
45	1.6	1500		8000				0.3		65
46	1	1000			0.3		50			
47	1.8	1500								
48	0.6	500		2000	1.8	1000		0.4	50	
49	1	1000								
50	2.4	2000						0.3	500	
51	2.4	2500		13000				0.1		
52	1.2	1000			0.9		100			
53	1.8	2000		3500				0.1	30	
54	2.5	2000		3500				0.2	50	
55	1.9	2000						0.3	500	
56	2.6	2000		4500						
57	2	1800		6000				0.1	20	
58	1.5	1000								
59	2	1500								
60	1.2	1000			0.8		100			
61	1.8	1500		3000						
62	2.7	1500			0.2			0.1		
63	1.8	1800		2800						
64	1.7	1500			1		100			
65	1.5	1500		4000	0.2	200				
66	2	2000		5000	0.1	20				
67	2.8	2000		5000	0.8		100			
68	2	2000			1.1		100			
69	1.4			5000	0.4	400		0.4	100	
70	2.2	2000		4000	2.1	200		0.4	100	
71	3	3000		5000				0.2		
72	2	1200		3000	0.7		100			
73	1.5	51600			1		100			
74	2	2000			0.8		100			
75	3.4	2000		5000						
76	1.5	1500			1.5		150			
77	3.2	3000			0.5		500			
78	4	4000		5000						
79	2.5	2500		5000	0.8		100	0.8	100	
80	3	2500		13000						
81	3	3000		9000				0.1	20	
82	4.5	4500		5500				0.1		
83	3.3	3000		7000	0.8	800				

农场编号	小米				荞麦			花生		
	种植面积/地方单位	人粪/C	草灰/C	厩肥/C	种植面积/地方单位	人粪/C	草灰/C	种植面积/地方单位	草灰/C	石灰/C
84	2	1500			1.2		100			
85	3	3000		6000	1.5		200			
86	3.5			5000	1		100			
87	3	2000								
88	2.3	2000		8000	1.4			0.3	50	
89	3	2500			1		100			
90	4	3200								
91	5	5000						0.3		
92	3.5	3000		10000	1	500				
93	4	3000			1.5		150			
94	5.7	3000		6000	1		100			
95	4	3000		3000	1.1		100			
96	6.1	6000								
97	4	4000		15000	1.2	800				
98	4	2800			2		200			
99	6			12000	2	2000		1		
100	4.5	4000		10000	1		100			
总计	199.15	213910	300	241300	33.75	5920	2960	6.9	1700	65

表 11-2 每地方亩肥料的使用种类和数量（桐庐 1）

农场编号	种植面积/地方亩	人粪/C	塘泥/C	石灰/C	芝麻饼/C	草灰/C	绿肥/C	厩肥/C	菜籽饼/C	明矾/C	家禽羽毛/C
1											
2	0.8	1750	60	100							
3	0.8	480		100	100	200					
4	1	1380		200	70	150					
5	1			200	100	150					
6	1	1680		40							
7	1	600		200	200	200					
8	1.2	600		100	100	120					
9	1.2	240		250	48	100					
10	1.2			220							
11	1.4	1680		200	144						
12	1.4			200	80	200					
13	1.5	1200		400	64	100					
14	0.8	480		90		140					
15	1.5	1375		200	64	100					
16	0.8	600		120	32	100					
17	2	1440		180	96	400					
18	1	1200		200	30	100					
19	2	600		400	128	150					
20	1.6			300	140	200					
21	2	2750		440	90						
22	2.2			210	1600	350					
23	2	1210		220	220						
24	1.5	1200		300	100	100					
25	1.6			400	16	200	600				
26	2	2000		300	136	200					
27	0.8	600		80	48	80					
28	1.4	1080		300	110	120					
29	1.8	1800		400	160	180					
30	2.5	1800		250	100	200					
31	1.9	600		170	100	170					
32	2			400	100	250	1000				
33	2.5	1200		350	130	200					
34	3	1800		540	112	300					
35	3.2	6240		580		500					
36	2.7	220		400	166	400					
37	1.6		2380	250	140						
38	3.3			500	192						
39	3			300	160	250					
40	2.2	1200		800	128	180					
41	2.5			300	120	130					

农场编号	种植面积/地方亩	稻									
		人粪/C	塘泥/C	石灰/C	芝麻饼/C	草灰/C	绿肥/C	厩肥/C	菜籽饼/C	明矾/C	家禽羽毛/C
42	2.5	1080		380	250	400					
43	3	600		300	180	300					
44	2.5	1800		200	128	300					
45	4	1200		600	400	360					
46	3	1200		600	200	400					
47	4	2400		490	112	200					
48	4	2125		400	128						
49	2.4			400	160	400					
50	4	1320		340	250	600					
51	5	2375		600	220	100					
52	5.2	2880		1600	48	270	6400				
53	2.8	3750		800	170	80					
54	5			400	160	400					
55	4.2	4200		460	96	500		2200			
56	4.3	3600		500	100	400					
57	2.5	3600		500	150	200	500				
58	4.8	8400		550	100	800					
59	4	1440		800	600	500					
60	5.5	1800		1100	530	1050					
61	6	3500			240	400					
62	4	4800		800		500			480		
63	4.2	4000		400	80	500					
64	7			1400	160		8000				
65	2	1375		200	200						
66											
67	5	230		700	300	286					
68	7.2	2400		1000	380	500					
69	7.3	3600		1400	160	700		12000			
70	6.4	2400		1300	350	750		6500			
71	7	1800		1180		400	6400		350		
72	2.2			170	70						
73	7.8	3600		1250	280	500	6500				
74	9	24000		700	160	1100		9000			
75	9	2400		880		680		26000			
76	9.5	1800		2000	640	1000		6500			
77	5.6	2400		800					180		
78	8.5	2400		1700	350	400		13000			
79	1			300							
80	10	9600		1500		800		6000	800		
81	9			540	900	900					
82	3	2310	20800	600	320						
83	0.9	1440		100	100	70					

农场编号	种植面积/地方亩	稻									
		人粪/C	塘泥/C	石灰/C	芝麻饼/C	草灰/C	绿肥/C	厩肥/C	菜籽饼/C	明矾/C	家禽羽毛/C
84	5.7	1200		650	400	400		3900			
85	4	480		800	100	400					
86	2.7			600	180	250					
87	9.7	16320		600	90	650				10	
88	10	2400		1900	370	700		6500			
89	10	1200		1000	400	300	3500	2600			
90	1.5			150	60	200					
91	9	1200		900	800	1000					
92	5.3	480		820	570	430					
93	9.7			700	680	700			70		
94	14.8	4838		2800	540			12350			
95	15	1200		2700		1000	3200		800		
96	8	1800		1800	800			15120			
97	2.5	1320			250	250		6500			
98	16	6000		17		1800		19500			
99	20	3600		4000	1000	2000	6000				
100	7	2520			300			39200			
101	14			2000	480	1500		17800			
102	17			3000	560	700					200
103	12	2640		1200	660	520					
104	10			1570	600	300					
105	17			540	680					85	
总计	494.1	204028	23240	68877	23516	36066	42100	204670	2680	95	200

表 11-2（续）

农场编号	糯稻								小麦					
	种植面积/地方亩	人粪/C	芝麻饼/C	石灰/C	草灰/C	厩肥/C	菜籽饼/C	家禽羽毛/C	种植面积/地方亩	人粪/C	芝麻饼/C	草灰/C	厩肥/C	菜籽饼/C
1									0.3	840				
2									0.8	1000				
3									0.8		16			
4									0.8	1955				
5									1	1000				
6									1	600				
7									1	1200				
8														
9									1.2	960				
10														
11														
12									0.9	600				
13									1.5	1800				
14														
15														
16									0.8	1200				
17									2	1920				
18									1	1440				
19									1	1560				
20									1.6	1000				
21									1.5		90			
22									0.8	880				
23									1	1100		140		
24									1.5	1800				
25									1.6	2280				
26	0.5	375	30	50	40				2	2500				
27									0.8	600				
28														
29									1	1200				
30									1	1200				
31	0.3	240	20	30	30				0.6	840				
32									1	1800				
33	0.3	600	25	50	50				2	1800				
34	0.2			50					1.8	1440				
35									2.5	4160				
36									0.6	1540				
37									0.4	4800				
38									2.7	2400				
39									0.4	360				
40									0.6	720				
41									1	1300				

农场编号	糯稻								小麦					
	种植面积/地方亩	人粪/C	芝麻饼/C	石灰/C	草灰/C	厩肥/C	菜籽饼/C	家禽羽毛/C	种植面积/地方亩	人粪/C	芝麻饼/C	草灰/C	厩肥/C	菜籽饼/C
42									1	1200				
43									1	1200				
44									1.1	1200				
45									4	1920				
46									1.5	1080				
47	0.2	240	20	20	20				4	2160				
48														
49									0.9	770				
50	0.5	240	50	40	50				1.5	2400				
51									2	1750				
52									1.2	2640				
53									1.3	1500	70			
54	0.2	360		50					2	1200				
55									2.6	2400				
56	0.5			200	100	650			3.8	3240			1300	
57														
58									2.8	4800				
59									4	4800				
60	0.3	120	30	60	20				3	6000				
61														
62	0.5			100	100		60		1	1680				
63	0.6	1000			70				1.2	800				
64									2	3720				
65									2	2250				
66	0.6	600		100					1	1200				
67									1.25	2875				40
68	0.6	720	20	100	30				2	2400				
69	0.5	1200			60				2	3600				
70	0.5	240	50	100	100				3	3600				
71	0.5	600		100	50		50		3	4800				
72									3	2400				
73									2	2400				
74									2	2400				
75									4	6000				
76	0.5	600	40	80	50				3	3000				
77	0.5		30	100	100				4	4800				
78	0.4	600	30	50	40				3.1	3600				
79														
80									4.4					
81	0.8		50	50	50				2	2880				
82									1.4	2860			2760	
83									0.9	2040				

农场编号	糯稻								小麦					
	种植面积/地方亩	人粪/C	芝麻饼/C	石灰/C	草灰/C	厩肥/C	菜籽饼/C	家禽羽毛/C	种植面积/地方亩	人粪/C	芝麻饼/C	草灰/C	厩肥/C	菜籽饼/C
84	0.5		50	50	50				5	3600	200		1300	
85									2.5	2400				200
86														
87	0.5	1800		50	100				7	9600				
88	0.5	600	30	100	30				3	4800				
89	0.5	240	20	50	50				4	3600				
90									1.5	1800	32			
91	0.5			50	50	1300			4	1200		200	2600	
92									3.8	2880				
93									1.2	1440				30
94	1	236	32	200		1300			7	5900				
95	0.8	120	68	160	120				4	48000				
96									4	1500				180
97									2.5	2400				
98	1			100					9.5	14280				
99	1	600	50	200	100				4	6500				
100									4	3600				
101									7	4200				
102	1		100	150	100			16	6	7200				200
103	1.2			150					5	4560				
104	1.5			200	200				5.3	2600				40
105									6		60	2400		
总计	19	11331	745	2790	1760	3250	110	16	222.75	281420	468	2740	7960	690

表 11-2（续）

农场编号	大麦				黄豆			蚕豆	
	种植面积/地方亩	人粪/C	草灰/C	芝麻饼/C	种植面积/地方亩	人粪/C	草灰/C	种植面积/地方亩	草灰/C
1					0.1				
2									
3									
4									
5									
6									
7									
8	1.2	840							
9									
10									
11									
12	0.5								
13									
14									
15									
16					0.3			1	100
17									
18									
19									
20									
21	0.5	770							
22	1.4	880							
23	1	770							
24									
25									
26									
27								1	200
28									
29	0.8	480			0.6			1.1	200
30	0.5								
31	1.5	1200			0.3			0.7	
32									
33									
34	1								
35	0.7	650							
36									
37	1.6	1920	64		0.4		100		
38									
39					0.5				
40									
41	1.5	1040							
42								1	200

农场编号	大麦				黄豆			蚕豆	
	种植面积/地方亩	人粪/C	草灰/C	芝麻饼/C	种植面积/地方亩	人粪/C	草灰/C	种植面积/地方亩	草灰/C
43									
44	0.8	360			0.3			1.5	200
45									
46									
47									
48	1								
49									
50	1	840						0.5	100
51									
52									
53	1.5	2250						0.6	300
54	1.3								
55	1.6								
56	1.5								
57									
58	1	1200						0.2	
59									
60	3	2400							
61									
62									
63					0.1		20	0.3	100
64									
65									
66					0.7			0.3	50
67	0.75								
68	2								
69	2.4							0.6	
70	2								
71	1							1	100
72	1.5							0.4	
73	1	1200						0.8	200
74	4							1	200
75	2.8	1200						1.2	
76									
77								0.4	100
78									
79									
80	4.1	3840						1.5	
81	1.5	1800						0.5	100
82	1.6	1540		16					
83									
84	1.5	1200			1.3			0.9	100
85					2			2.5	500

农场编号	大麦				黄豆			蚕豆	
	种植面积 / 地方亩	人粪 /C	草灰 /C	芝麻饼 /C	种植面积 / 地方亩	人粪 /C	草灰 /C	种植面积 / 地方亩	草灰 /C
86	2.7	1200							
87	2.2	2040							
88	2								
89									
90									
91	1	480			0.5			1	200
92	1.5	480							
93	0.8	600						0.7	
94	1.5								
95	1								
96	4								
97					0.8			0.8	100
98									
99	2	840							
100	3								
101	5							2	
102	4	1200			2	2880	200	4	700
103	1				0.5			0.8	100
104	2.7							3	300
105	4	1860			10		800	7	700
总计	89.45	35080	64	16	20.4	2880	1120	38.3	4850

表 11-3　每地方亩肥料的使用种类和数量（桐庐 2）

农场编号	油菜籽					稻									
	种植面积/地方亩	人粪/C	草灰/C	厩肥/C	堆肥/C	种植面积/地方亩	人粪/C	草灰/C	堆肥/C	明矾/C	厩肥/C	石灰/C	稻草/C	菜籽饼/C	商品肥/C
1	0.2	80	40												
2	0.5	400	150												
3						3		320	10						
4						3		100	18						
5	1.4	1280			500	4		260	2200						
6						3.5		150	9						
7	1.5	1600	400	1200		3		100	20			180			
8						3		240	9						
9	2.5	800	96			4		80	12			72			
10						5		800	30						
11						4		600	27	440					
12	1	640	300			5		400	30						
13	1	480		800		5		400	19			500			
14						5		180	15						
15	1	640	240			6	640	240	20						
16	2	640				5.5		200	25			200			
17	0.5	400	80			6		320	20						
18	1	640	240			5		320					40	500	
19						4		500	12		100				
20	1.25	1600		500		5.75		400	18			200			
21	0.5					6		300	24			200			
22	1	640	240	800		7.2		370	30						
23						7.3		1300	75						
24	0.7	1600	400			6		500	20			600			
25	0.75		200			7		350	21	1200					
26	1	640				8		500	30			280			
27	2	800	240	400		8			24						
28	1.5	640	240			8.5		400	25			200			
29						9		360	36			200			
30	0.7	640	80			7		160	21			200			
31	2	800	240	400		9		800	28			150			
32						8		800	20						
33	1	960	240			8		71.1	46.2			77.8			
34						9		2090	86						
35	1	500				9.25		370	37						
36	1.25	400	480			10		640	40						
37	0.4	960	200			10		500	50			110			
38						10		800	40						
39	1.5	960	160	320	400	4.25		141.7	23.6			94.4			
40	1	1200				8		160	1000		480				
41						5.5		450	25						

农场编号	油菜籽					稻									
	种植面积/地方亩	人粪/C	草灰/C	厩肥/C	堆肥/C	种植面积/地方亩	人粪/C	草灰/C	堆肥/C	明矾/C	厩肥/C	石灰/C	稻草/C	菜籽饼/C	商品肥/C
42	1	480				9		320		30		200			
43	1	480	400			11		400		35	1200				
44						11		320		78		250			
45	2	640	300			11.5		200		50					
46	1	800	240	800		11		560		44					
47	1	640	80			6		80		50	1600				
48	3	480	400			10		1760		50					
49	2	800		640	320	5		1000	1200						
50	0.5	480		320		9		240		30		100			
51	3	640	200	1280		12				100					
52	2		300	640		13		500		50					
53	2	960			300	5		390							
54	1	800		1600		13		400		40		250			
55						12.5		700		50					
56	1.25	2000				10		1200		50		200			
57	0.5	240	80			7		560		35					
58	3	800	9600			13		2080		84		300			
59	1.5	960	160			12		400		36		200			
60	0.5	640	160	1000		8		640			1000				
61	1	640	240	800		14		460		50					
62	1.5			1600		14		480		60		300			
63	3	160	240			13.25		1868.3		179.7		449.1			
64	0.75	480	80			15		800		100		400			
65	0.25	640		500		15.5		560		102		500			
66	1.5	400		960		11		640		40		750			
67	2	960	160	800		13		240		40		300			
68	1.5	800	400			16	640			80				50	
69	1	500	500			12.25		2320		74					
70	2	480	240	640		7.5		914.6		45.7					
71	2		300	3000		15		300		45		300			
72	3	960		640		15.5		340		45		310			
73	3	2400	1000			18		1050		72		400			
74	1	320	100	640		13		338		69.3					
75	2	2560	320	2240		18		3600		72		800			
76	2	1200	180			16		200		50		200			
77	1	320	200			16		360		106					
78	2	640	200	1200		15		760			1440				
79	2	480	200	800		12		640		36	400				
80	2	1600	200	800		19		300		59		220			
81	4	800	600	2000		12		2190		60	1500				
82	2	3000				15.25		1000		48		310			
83						20		1000		90		500			

农场编号	油菜籽					稻									
	种植面积/地方亩	人粪/C	草灰/C	厩肥/C	堆肥/C	种植面积/地方亩	人粪/C	草灰/C	堆肥/C	明矾/C	厩肥/C	石灰/C	稻草/C	菜籽饼/C	商品肥/C
84	1	800	240			20		640		60		300			
85	2	400	100			18		450		180		360			
86	3	1200		1000	600	15		1500			2000				
87	2	960		1600		20		640		60		300			
88	3	800	600			24		500		70		200			
89	4.5			240		23		600		115		800			
90	4	600				25		800		100		200			
91	3	960	480	1600		25		680		77		360			
92	3	2400		1600		22.5		650		64.5		420			
93	3	1200	1200			25		700		200					
94	3	240		1920		21		735		131.2					.
95	3	2080	150			24		815.2		164		520			
96	3	1280	640	1600		27		1200		80		900			
97	6		960	800		23.5		2150		3	800				
98	1.5	1000		1000		30		600		91	2500	600			
99	1.5	640	300	1600		25.5				153	2800				
100	2			3200		30		800		180		1400			
101	4		320	1600		35		851		236.5					
102	13	20	1300	1600		38		4550		114					
总计	162.4	65700	27636	46680	2120	1241.5	1280	67644.9	4400	5410.7	17360	17003.3	500	50	

表 11-3（续）

农场编号	糯稻							小麦				
	种植面积/地方亩	草灰/C	明矾/C	厩肥/C	石灰/C	草灰和石灰/C	商品肥/C	种植面积/地方亩	人粪/C	草灰/C	堆肥/C	厩肥/C
1												
2								0.1	480	160		
3												
4												
5												
6												
7								0.5		400		
8												
9												
10												
11												
12												
13												
14												
15												
16								0.4		200		
17												
18	1		5		300							
19												
20												
21												
22												
23												
24								1.5		200		
25								0.8				
26												
27												
28	0.25	100	5					1		720		
29								0.3		240		
30												
31								1				
32								1.5	800	960		
33	1	8.9	5.8		22.2							
34	0.5	330	3									
35	0.75	30	3									
36												
37								1	640	300		
38												
39	0.25	8.3	1.4		5.6			1.5		160		
40												
41												

农场编号	糯稻							小麦				
	种植面积/地方亩	草灰/C	明矾/C	厩肥/C	石灰/C	草灰和石灰/C	商品肥/C	种植面积/地方亩	人粪/C	草灰/C	堆肥/C	厩肥/C
42												
43	0.4											
44												
45												
46	1	80	4									
47	0.75	4000	3									
48												
49								1.5		240		
50								1	320			
51												
52												
53	2	100	10		100							
54												
55												
56												
57	0.5	80	5					1		160		
58								0.5	320			
59								0.1	480	80		
60	1	80		200				1.5		560		
61												
62												
63	1.5	211.7	20.3		51			1	480	240		
64								0.5	160	80		
65												
66												
67								3	480	160		1200
68												
69	3	380	18					1		400		
70	0.7	85.4	4.3									
71	1	50	3		50							
72								2	240	160		
73												
74	2	52	10.7									
75								0.2	480	80		640
76	0.75							1				
77	1	10	6									
78								2		480		
79								2				
80	1	100	5		20							
81								2		400		400
82	1	100	5		30			1		200		
83												

· 203 ·

农场编号	糯稻							小麦				
	种植面积/地方亩	草灰/C	明矾/C	厩肥/C	石灰/C	草灰和石灰/C	商品肥/C	种植面积/地方亩	人粪/C	草灰/C	堆肥/C	厩肥/C
84												
85	2	50	20		40							
86								2	800		200	
87	2	80	6		30							
88												
89												
90												
91								0.5	400	80		
92												
93												
94	3	105	18.8									
95	1	15	4		20			1	400	50		800
96												
97	2	190						5		400		
98												
99	0.5		3	400								
100	1.5	45	9									
101	2	48.8	13.5									
102	4	480	15				8	7		7		1600
总计	39.35	6820.1	206.8	600	368.8	300	8	46.4	6480	7117	200	4640

表 11-3（续）

农场编号	黄豆				黄豆＋玉米				黄豆＋高粱	
	种植面积/地方亩	人粪/C	草灰/C	明矾/C	种植面积/地方亩	人粪/C	草灰/C	堆肥/C	种植面积/地方亩	人粪/C
1	0.5		80							
2	0.2									
3										
4	0.3									
5										
6										
7	0.5									
8	0.3		160							
9										
10										
11										
12										
13										
14										
15										
16										
17	0.05		160							
18										
19										
20										
21	0.5		100							
22										
23										
24	1.5									
25	0.8									
26										
27										
28										
29	0.3									
30										
31										
32										
33										
34	0.25									
35										
36										
37										
38										
39	1.5		80							
40	1									
41										
42										
43										

农场编号	黄豆				黄豆+玉米				黄豆+高粱	
	种植面积/地方亩	人粪/C	草灰/C	明矾/C	种植面积/地方亩	人粪/C	草灰/C	堆肥/C	种植面积/地方亩	人粪/C
44										
45	0.2		30							
46										
47										
48	1									
49	1.5									
50	0.5		80	10						
51										
52										
53										
54										
55										
56										
57	1									
58	0.5									
59										
60					1.5	400	150			
61										
62										
63										
64	0.5		60							
65										
66										
67	2	640								
68	0.3									
69					1	300				
70	0.3									
71										
72									2	
73										
74										
75	0.2			6						
76	1									
77										
78					2	400		400		
79					2					
80										
81	2		400							
82	1		100							
83										
84										
85	0.3									
86										
87										

农场编号	黄豆				黄豆 + 玉米				黄豆 + 高粱	
	种植面积/地方亩	人粪/C	草灰/C	明矾/C	种植面积/地方亩	人粪/C	草灰/C	堆肥/C	种植面积/地方亩	人粪/C
88										
89										
90										
91										
92	1		50							
93										
94	1		200							
95										
96										
97										
98	1		100							
99										
100										
101										0.5	200
102										
总计	23	640	1600	16	6.5	1100	150	400	2.5	200

表 11-4 每地方亩肥料的使用种类和数量（东阳）

农场编号	种植面积/地方单位	稻									
		人粪/C	厩肥/C	草灰/C	商品肥/C	明矾/C	牧草/C	菜籽饼/C	大麦秸/C	高粱秸/C	稻草/C
1	59	400		1000			600				
2	38	500		600							
3	39	600		800					250		
4	61	200	900	600						60	
5	54	400		1000			600		90		
6	70				12		700		121		
7	53	400		500		10			90		
8	62	600	1000	600					185		
9	52	200	500	1000					75		
10	69	200		800		11			96		
11	78	200		800		8				80	
12	94	800	1400	1000							
13	72	800		600			900				
14	82	400	700	1000							
15	82	200		400	15						
16	86	600	600	900	14						300
17	78			700		14	1200				
18	104		1200	1000		10					
19	86	200	800	1000						100	
20	70	400	600	1500						80	
21	84	600		1500	25						
22	80	400			12						
23	94	800		1200		10			135		
24	101	500		1200	14		800				
25	68	200		700					186		300
26	92	200	1500	1000		15					
27	96	400	1500	800							
28	38	200	1000	400							
29	97				15				210		400
30	105	400	500	1200							
31	130	200		700	20						
32	106	300	2000	1000		20					
33	98	600		1000	12				128		
34	110	500	800	1500							
35	103	700	2000	1500	17						
36	90	200	1500	1000							
37	114	900		1500	30		500				
38	69	400		500	20						300
39	109	900	1700	2000							
40	98	600	1000	1500	15						
41	131	800	1700	1500	16						
42	93	500		1500	30				285		
43	98	200	1500	1400		10					

农场编号	种植面积/地方单位	稻									
		人粪/C	厩肥/C	草灰/C	商品肥/C	明矾/C	牧草/C	菜籽饼/C	大麦秸/C	高粱秸/C	稻草/C
44	116	700	2000	1200	16						
45	120	1200	2000	1500	20			15			
46	94	600	1300	1000	16						
47	96	800		1200	30				280		
48	107	400		1500		30					500
49	104	500	2000	1200						80	
50	126		600	1000	20		800				
51	123		1500	1800			1200			100	
52	138	600	2000	1000							
53	157	500	2500	1500	12						
54	122			1500	14		500		100	100	
55	142	600		2000	28				220		
56	122	500	2000	1000	20						
57	130	1000	1500	600							
58	120	400	1000	1500	7						300
59	146	800	1700	1000	22						
60	148	500	1600	1400			800				
61	152	300	800	1400	15					80	
62	145	500		900	16				192		
63	169	700	2200	1000	25						
64	112	400		1200	14						
65	155		600	1000		16					
66	133	400	2000	2000	30						
67	129		1500	1000	40					100	
68	125	500		2000	25		600				
69	141		1000	1600	22						
70	159	500	3000	2000	25						
71	120	600		1500	30						700
72	145	400	2500	1500	40						
73	134	500	1000	1500	14				300		
74	156		2000	1200	30					100	
75	149	500		1500	18				399		700
76	133		500	1400	36						600
77	196	600	2800	3000	21	18				50	
78	146	600	2500	2000	35						
79	142	500		1200	40					150	
80	136	400	1500	1200	19						
81	150	600	1300	1000	15					160	
82	188	700	1500	1500	28			19			
83	195	500		2000	30						
84	230	1000		2000	30					100	
85	335	800	3000	3500	65						1000
86	318	1000	3000	4000	90						
总计	9997	38700	78800	106400	1225	172	9200	34	3342	1340	5100

表 11-4（续）

农场编号	糯稻												黄豆			
	种植面积/地方单位	人粪/C	厩肥/C	草灰/C	商品肥/C	明矾/C	牧草/C	菜籽饼/C	大麦秸/C	高粱秸/C	桐油/C	紫云英/C	种植面积/地方单位	厩肥/C	草灰/C	高粱秸/C
1													9		200	
2													25		200	
3	5	200		200									30		500	
4													9		200	
5	6	200		200									24		600	
6	9	200		200	3								25	500	300	
7													32		500	
8													25			
9													24		400	
10													13		300	
11													17		200	
12													15		300	
13													25		300	
14													18		200	
15	16				3					120	1.5					
16	14	400		300				8	100				5		100	
17													18		400	
18	7	200		200	4								16		300	
19	17	100		300	7								17		200	
20													26		400	
21													43		600	
22	30	200		500									10		200	
23	24	200		500	8								19		200	
24	12	400		300				15	132				20		500	
25	47			600	14					90			25			
26	27			500	9						2		15		200	
27	22	200		400						80			16		200	
28	65				14						6		21		400	
29	37	800		500	10								22		400	
30	20	200		400				12					15		200	
31													20		200	
32	17	100		400	5								20		200	
33	15	200		300	5								28		400	
34	7	100		200	6								30		600	
35	7	200	300					14					32		800	
36	6	800	600							45			30			400
37	13		500	200				7					28		500	
38	20	400		500	8								55			
39	14	200	200	400				1					35			
40	20	200	800	400				10					38		200	
41	24	200	500	600	7								15		100	
42	24	300		500	10			12					30		600	
43	14		600		5								48		700	

210

农场编号	糯稻												黄豆			
	种植面积/地方单位	人粪/C	厩肥/C	草灰/C	商品肥/C	明矾/C	牧草/C	菜籽饼/C	大麦秸/C	高粱秸/C	桐油/C	紫云英/C	种植面积/地方单位	厩肥/C	草灰/C	高粱秸/C
44	8	300	400	300									40		600	
45	32	400	1000	600				18					20		400	
46	24	200	500	400				14					30		700	
47	24	300		500		16							45		500	
48	32	200		600		20		12					46		400	
49	38	400		500		10		1					35		400	
50	25	400		500	15			15					30		600	
51	7	200	300	200									42		800	
52	28		500		4			6					37		500	
53	16	200	500	300									20		400	
54	32	200	800	400						3			38		200	
55	17		500	400	6								35		400	
56	50	300		1000						2		1200	38		600	
57	26	200	800	400						1			50	600		
58	24	200		500		8	600						29		400	
59	32	200	500	400		8		1					30		400	
60	22	200		400		10							23		400	
61	23	200		400		8	500						45		500	
62	52	200		600	7					3			16		200	
63	22	200	800	400				20					30		600	
64	56	200		700						6			67		500	
65	25		500	500					150				40		400	
66	45	200	800	600		20							40		400	
67	43	400		800		20				4			50		800	
68	36	200		700	10					2			50		800	
69	57	600		700		15				5			35		600	
70	46	200	1000	500	10					2			27		400	
71	82	400		1000	30					3			40		800	
72	28	200	600	700						1.5			64		600	
73	86		1200	900		20				3			50		500	
74	64		1000	800	35					4			52		1000	
75	70	400		800	14					3			57		600	
76	58	400		700	20					2			75		800	
77	58	200	700	600		24		1					35			
78	57		600	400		20				2.5			60		200	
79	95			400	7					6			47		400	
80	114			800	7	10			595				60		600	
81	107		1500	1500		20			400	3			65		400	
82	77	600	1000	800	14					2			50		400	
83	96	400	1500	500					330	9			36		400	
84	108	400	1500	800						6			34		400	
85	144	500	1000	1200		30				6			74		800	
86	138	400	1000	1000	40					8			120		800	
总计	2763	16200	24000	34800	220	376	1100	167	1557	485	96.5	1200	2895	1100	34400	400

表 11-4（续）

农场编号	玉米					红萝卜					
	种植面积/地方单位	人粪/C	厩肥/C	草灰/C	商品肥/C	明矾/C	种植面积/地方单位	人粪/C	厩肥/C	草灰/C	菜籽饼/C	盐/C
1	9	200		400			4	400		200		4
2	25	700		400		12	3	400		200	12	
3	30	1200	1000									
4	9	500	600									
5	24	800	800		9		3	400		400		
6	25	800	1300				2	200	200	100		
7	32	700		600		8						
8	25	1000	800				8	800	600	200		
9	24	800	500	400			3	400	200	100		
10	13	500	500									
11	17	400	500				4	400	200	100		
12	15	500	500									
13	25	600	500				5	400		400		
14	18	400	500									
15							3	400	300	100		
16	5	400	200				8	400	400	200		
17	18	400	500				5	700		800		
18	16	600	800									
19	17	400	500				6	400	600	200	15	
20	26	600	1000			10	4	400		500	12	
21	43	800				9	3	200		200		
22	10	200	400				7	300	300	200	8	
23	19	500	700				3	400	300	200	8	
24	20	800	800	400			6	400	300	200		
25	25	800	800		6		3	400	200	100		
26	15	500	800				4	800		500		
27	16	400	800				5	400	400	100		
28	21	600	800				3	400	200	100		
29	22	1000	900				4	600	300	100		
30	15	600	500									
31	20	600	800				10	400	500	200		
32	20	600	1500				4	400	500	600		
33	28	800	600				5	500		200		
34	30	1000	2000				4	600	400	200		
35	32	700	2200				4	400	200	200		
36	30	600	900									
37	28	400	500	600	10		3	400	300	200		
38	55	500	1000		15		3	300	300			
39	35	1300	1500			14	3	200	200	100	8	
40	38	800	2000				5	400	300	200		
41	15	500	700				5	600	200	400		
42	30	1200	1000			16	5	600	400	500		
43	48	1600	1800									

农场编号	玉米						红萝卜					
	种植面积/地方单位	人粪/C	厩肥/C	草灰/C	商品肥/C	明矾	种植面积/地方单位	人粪/C	厩肥/C	草灰/C	菜籽饼/C	盐/C
44	40	1200	1800				4	300	200	200	8	
45	20	1200	1500				4	400	300	200		
46	30	700	1600			12	3	200	200	200		
47	45	1200	900		12		5	500		200	15	
48	46	600	800	1000	20		5	200	300	200		
49	35	600	700									
50	30	1000		1500		10	3	200	200	200		
51	42	1200	1600				8	800	400	200		
52	37	1000	1300				6	600	300	400		
53	20	1200	800				8	800	800	400	20	
54	38	600	1200				5	400	300	200		
55	35	600	500	700		8	7	300	400	200	15	
56	38	800	2000				4	600	400	200		
57	50	1800	2500				7	400	400	200	8	
58	69	600	800		7		5	600	400	200		
59	30	800	1800			7	5	400	400	200	8	
60	23	500	800			5	4	400	400		10	
61	45	800	1000				3					
62	16	600	500									
63	30	800	1600				4	300	400	200		
64	67	600	1500		7							
65	40	1200	1600			8	10	600	400	200		
66	40	800	1500			10	4	400	200	200		
67	50	1000	2000			5	5	400	300	200		
68	50	800		2000		20	4	600		600		
69	35	800	1500				3	200		200		
70	27	600	1500				3	200	300	300		
71	40	500	800	600	20		3	300		300	10	
72	64	1000	2000				3	300	200	200	15	
73	50	800	1500			11	4	400	200	200		
74	52	1200	1800		25		5	400	300	200		
75	57	1800	1400		10		10	1000	400			
76	75	1600	1000	1500		28	5	400	300	200	16	
77	35	700	2000		12		3	300	200	200		
78	60	800	2000		12		5	400		300	10	
79	47	800	1300				10	400	500	200		
80	60	1600	2500			13	5	300	400	200		
81	65	800	1500			10	7	400	300	200		
82	50	1200	1800		14		4	200	300	200		
83	36	600	800				5	300	300	300	10	
84	34	700	1200			12	6	600	600	200		
85	74	1200	800	1500			9	500		400		
86	120	1000	2500	1200		40	10	600	500	400	20	
总计	2935	68200	91700	12800	173	274	360	31000	19300	17000	228	4

· 213 ·

表 11-4（续）

农场编号	大麦					小麦					油菜				
	种植面积/地方单位	人粪/C	厩肥/C	草灰/C	商品肥/C	种植面积/地方单位	人粪/C	厩肥/C	草灰/C	商品肥/C	种植面积/地方单位	人粪/C	厩肥/C	草灰/C	高粱秸/C
1	20	500		2000	7	34	600	800	400						
2						23	500		400	8	5	300			
3	25	600	600	2000		30	700	1200	400		5	300	300		
4	9	400		200		36	700	1500	400						
5	15	500	600	400		28	700	600	500		6			600	
6	22	900		1500		20	1000	500	300						
7	18	700		300	3	30	800		500	7	4	200		200	
8	37	900	700	400		25	800	600	300						
9	15	500		500	3	26	800		200	6					
10	16	1200	600	300		21	1000	800	400						
11	36	700		400	7	24	500	500	300		5	200		200	
12	28	1300	700	300		32	800	900	400		5	900	500		
13	40	800		700		25	500	400	200						
14	24	600	600	1200		28	600	900	400						
15	20	800	800	2000		16	500	300	500						
16	20	800	500	400		34	1000	900	300		7	400	300		
17	34	700		1000	20	27	600	600	400		7	400	400	200	
18	24	900	1000	400		34	1400	1600	1500		5	400	600		
19	36	500	1200	400		17	300	800	200		6	400	500		40
20	42		1200	2500	30	28	800	600	300		7	400	300		
21	10	400		100		43	500		500	10					
22	20	800		200		17	600	600	200						
23	27	600	500	400		20	800		2000		4	400	400	200	
24	22	700		2000		37	1400	1000	400		6	400	200	300	
25	31	900		500	7	14	500		200						
26	33		1200	400	16	27	600	700	400						
27	33	600	1000	3200		16	200	600	200						
28	45	800	800	600		21	400	500	300		5	400	200		
29	30	1200		2400		28	800	500	400		9	400	400	200	
30	18	300	600	200		35	600	1300	400		5	400	300		
31	35	800	1200	600		32	1000	1300	600		5	400	400		
32	32	500	1300	1500		40	800	1000	500						
33	32			800	7	37	900		400		5	300	500	200	
34	20	500	800	2000		35	800	800	400						
35	25	700	1200	400		46	1000	2800	500		4	400	400		
36	27	1200	800	300		30	1000	800	300		5	400	400		
37	25	800		1200	12	33	1200	900	400		5	600	300		
38	15	200		200		40	600		500	22	5	300	300		
39	27	500	1000	400		49	800	1600	500		3	300	200		
40	18	500	600	200		47	1600	2500	600		4	600	400	200	
41	16	800	800	200		37	1200	1500	500						
42	57	800		3000	30	30	600	800	600		7	400	400		
43	48	700	1000	600		30	800	1200	2200		7	400	400	200	

农场编号	大麦					小麦					油菜				
	种植面积/地方单位	人粪/C	厩肥/C	草灰/C	商品肥/C	种植面积/地方单位	人粪/C	厩肥/C	草灰/C	商品肥/C	种植面积/地方单位	人粪/C	厩肥/C	草灰/C	高粱秸/C
44	35	1200	1500	500		42	1000	1600	500		5	400	400		
45	35	800	2500	500		42	1000	1000	500		8	400	400		
46	24	800	800	400		37	600	1300	600		4	400	300	200	
47	40	800		2000	15	45	1000		2000	17	6	200	500	200	
48	52	500		3000	35	46	500	800	500		5	200	200	200	
49	40	800	1600	800	7	35	700	700	400		5	400	500		
50	48	800		2000	30	35	800	700	500		6	500	400	200	
51	40	1200	1000	800		35	500	800	2000		4	400	200	200	
52	43	800	2500	500		48	800	1600	500		6	400	400	200	
53	58	1000	2000	2500	30	36	800	1500	500		9	400	400	200	
54	42	800	800	600		40	800	1000	400		8	600	400		
55	44	600	400	400	16	30	800	600	400		7	400		300	
56	53	800	1500	1000	10	38	800	1000	500						
57	32	1800	800	1500		45	1300	1800	600		5	400	400	300	
58	36	800	700	400		38	1000	800	600		5	500	300		
59	45	1200	1600	600		58	1500	2800	800	23	8	300	500		
60	50		1000	800	20	46	900	1500	2000		5	400	300		
61	38	1200	1600	3000		40	800	900	500		6	600	400		
62	32	1000		2000		16	600	500	200		6	400	300	200	
63	62	900	1200	800	14	30	1000	800	400		7	200	500	200	
64	36	500	800	400		40		1200	500	8	5	200	400		
65	65	800	400	1200		40	1000	800	400		12	200	500	200	
66	68	1200	1500	700	16	37	700	800	500		9	400	800	400	
67	42	800	1000	2000		38	500	1000	400	10	6	400	500	300	
68	50	800		800	25	36	800	1000	3000		6	400	500		
69	50		2000	3000	18	44	1200	1000	500		8	400	500		
70	60	800	3000	1000	20	27	600	1200	400		7	200	300		
71	67	1200		2000	28	40	600	800	800	22	6	200	400	200	
72	82	1400	3000	1000	20	44	800	1000	500		5	300	400	200	
73	50	1000	800	800		26	500	600	300		6	600	400		
74	74	1500	2000	800	28	37	1000	1200	2000	20	10	400	400		
75	57	1400	1200	600		30	1000		1500						
76	64	1200		4000	24	25	500	800	300		9	500	400		
77	66	1400	3500	800		35	900	1500	700		5	400	400	200	
78	77	1500	2000	800	30	60	800	1000	600	15	8	200	400		
79	45		800		7	47	800	1000			10	400	500		
80	85	800	2000	4000	14	30	800	1000	600		4	600	400		
81	85	1500	2000	1000	14	20	800	700	2000		7	600	700		
82	84	1500	2600	3000		30	700	1000	500		10	400	500		
83	66	1000	1500	3000		20	800	800	200		7	400	300		
84	76	1300	1600	3000		37	600	700	300		9	200	500	300	
85	150	1000	1500	2000	20	98	1000	2000	1000		12	400	500		
86	150	1500	4000	2000	30	90	1000	1500	1000		10	800	500	200	
总计	3625	69500	80000	100300	613	2995	67900	78200	53700	168	427	26100	25100	6900	40

表 11-5 每地方亩肥料的使用种类和数量（余姚）

农场编号	蚕豆						大麦				大麦		棉	
	种植面积/地方亩	缸沙/C	河泥/C	堆肥/C	厩肥/C	水草/C	种植面积/地方亩	人粪/C	河泥/C	厩肥/C	种植面积/地方亩	人粪/C	种植面积/地方亩	人类/C
1	4	40					0.9	3510					6.3	2700
2	6						1	3250					6.5	
3	5.5	62					1	3900					7.4	2600
4	6.5	72					1	3380					8.5	2400
5	5.2	42					0.8	3900			1	3900	6.6	3600
6	8.3						0.5	1950			0.2	650	8.8	
7	7	60					0.5	1950					8.5	3300
8	5.5	56					1	3900					7.5	2400
9	6.5						1	3250					9	1900
10	8	87					1	2730					8.5	
11	7.5						0.5	1300			1	3250	9	
12	6	70					0.5	1300			1	3900	8.5	4200
13	5	54					0.5	1560					5	3000
14	3	30					0.5	1560			1	3900	8.5	3400
15	3.5	41					0.5	1950			1	3250	6.5	2000
16	7						0.5	1950			1	3900	9	u
17	7.5	60					0.5	1950					9.2	
18	9.5						0.5	1200					10.9	
19	7	96					0.5	1950					10	
20	6.5	83					0.5	1560					9.4	4200
21	9.5						0.5	1400					10	
22	9.5	87					0.5	1300					9.8	
23	6.5						0.5	3600			1	2880	8.5	
24	8.5	83					1	3500					9.9	
25	6	60					1	3900					9	3600
26	6.4	73					1	4160			0.6	2340	9.4	4000
27	8.5	83					0.5	3000			1	2400	9	
28	7.5	80					0.5	1950			1	3250	9	2000
29	5.5	64					1	3900			0.5	1950	8	4200
30	7.6	90					0.5	1680			2	6000	9.9	4000
31	6	60					1	3600					9.3	4000
32	8.5	100					0.5	1560			2	7800	10	
33	5.5	65					0.5	2800					9.8	12000
34	7	44		180			1	2800					10.4	3400
35	11.5	80					0.2	2600					11.9	
36	8						0.5	3600					10	3200
37	9.5												9.9	3600
38	7			100			1.5	5200					10	2300
39	8	80					1	6500					10.9	4000
40	10	104											12	9000
41	9.5	83									0.5	2100	11	2000

农场编号	蚕豆						大麦				大麦		棉	
	种植面积/地方亩	缸沙/C	河泥/C	堆肥/C	厩肥/C	水草/C	种植面积/地方亩	人粪/C	河泥/C	厩肥/C	种植面积/地方亩	人粪/C	种植面积/地方亩	人类/C
42	11	160					0.5			2100			11.5	3000
43	6.5	80					0.5	1800					10	6500
44	8	83					1	3640					10.8	3800
45	9	83					1	2400					12	2900
46	9.95	156					1	4200					10.95	
47	8.9	116					1	2800			0.5	700	11	
48	8.5	85					0.5	1950			1	3900	11.4	4400
49	8	83					1	3900					10	6000
50	10	111					0.5	1680					12.8	12000
51	7.5	83					1	3900			0.5	3120	10.9	4400
52	6.2	65					1	3900			1	3900	10	6000
53	6	80	180000				0.8	2080	45000				10	6000
54	7.6						1	2800					12	9000
55	8.5	85					0.5	1300			2	7020	10.5	4300
56	8	83					1.5	5200					11	4400
57	6.5	70					0.5	1800			1	3600	11.3	6000
58	9.5	111					1	3250					11.5	4200
59	8	80					1	2800					11.5	6720
60	9	90					1	3900					12.5	6200
61	6.8	63					1	3900					10.2	3000
62	7	80					1	3900			0.5	2600	10.5	7400
63	9.5						0.5	2100					12.5	8000
64	5	83					1	2900			2	5600	12.4	6600
65	7	73					1.5	5460			0.5	1950	13.5	5200
66	10	104					1	2600					12.4	3600
67	8.5	80					1	3600			1	3600	13.2	4000
68	8	833	30000			6000	1	4200					13.85	9000
69	10						1	3250					13.3	3800
70	12	120	270000				1	2400			1	2400	10.5	
71	8.5	111	125000				1	2400					11.05	8000
72	11	104					1	3600					11.9	15000
73	7.5	130					1	5200			0.5	3250	13.4	8400
74	9	56					1						14.6	12000
75	10	104					1	3900			1	3900	12	6400
76	13	178					1	4900			2	9520	16.1	u
77	8.5	102					0.5	1800			0.5	1800	12	11250
78	8		140000				1	2800					12	5200
79	10.5	111					0.5	1950			1	3900	15.4	6400
80	10		150000				1	3250					14.8	10500
81	11						1	3600			1	2400	17	135000
82	11.5										2	5200	13	
83	10.2	100					1	3360					15	8300

农场编号	蚕豆						大麦				大麦		棉	
	种植面积/地方亩	缸沙/C	河泥/C	堆肥/C	厩肥/C	水草/C	种植面积/地方亩	人粪/C	河泥/C	厩肥/C	种植面积/地方亩	人粪/C	种植面积/地方亩	人类/C
84	11	121					1	3900					13.2	6800
85	10.6	104					1	3900			2	2400	16.4	9000
86	12	130					1.5	5400			0.5	1800	16	6000
87	12	120					1	3900					16	6400
88	14	148					1	3380					17.4	8500
89	12	125					1	3900					17	8000
90	10.5	100					0.5	1800			2	7200	14	
91	13.5	134					1	3510					17.5	7200
92	17.5	160					1	6500			1	3900	18.8	7500
93	8.5	100					1	3600			0.5	1800	13	5000
94	11	120					2	6500					16	8500
95	15.5	160					1	4210					19.6	12750
96	10		210000				1	3000	45000				17	8400
97	21.5	6					1	3250					22.9	11000
98	17	180			100		1	3640					19	
99	14.1	146					1	4200			0.5	2100	18.6	8400
100	12	120					1	3000					20	13500
101	14	146					1.5	10400					18.7	8800
102	13	141	50000				1	3600	5000				16.8	9000
103	12	120					1	2600					20	10000
104	15	177					1	3780			1	3780	24.3	15000
105	9	100					1	3510			2	7800	13.3	13000
106	18.2	208					1.6	9800			0.7	2800	22.75	7000
107	14.5	31					1	3900					20	7600
108	14	140					2	7800					22	12700
109	17	167					1.5	5850					24	15800
110	17	200					1	3900					24	12000
111	15.5	160	280000				1	3900			2	7800	19.8	8000
112	15	150				750	1	4200					23.7	22500
113	21	208					2	6500					27	8200
114	13	125					1	3900			1	3900	24.6	10900
115	14.5	167					2	7800			0.5	1950	23	13600
116	27.5	444			200		1	2800					32	10000
117	23	200					2	6500					31.4	12000
118	24.5	313				1250	1.5	6300			1	3500	34.4	30000
总计	1180.55	11396	1435000	280	300	8000	106.3	394050	95000	2100	48.5	170560	1597.7	822920

表 14-1　农作物的地方亩产量（汤溪）

农场编号	小麦					大麦					晚稻				
	种植面积/地方单位	总产量/C	通常产量/(C/地方单位)	丰年产量/(C/地方单位)	最高产量/(C/地方单位)	种植面积/地方单位	总产量/C	通常产量/(C/地方单位)	丰年产量/(C/地方单位)	最高产量/(C/地方单位)	种植面积/地方单位	总产量/C	通常产量/(C/地方单位)	丰年产量/(C/地方单位)	最高产量/(C/地方单位)
1	0.6	150	200	350	350	0.4	116	210	350	350					
2	0.5	150	250	350	350	0.5	150	250	350	350					
3	0.5	100	150	250	250	0.5	100	150	250	250					
4	0.25	60	250	350	350	0.65	200	250	350	350	0.5	400	700	900	900
5	0.8	200	200	250	250	0.45	150	220	350	350					
6	0.75	250	250	450	450	0.6	230	250	420	420	0.6	400	600	800	800
7	0.6	80	150	250	250	0.8	250	220	320	320					
8	0.7	90	120	190	190	0.4	150	250	400	400					
9	0.6	120	200	300	300	0.7	150	200	300	300					
10	0.4	140	200	400	400	1.2	320	200	380	380					
11	0.5	80	150	350	350	0.95	150	150	350	350	0.9	700	700	1200	1200
12	0.4	145	250	400	400	1.4	320	220	400	400					
13	0.2	70	250	350	350	1.4	500	250	360	360					
14	0.9	220	200	300	300	1	250	200	300	300					
15	0.5	100	180	250	250	0.5	100	180	250	250	1	700	700	900	900
16	0.5	120	200	380	400	1.5	280	220	380	400	0.5	420	700	950	950
17	1	250	200	260	260	1.4	350	200	260	260					
18	1	280	250	400	400	1.3	330	240	400	400					
19	0.65	150	200	280	280	1	200	200	300	300	1	800	800	1000	1000
20	0.8	50	150	200	200	2	250	150	200	200	0.6	700	900	1200	1200
21	1	300	200	350	350	1.3	400	200	380	380	0.5	500	900	1200	1200
22	0.7	160	200	350	350	1.5	330	200	350	350	1.2	1100	800	1000	1000
23	0.6	200	280	380	400	0.7	130	180	320	320	1.9	1700	800	1100	1100
24	0.8	200	200	450	450	2.4	800	250	450	450					
25	0.5	50	100	200	200	2.05	200	100	200	200	1.6	1300	800	1200	1200
26	0.4	100	200	300	300	2.8	250	200	300	300	1.5	1350	800	1100	1100
27	1.3	340	200	300	300	2	500	200	300	300					
28	1.5	500	280	450	450	2.1	600	240	400	400					
29	0.25	60	220	400	400	1.65	580	250	450	450	1.5	1100	650	900	900
30	1.2	340	200	350	350	1.8	600	200	380	380	0.6	600	900	1300	1300
31	0.3	60	250	400	400	1	200	250	400	400	1.5	1200	650	900	900
32	1	240	200	350	350	2.4	600	200	350	350					
33	0.8	100	120	250	250	1.8	430	210	250	250	2	1300	650	1000	1000
34	1.2	400	200	400	400	1.7	500	200	380	380	1	1080	920	1300	1300
35	0.8	180	200	350	350	2.45	460	150	300	300	1	800	800	1100	1100
36	0.8	100	100	200	200	1.7	450	200	350	400	1.9	1600	800	1200	1200
37	2	500	200	400	400	2	480	200	400	400					
38	1	200	200	300	300	1.4	400	220	330	350	1.8	1750	950	1200	1200
39	1.6	450	200	400	400	2.4	680	200	400	400	0.4	320	700	1000	1000
40	1.6	630	290	425	425	2.7	700	200	380	380					

农场编号	小麦					大麦					晚稻				
	种植面积/地方单位	总产量/C	通常产量/(C/地方单位)	丰年产量/(C/地方单位)	最高产量/(C/地方单位)	种植面积/地方单位	总产量/C	通常产量/(C/地方单位)	丰年产量/(C/地方单位)	最高产量/(C/地方单位)	种植面积/地方单位	总产量/C	通常产量/(C/地方单位)	丰年产量/(C/地方单位)	最高产量/(C/地方单位)
41	1.4	400	220	420	420	1.8	500	230	420	420	1	700	600	900	900
42	1	350	250	420	420	2.6	860	250	430	430	1	800	700	900	900
43	1.4	430	240	360	360	2.5	650	200	350	350	1.4	1100	650	1000	1000
44	1.5	380	200	300	300	2	500	200	300	300	1.8	1200	650	800	970
45	0.95	440	300	460	460	4.3	1300	200	300	300					
46	0.6	150	150	350	350	3	700	150	350	350	3	2500	700	1000	1000
47	1	240	200	300	300	3.4	500	150	300	300					
48	0.8	100	150	200	200	1.15	200	150	200	200	3.5	2450	700	900	900
49	1	80	120	180	180	2.6	350	120	200	200	3.6	2880	800	1000	1000
50	0.6	200	280	400	400	3.3	1000	250	400	400	2.5	2700	900	1200	1200
51	1.4	335	175	240	240	2.6	700	200	300	300	1.5	1200	700	900	900
52	1.5	300	150	250	250	3	700	150	280	280	3	3000	800	1100	1100
53	1.7	480	220	350	350	2.2	630	220	350	350	1.6	1300	650	900	900
54	2	400	200	400	350	3	600	200	400	350					
55	2	700	200	400	350	3	1030	200	400	350	1.6	1500	880	1300	1200
56	0.8	80	180	300	300	2.3	500	180	300	300	3	2500	740	1000	1000
57	2.2	600	240	350	350	3	800	240	350	350					
58	0.8	120	150	250	250	3.4	680	150	250	250	3	3200	900	1200	1200
59	1.5	200	150	230	230	2.7	550	200	250	250	3	2100	700	900	900
60	1.6	400	200	350	350	2.2	550	200	350	350	3.8	3800	850	1300	1300
61	2.2	700	250	400	400	2	650	250	400	400	2	1500	700	800	800
62	1.8	450	200	300	300	2.8	800	200	300	300	1.4	1100	750	930	950
63	1.7	500	250	400	400	3.7	1200	250	425	425	3	2500	600	1000	1000
64	1.5	300	200	300	300	2.5	500	200	300	300	3	2100	700	900	900
65	0.8	150	150	300	300	3.6	800	200	400	400	4.1	2600	700	1000	1000
66	2	400	150	300	300	3.6	540	150	300	300	2.7	1900	700	950	900
67	1.4	350	200	320	320	3.5	1100	250	350	350	4	2800	650	900	900
68	1.6	150	200	300	300	1.9	500	200	300	300	2.9	2600	800	1000	1000
69	1.7	200	150	250	250	5.3	700	150	250	250	3.9	2600	700	1100	1200
70	0.8	150	200	250	250	3.25	600	190	250	250	4.05	3200	700	1000	1000
71	2	500	220	350	350	4.7	1500	250	350	350	2	1500	550	900	1000
72	2	380	180	300	300	3.2	700	200	300	300	5.6	4200	700	900	900
73	1.5	250	150	220	220	2.3	460	180	250	250	5	3850	750	900	900
74	2	600	250	400	400	4	1000	200	300	300	6	4200	800	900	1000
75	2	500	200	350	350	5	1300	200	350	350	3	2400	700	1000	1000
76	1.2	200	150	220	220	2.2	400	150	250	250	6.5	4800	700	900	950
77	1.5	300	150	350	350	5.1	800	150	350	350	4	2400	750	1000	1000
78	3.1	1050	250	380	380	6.3	2200	250	380	380	1.3	1000	700	950	1000
79	2.5	640	200	300	350	4.9	1400	220	350	350	4.2	3200	700	1000	1000
80	2.5	500	200	250	250	3.6	1050	200	300	300	4	3500	700	1000	1000
81	3.5	880	200	250	250	3.6	900	200	250	250	4	2800	600	850	850

农场编号	小麦					大麦					晚稻				
	种植面积/地方单位	总产量/C	通常产量/(C/地方单位)	丰年产量/(C/地方单位)	最高产量/(C/地方单位)	种植面积/地方单位	总产量/C	通常产量/(C/地方单位)	丰年产量/(C/地方单位)	最高产量/(C/地方单位)	种植面积/地方单位	总产量/C	通常产量/(C/地方单位)	丰年产量/(C/地方单位)	最高产量/(C/地方单位)
82	3.6	920	220	400	400	5.5	1600	250	450	450	1.2	960	700	1000	1000
83	1.4	300	200	350	350	5.8	920	180	350	350	5.5	5700	900	1200	1200
84	1.6	350	180	250	250	4	850	180	250	250	7	6500	850	1300	1300
85	3	300	150	200	200	4.4	450	150	200	200	6	3600	600	800	800
86	1.5	250	150	250	300	5.2	700	140	200	250	6	3600	600	900	900
87	2	500	200	300	300	3.6	870	200	300	300	7	5000	700	950	950
88	2	300	150	200	200	7.1	560	130	200	200	5.8	3800	600	900	900
89	2.5	330	150	280	300	3.7	600	150	300	350	6	5000	750	1000	1000
90	2	300	120	220	220	5.6	1100	150	250	250	7	5000	700	900	900
91	5.9	1500	200	250	250	6	1500	200	250	250	0.6	400	650	850	850
92	2	400	200	400	350	6.3	1250	180	400	350	8	4800	700	900	900
93	1.2	150	100	200	200	8.6	1100	100	200	200	7.4	4800	720	1000	1100
94	3.5	800	200	250	250	11	2500	200	250	250	8	6000	700	950	950
95	3	550	150	300	300	10	2000	150	300	300	10	7200	700	1000	1000
96	5	1550	250	320	320	6.7	1340	120	200	200	7.5	4200	500	700	700
97	2	250	100	150	150	9.3	760	80	150	150	8.5	6000	650	1000	1000
98	5	750	150	220	220	9	1350	150	220	220	10	7000	650	980	980
99	2.6	400	160	250	250	12.3	1850	160	250	250	10	9000	850	1200	1200
100	5.5	1600	200	320	320	10	2500	200	300	300	14	11200	800	1000	1000
总计	151.85	34950	19345	31425	31435	321.7	70036	19410	31945	31985	273.95	209260	56080	77160	77700

表 14-1（续）

农场编号	小米					荞麦					油菜籽				
	种植面积/地方单位	总产量/C	通常产量/(C/地方单位)	丰年产量/(C/地方单位)	最高产量/(C/地方单位)	种植面积/地方单位	总产量/C	通常产量/(C/地方单位)	丰年产量/(C/地方单位)	最高产量/(C/地方单位)	种植面积/地方单位	总产量/C	通常产量/(C/地方单位)	丰年产量/(C/地方单位)	最高产量/(C/地方单位)
1	0.2	100	450	700	700										
2	0.3	100	400	600	600										
3	1	400	400	600	600										
4	0.4	150	400	600	600										
5	0.85	280	350	500	500										
6	0.5	240	500	700	700										
7	0.4	200	400	700	700										
8	0.5	250	500	700	700										
9	0.3	150	500	700	700						0.2	30	u	u	u
10	0.8	165	400	600	600										
11	0.6	200	300	550	550						0.3	40	100	150	150
12	1	350	400	600	600										
13	1.2	500	400	650	650										
14	0.5	200	400	600	600										
15	0.7	100	200	300	300										
16	0.9	200	450	700	700										
17	1.5	750	430	700	700										
18	1	400	400	700	700										
19	0.6	50	200	250	250	0.05	20	250	450	450	0.5	50	100	150	150
20	1.4	140	300	350	350										
21	1.5	500	300	550	550						0.3	43	100	180	180
22	1.6	600	350	550	600										
23	0.3	240	600	900	900	1	100	100	150	150					
24	1.6	550	400	650	650										
25	1.2	350	300	500	500						0.3	20	80	120	120
26	0.9	200	300	400	400										
27	1.4	500	350	600	600										
28	1.6	630	400	650	650										
29	1	600	400	800	800										
30	1.4	500	300	550	550										
31	0.2	100	500	700	700										
32	2	950	500	700	700						0.4	32	100	150	150
33	0.7	300	400	600	600						0.2	25	u	u	u
34	1.5	600	300	550	550						0.4	50	100	150	150
35	0.8	250	300	500	550	0.5	60	100	170	180	0.4	70	120	220	220
36	1.5	350	300	500	500	0.4	60	150	200	200	0.4	50	100	180	180
37	2	700	450	700	700										
38	1.2	200	250	300	350						0.3	37.5	110	160	160
39	2	750	500	700	700						0.4	50	120	200	200
40	1.7	950	500	750	750						0.2	10	u	u	u

农场编号	小米					荞麦					油菜籽				
	种植面积/地方单位	总产量/C	通常产量/(C/地方单位)	丰年产量/(C/地方单位)	最高产量/(C/地方单位)	种植面积/地方单位	总产量/C	通常产量/(C/地方单位)	丰年产量/(C/地方单位)	最高产量/(C/地方单位)	种植面积/地方单位	总产量/C	通常产量/(C/地方单位)	丰年产量/(C/地方单位)	最高产量/(C/地方单位)
41	1.6	750	400	650	650						0.4	0	u	u	u
42	1.6	600	400	600	600										
43	1.5	740	450	700	700										
44	1.8	800	400	700	700						0.4	50	100	200	200
45	1.6	300	400	600	600										
46	1	300	300	650	650	0.3	30	100	140	150	0.4	40	100	180	180
47	1.8	650	350	600	600						0.4	32	100	150	150
48	0.6	200	300	550	600	1.8	200	100	150	150	0.4	70	150	200	200
49	1	300	300	500	500						1	80	90	140	150
50	2.4	1100	380	600	600						1	100	100	150	150
51	2.4	1200	400	700	700										
52	1.2	650	400	600	600	0.9	100	100	150	150	0.5	30	80	150	150
53	1.9	760	400	600	600										
54	2.5	900	450	650	650										
55	1.9	800	350	650	600						0.4	50	100	200	200
56	2.6	450	250	300	300						0.5	45	100	150	150
57	2	800	450	600	600										
58	1.5	600	300	500	550						0.5	50	100	150	150
59	2	800	400	550	550						0.8	80	100	150	150
60	1.2	450	350	600	600	0.8	100	100	150	150	1	80	100	180	180
61	1.8	500	400	600	700						0.3	37	100	200	200
62	2.7	400	400	700	700	0.2	15	u	u	u	0.2	35	u	u	u
63	1.8	1000	500	700	700										
64	1.7	700	400	600	600	1	50	100	150	150	0.8	100	100	180	180
65	1.5	400	300	600	650	0.2	20	100	150	150	0.5	60	100	200	200
66	2	700	300	600	500	0.1	30	200	350	300	0.3	60	150	250	220
67	2.8	760	250	400	400	0.8	100	100	180	180	0.3	50	100	200	200
68	2	600	300	500	500	1.1	100	100	150	150	0.7	70	100	150	150
69	1.4	600	400	600	600	0.4	50	100	200	200	0.5	100	150	220	250
70	2.2	1000	400	600	600	2.1	210	100	150	150	2	95	100	200	200
71	3	1500	500	700	700										
72	2	800	400	600	600	0.7	100	100	200	200	0.5	31	100	150	150
73	1.5	450	300	500	500	1.0	150	120	200	200	1	100	100	150	150
74	2	1000	400	600	600	0.8	80	100	150	150	0.9	83	100	150	150
75	3.4	1400	400	600	600						1	150	100	150	150
76	1.5	200	150	200	200	1.5	120	100	150	150	0.8	95	100	150	150
77	3.2	800	250	400	450	0.5	80	100	200	200	0.8	80	100	140	140
78	4	1600	450	600	600										
79	2.5	1400	450	650	650	0.8	120	100	200	200	0.8	110	120	180	200
80	3	1200	400	600	600										
81	3	1500	450	700	700						0.4	80	150	240	250

农场编号	小米					荞麦					油菜籽				
	种植面积/地方单位	总产量/C	通常产量/(C/地方单位)	丰年产量/(C/地方单位)	最高产量/(C/地方单位)	种植面积/地方单位	总产量/C	通常产量/(C/地方单位)	丰年产量/(C/地方单位)	最高产量/(C/地方单位)	种植面积/地方单位	总产量/C	通常产量/(C/地方单位)	丰年产量/(C/地方单位)	最高产量/(C/地方单位)
82	4.5	2150	500	650	650										
83	3.3	850	300	500	500	0.8	50	80	120	120	1	80	80	180	180
84	2	600	300	500	500	1.2	150	120	180	180	2	176	90	140	140
85	3	900	300	600	600	1.5	150	100	200	200	1	80	100	160	160
86	3.5	1050	300	500	500	1	80	100	180	180	1	100	80	140	150
87	3	1200	400	500	500						1.6	100	80	120	120
88	2.3	710	300	400	450	1.4	90	80	100	100	1	75	80	110	110
89	3	1200	400	600	600	1	70	100	150	150	1.5	160	100	150	150
90	4	1600	400	500	500						1.1	70	80	130	130
91	5	3000	600	700	700										
92	3.5	1100	350	400	400	1	80	100	140	140	1.5	150	100	150	150
93	4	1600	400	600	600	1.5	120	100	130	150	0.8	100	100	150	150
94	5.7	2000	300	500	500	1	100	100	140	140	1.5	130	90	150	150
95	4	2000	350	500	500	1.1	120	100	150	150	2	150	80	150	150
96	6.1	2320	300	750	750						1.5	150	150	200	200
97	4	1350	300	450	450	1.2	120	80	150	150	1	80	100	150	140
98	4	800	200	300	300	2	150	70	100	100	1.5	120	100	150	150
99	6	3000	300	700	700	2	200	80	150	150	3	170	90	160	160
100	4.5	1350	300	450	450	1	100	100	200	200	1	100	100	150	150
总计	199.25	75185	37310	58000	58350	34.65	3475	3730	6080	6070	47.8	4541.5	5620	9110	9150

表 14-1（续）

农场编号	花生					籽棉				
	种植面积/地方单位	总产量/C	通常产量/(C/地方单位)	丰年产量/(C/地方单位)	最高产量/(C/地方单位)	种植面积/地方单位	总产量/C	通常产量/(C/地方单位)	丰年产量/(C/地方单位)	最高产量/(C/地方单位)
1										
2										
3										
4										
5										
6										
7	0.1	50	u	u	u					
8										
9	0.1	50	u	u	u	0.2	20	u	u	u
10										
11										
12										
13										
14										
15										
16										
17										
18										
19										
20	0.8	100	u	u	u					
21										
22										
23										
24										
25										
26										
27	0.05	20	u	u	u					
28										
29										
30										
31										
32										
33										
34										
35										
36						0.1	10	100	150	150
37	0.2	45	u	u	u					
38										
39										
40										
41	0.1	30	u	u	u					

农场编号	花生					籽棉				
	种植面积/地方单位	总产量/C	通常产量/(C/地方单位)	丰年产量/(C/地方单位)	最高产量/(C/地方单位)	种植面积/地方单位	总产量/C	通常产量/(C/地方单位)	丰年产量/(C/地方单位)	最高产量/(C/地方单位)
42										
43										
44	0.05	8	u	u	u	0.05	7	u	u	u
45	0.3	120	u	u	u					
46										
47										
48	0.4	100	u	u	u					
49										
50	0.3	100	u	u	u					
51	0.1	50	u	u	u	0.04	5	u	u	u
52										
53	0.1	20	u	u	u					
54	0.2	70	u	u	u					
55	0.3	200	u	u	u					
56										
57	0.1	30	u	u	u					
58										
59						0.2	20	u	u	u
60										
61										
62	0.1	29	u	u	u					
63										
64										
65										
66										
67										
68										
69	0.4	80	u	u	u	0.3	16	100	120	120
70	0.4	100	400	700	700					
71	0.2	70	u	u	u					
72										
73										
74										
75										
76										
77						0.1	8	100	150	150
78										
79	0.8	600	u	u	u	0.2	40	u	u	u
80										
81	0.1	25	u	u	u					
82	0.1	30	300	500	500					
83										

农场编号	花生					籽棉				
	种植面积/地方单位	总产量/C	通常产量/(C/地方单位)	丰年产量/(C/地方单位)	最高产量/(C/地方单位)	种植面积/地方单位	总产量/C	通常产量/(C/地方单位)	丰年产量/(C/地方单位)	最高产量/(C/地方单位)
84										
85										
86										
87										
88	0.3	50	150	220	220	0.4	22	85	140	140
89						0.2	30	100	180	180
90										
91	0.3	80	350	500	500	0.3	50	150	250	220
92										
93										
94										
95										
96						0.7	70	100	200	200
97						0.3	10	u	u	u
98						0.2	20	u	u	u
99	1	500	300	800	800	0.2	20	100	150	150
100						0.4	40	100	150	150
总计	6.9	2557	1500	2720	2720	3.89	388	935	1490	1460

表 14-2 农作物的地方亩产量（桐庐 1）

农场编号	小麦					稻					大麦				
	种植面积/地方亩	总产量/C	通常产量/(C/地方亩)	丰年产量/(C/地方亩)	最高产量/(C/地方亩)	种植面积/地方亩	总产量/C	通常产量/(C/地方亩)	丰年产量/(C/地方亩)	最高产量/(C/地方亩)	种植面积/地方亩	总产量/C	通常产量/(C/地方亩)	丰年产量/(C/地方亩)	最高产量/(C/地方亩)
1	0.3	30	100	130	140										
2	0.8	40	80	90	110	0.8	240	270	280	315					
3	0.8	70	80	100	115	0.8	150	220	270	290					
4	0.8	90	100	120	135	1	350	300	325	350					
5	1	80	60	80	100	1	300	270	300	325					
6	1	90	100	110	120	1	300	280	300	320					
7	1	120	100	130	150	1	300	250	300	350					
8						1.2	280	230	280	320	1.2	120	80	100	120
9	1.2	140	117	130	150	1.2	360	300	350	370					
10						1.2	370	300	380	400					
11						1.4	60	250	280	320					
12	0.9	100	120	130	150	1.4	300	220	270	300	0.5	50	80	120	130
13	1.5	220	130	150	170	1.5	510	320	360	380					
14						0.8	250	250	270	320					
15						1.5	320	213	280	320					
16	0.8	80	100	120	140	0.8	200	220	260	300					
17	2	200	100	120	140	2	340	250	280	320					
18	1	100	100	130	150	1	260	280	330	370					
19	1	120	100	120	140	2	600	280	325	340					
20	1.6	175	110	140	150	1.6	500	280	350	380					
21	1.5	180	120	140	140	2	900	350	380	450	0.5	56	100	112	120
22	0.8	120	100	130	150	2.2	380	160	195	265	1.4	200	120	150	160
23	1	40	35	40	40	2	200	180	250	250	1	30	30	40	40
24	1.5	150	120	140	150	1.5	350	280	320	330					
25	1.6	200	100	125	140	1.6	480	300	380	390					
26	2	240	100	120	130	2	640	280	300	340					
27	0.8	80	100	120	120	0.8	40	220	280	300					
28						1.4	500	300	340	360					
29	1	100	100	130	140	1.8	700	300	350	390	0.8	80	80	120	130
30	1	120	100	120	140	2.5	800	280	350	380	0.5	40	80	120	125
31	0.6	70	100	120	140	1.9	550	280	320	380	1.5	150	80	100	120
32	1	110	110	140	150	2	650	325	350	370					
33	2	220	110	150	170	2.5	750	300	350	370					
34	1.8	120	100	140	170	3	1100	280	367	380	1	60	80	110	120
35	2.5	370	120	150	150	3.2	1024	240	320	320	0.7	100	120	150	150
36	0.6	60	80	100	120	2.7	710	265	305	329					
37	0.4	44	100	110	125	1.6	500	295	300	325	1.6	200	100	140	140
38	2.7	350	110	120	130	3.3	800	250	280	310					
39	0.4	40	100	120	150	3	880	250	280	320					
40	0.6	70	100	130	140	2.2	660	300	350	370					

农场编号	小麦					稻					大麦				
	种植面积/地方亩	总产量/C	通常产量/(C/地方亩)	丰年产量/(C/地方亩)	最高产量/(C/地方亩)	种植面积/地方亩	总产量/C	通常产量/(C/地方亩)	丰年产量/(C/地方亩)	最高产量/(C/地方亩)	种植面积/地方亩	总产量/C	通常产量/(C/地方亩)	丰年产量/(C/地方亩)	最高产量/(C/地方亩)
41	1	150	120	125	140	2.5	790	300	320	320	1.5	130	100	110	120
42	1	100	80	110	120	2.5	500	210	235	260					
43	1	100	90	120	125	3	800	265	335	380					
44	1.1	180	120	164	170	2.5	900	280	360	380	0.8	60	80	120	130
45	4	350	100	120	140	4	800	200	250	280					
46	1.5	170	100	120	140	3	900	250	300	320					
47	4	320	80	100	130	4	1200	280	300	340					
48						4	900	240	290	315	1	70	80	100	120
49	0.9	70	70	80	100	2.4	480	230	280	310					
50	1.5	150	100	110	120	4	1050	215	295	325	1	100	110	120	130
51	2	240	90	125	130	5	1500	280	300	320					
52	1.2	120	85	100	120	5.2	1410	290	323	343					
53	1.3	150	100	120	130	2.8	1200	300	380	425	1.5	80	60	100	120
54	2	250	100	125	140	5	1200	190	240	265	1.3	130	80	100	120
55	2.6	390	130	150	180	4.2	1470	345	355	390	1.6	200	100	110	121
56	3.8	420	75	93.5	125	4.3	1550	280	350	370	1.5	150	80	100	120
57						2.5	760	290	310	332.5					
58	2.8	450	160	180	200	4.8	1310	277	303	327	1	150	130	150	160
59	4	400	100	120	140	4	1200	250	280	320					
60	3	450	120	130	150	5.5	1650	267.5	287.5	310	3	330	100	115	120
61						6	1800	270	300	320					
62	1	120	120	140	150	4	1400	320	360	380					
63	1.2	120	150	180	200	4.2	1000	290	325	375					
64	2	240	120	140	150	7	2200	300	320	340					
65	2	140	80	90	110	2	200	180	200	230					
66	1	70	80	110	115										
67	1.25	90	80	100	122.5	5	1450	285	310	332	0.75	36	60	70	85
68	2	240	120	140	175	7.2	2160	280	320	380	2	200	80	100	120
69	2	300	150	180	200	7.3	1900	300	350	380	2.4	200	100	120	150
70	3	300	120	140	150	6.4	1450	290	335	360	2	120	80	100	110
71	3	320	120	140	150	7	2120	280	330	350	1	80	80	100	120
72	3	270	100	150	180	2.2	550	200	250	280	1.5	150	80	120	150
73	2	250	125	150	180	7.8	2210	275	325	360	1	100	80	110	120
74	2	280	120	140	170	9	3200	310	355	380	4	400	80	100	120
75	4	600	170	180	200	9	3020	353.3	376.7	406.7	2.8	400	140	160	170
76	3	300	120	140	150	9.5	2500	280	320	350					
77	4	500	130	130	180	5.6	1500	240	280	320					
78	3.1	330	120	140	150	8.5	1920	280	340	370					
79						1	350	320	340	350					
80	4.4	528	110	120	130	10	3200	360	400	400	4.1	320	80	85	90
81	2	200	100	104	110	9	1640	230	259.5	282.5	1.5	140	93	100	105

农场编号	小麦					稻					大麦				
	种植面积/地方亩	总产量/C	通常产量/(C/地方亩)	丰年产量/(C/地方亩)	最高产量/(C/地方亩)	种植面积/地方亩	总产量/C	通常产量/(C/地方亩)	丰年产量/(C/地方亩)	最高产量/(C/地方亩)	种植面积/地方亩	总产量/C	通常产量/(C/地方亩)	丰年产量/(C/地方亩)	最高产量/(C/地方亩)
82	1.4	150	100	120	135	3	1000	280	300	333	1.6	200	100	125	140
83	0.9	90	100	130	140	0.9	200	220	250	290					
84	5	600	90	116.5	135	5.7	1950	265	330	375	1.5	165	80	110	120
85	2.5	200	60	80	100	4	1280	280	320	340					
86						2.7	600	220	240	245	2.7	130	100	110	110
87	7	1040	76	132.5	130	9.7	3500	320	400	430	2.2	253	92	140	160
88	3	340	113	130	140	10	3220	317.5	370	390	2	160	80	100	110
89	4	550	130	150	160	10	4000	300	380	400					
90	1.5	200	120	133	133	1.5	600	320	340	400					
91	4	320	100	120	130	9	1800	220	280	300	1	80	80	100	120
92	3.8	500	125	132.5	140	5.3	1340	245	260	315	1.5	140	112	120	120
93	1.2	150	100	124	130	9.7	1700	227.5	245	275	0.8	50	75	87	90
94	7	800	100	120	135	14.8	4680	271.7	300	326.3	1.5	170	90	120	115
95	4	500	125	140	150	15	5300	300	360	385	1	100	100	120	120
96	4	650	162	170	185	8	1980	248	280	300	4	200	70	75	80
97	2.5	175	80	120	140	2.5	750	250	300	320					
98	9.5	1320	110	115	140	16	5600	330	320	360					
99	4	320	139	140	160	20	6100	300	323.3	343.3	2	200	100	120	130
100	4	300	90	100	140	7	1400	220	270	300	3	210	80	90	100
101	7	850	90	100	115	14	2800	240	280	320	5	240	48	60	70
102	6	480	70	80	90	17	5100	270	310	320	4	400	80	100	100
103	5	480	100	120	135	12	2980	240	280	300	1	100	100	130	140
104	5.3	600	103	148	180	10	3420	355	420	430	2.7	360	120	180	180
105	6	1200	150	180	210	17	5680	300	340	380	4	360	100	120	120
总计	222.75	25812	9890	11853	13380.5	494.1	142924	27840.5	32145	35025	89.45	8150	4430	5559	6081

表 14-2（续）

农场编号	糯稻					蚕豆					黄豆				
	种植面积/地方亩	总产量/C	通常产量/(C/地方亩)	丰年产量/(C/地方亩)	最高产量/(C/地方亩)	种植面积/地方亩	总产量/C	通常产量/(C/地方亩)	丰年产量/(C/地方亩)	最高产量/(C/地方亩)	种植面积/地方亩	总产量/C	通常产量/(C/地方亩)	丰年产量/(C/地方亩)	最高产量/(C/地方亩)
1											0.1	5	50	60	70
2															
3															
4															
5															
6															
7															
8															
9															
10															
11															
12															
13															
14															
15															
16						1	66	66	80	85	0.3	20	60	80	85
17															
18															
19															
20															
21															
22															
23															
24															
25															
26	0.5	100	200	230	250										
27						1	60	60	70	75					
28															
29						1.1	66	60	70	75	0.6	40	50	67	75
30															
31	0.3	50	200	220	240	0.7	u	u	u	u	0.3	10	40	50	50
32															
33	0.3	75	230	250	270										
34	0.2	50	200	250	270										
35															
36															
37												0.4	24	70	80	100
38															
39															
40															

农场编号	糯稻					蚕豆					黄豆				
	种植面积/地方亩	总产量/C	通常产量/(C/地方亩)	丰年产量/(C/地方亩)	最高产量/(C/地方亩)	种植面积/地方亩	总产量/C	通常产量/(C/地方亩)	丰年产量/(C/地方亩)	最高产量/(C/地方亩)	种植面积/地方亩	总产量/C	通常产量/(C/地方亩)	丰年产量/(C/地方亩)	最高产量/(C/地方亩)
41											0.5	30	40	60	70
42						1	72	96	108	120					
43															
44						1.5	120	80	100	120	0.3	30	80	100	120
45															
46															
47	0.2	40	200	220	240										
48															
49															
50	0.5	100	200	220	230	0.5	u	u	u	u					
51															
52															
53						0.6	55	87	100	120					
54	0.2	40	180	220	250										
55															
56	0.5	120	240	270	300										
57															
58						0.2	u	u	u	u					
59															
60	0.3	60	180	200	225										
61															
62	0.5	100	220	250	260										
63	0.6	120	220	250	300	0.3	24	72	84	96	0.1	5.5	66	77	88
64															
65															
66	0.6	130	220	270	280	0.3	12	40	50	60	0.7	30	40	60	70
67															
68	0.6	160	240	268	275										
69	0.5	100	180	220	250	0.6	u	u	u	u					
70	0.5	150	250	300	300										
71	0.5	120	240	270	275	1	u	u	u	u					
72						0.4	u	u	u	u					
73						0.8	u	u	u	u					
74						1	u	u	u	u					
75						1.2	u	u	u	u					
76	0.5	120	240	260	270										
77	0.5	100	200	220	250	0.4	24	72	96	96					
78	0.4	80	200	230	240										
79															
80						1.5	u	u	u	u					
81	0.8	200	250	260	275	0.5	u	u	u	u					

农场编号	糯稻					蚕豆					黄豆				
	种植面积/地方亩	总产量/C	通常产量/(C/地方亩)	丰年产量/(C/地方亩)	最高产量/(C/地方亩)	种植面积/地方亩	总产量/C	通常产量/(C/地方亩)	丰年产量/(C/地方亩)	最高产量/(C/地方亩)	种植面积/地方亩	总产量/C	通常产量/(C/地方亩)	丰年产量/(C/地方亩)	最高产量/(C/地方亩)
82															
83															
84	0.5	80	160	190	220	0.9	60	50	80	90	1.3	60	40	55	70
85						2.5	180	50	75	80	2	44	40	50	55
86															
87	0.5	150	300	320	340										
88	0.5	100	220	250	270										
89	0.5	150	250	300	320										
90															
91	0.5	50	170	200	250	1	50	50	60	70	0.5	50	80	100	120
92															
93															
94	1	220	200	220	236	0.7	u	u	u	u					
95	0.8	240	250	300	320										
96															
97						0.8	50	72	80	85	0.8	20	40	50	58
98	1	300	270	280	300										
99	1	250	250	270	270										
100															
101						2	u	u	u	u					
102	1	240	200	240	240	2	160	75	90	100	2	100	20	40	50
103	1.2	300	200	250	260	0.8	30	40	50	60	0.5	20	40	60	70
104	1.5	525	280	350	350	3	200	75	120	145					
105						7	u	u	u	u	10	1200	110	130	130
总计	19	4620	7040	8048	8626	36.3	1229	1045	1313	1477	20.4	1688.5	866	1119	1281

表 14-3　农作物的地方亩产量（桐庐 2）

农场编号	小麦					稻					油菜籽				
	种植面积/地方亩	总产量/C	通常产量/(C/地方亩)	丰年产量/(C/地方亩)	最高产量/(C/地方亩)	种植面积/地方亩	总产量/C	通常产量/(C/地方亩)	丰年产量/(C/地方亩)	最高产量/(C/地方亩)	种植面积/地方亩	总产量/C	通常产量/(C/地方亩)	丰年产量/(C/地方亩)	最高产量/(C/地方亩)
1											0.2	16	60	90	90
2	0.1	5	40	60	50						0.5	24	50	60	55
3						3	900	300	380	380					
4						3	1000	320	400	400					
5						4	1400	300	350	350	1.4	65	50	60	60
6						3.5	1080	333	400	400					
7	0.5	0	u	u	u	3	1100	340	380	380	1.5	90	60	80	80
8						3	900	300	320	320					
9						4	1320	330	400	400	2.5	120	40	60	60
10						5	1100	220	u	u					
11						4	1200	300	u	u					
12						5	1880	310	370	370	1	50	40	60	60
13						5	2000	400	440	440	1	30	30	40	40
14						5	1500	320	400	400					
15						6	2080	320	350	350	1	40	50	60	60
16	0.4	20	100	120	120	5.5	1800	320	350	350	2	100	75	90	90
17						6	1850	300	330	330	0.5	60	100	130	130
18						5	1750	350	400	400	1	80	80	90	90
19						4	1200	320	350	350					
20						5.75	2000	360	400	400	1.25	80	64	140	140
21						6	1200	200	220	220	0.5	0	20	46	46
22						7.2	2300	305	365	365	1	50	40	60	60
23						7.3	2200	300	325	325					
24	1.5	200	150	180	180	6	1440	250	280	280	0.7	70	70	80	80
25	0.8	u	u	u	u	7	2100	250	320	320	0.75	50	67	80	80
26						8	2800	350	360	360	1	50	80	90	90
27						8	2640	350	400	400	2	80	50	60	60
28	1	70	70	100	100	8.5	1600	200	210	210	1.5	30	60	80	80
29	0.3	45	130	140	140	9	2400	270	285	285					
30						7	2100	300	320	320	0.7	60	85	100	100
31	1	80	80	100	100	9	3000	333	400	400	2	150	80	100	100
32	1.5	100	70	90	90	8	2240	280	300	300					
33						8	3200	400	420	420	1	30	100	120	120
34						9	2300	315	345	345					
35						9.25	2770	290	310	310	1	50	80	100	100
36						10	2800	280	320	320	1.25	80	80	120	120
37	1	100	80	110	110	10	3000	300	360	360	0.4	50	100	140	140
38						10	3200	320	360	360					
39	1.5	40	90	120	120	4.25	975	320	350	350	1.5	100	70	70	70
40						8	2400	300	350	350	1	50	50	60	60

农场编号	小麦					稻					油菜籽				
	种植面积/地方亩	总产量/C	通常产量/(C/地方亩)	丰年产量/(C/地方亩)	最高产量/(C/地方亩)	种植面积/地方亩	总产量/C	通常产量/(C/地方亩)	丰年产量/(C/地方亩)	最高产量/(C/地方亩)	种植面积/地方亩	总产量/C	通常产量/(C/地方亩)	丰年产量/(C/地方亩)	最高产量/(C/地方亩)
41						5.5	1400	254	280	280					
42						9	2700	300	320	320	1	60	70	100	100
43						11	3850	360	400	400	1	60	60	80	80
44						11	4200	340	400	400					
45						11.5	3900	300	373	373	2	70	40	50	50
46						11	3650	285	330	330	1	50	60	80	80
47						6	2000	300	350	350	1	50	70	100	100
48						10	2400	240	250	250	3	130	45	55	55
49	1.5	60	35	40	40	5	1250	250	280	280	2	100	45	50	50
50	1	80	80	120	120	9	2700	300	400	400	0.5	30	80	100	100
51						12	3600	293	333	333	3	100	35	40	40
52						13	4360	307	373	373	2	80	30	50	50
53						5	1500	300	u	u	2	120	60	u	u
54						13	3900	320	340	340	1	80	70	80	80
55						12.5	3300	216	320	320					
56						10	3000	280	320	320	1.25	85	u	u	u
57	1	80	70	80	80	7	1750	250	300	300	0.5	40	60	80	80
58	0.5	25	120	180	180	13	4000	373	440	440	3	170	60	80	80
59	0.1	20	200	220	220	12	3600	300	320	320	1.5	30	80	100	100
60	1.5	60	40	45	45	8	2400	300	320	320	0.5	30	65	70	70
61						14	4620	347	387	367	1	50	60	100	80
62						14	5000	300	360	360	1.5	0	u	u	u
63	1	0	u	u	u	13.25	3980	275	350	350	3	90	60	80	80
64	0.5	20	60	65	65	15	3750	280	300	300	0.75	75	120	160	160
65						15.5	4340	300	320	320	0.25	8	50	70	70
66						11	3500	320	360	360	1.5	60	105	150	150
67	3	80	30	50	50	13	3900	310	330	330	2	90	50	70	70
68						16	6400	380	420	420	1.5	120	80	120	120
69	1	60	60	60	60	12.25	3100	320	350	350	1	40	40	60	60
70						7.5	2420	310	367	367	2	40	50	70	70
71						15	4000	300	320	320	2	150	75	80	80
72	2	40	60	90	90	15.5	3940	205	240	240	3	150	50	70	u
73						18	5350	275	310	310	3	210	75	80	80
74						13	3900	280	320	320	1	80	70	100	100
75	0.2	40	200	250	250	18	5760	320	340	340	2	150	75	100	100
76	1	20	30	40	40	16	4700	300	320	320	2	80	50	70	70
77						16	5300	290	375	375	1	40	30	50	50
78	2	150	75	80	80	15	4500	300	320	320	2	150	75	80	80
79	2	150	75	80	80	12	3600	300	320	320	2	150	75	80	80
80						19	5580	250	270	270	2	120	60	80	80
81	2	160	70	80	80	12	2880	240	250	250	4	140	35	50	50

农场编号	小麦					稻					油菜籽				
	种植面积/地方亩	总产量/C	通常产量/(C/地方亩)	丰年产量/(C/地方亩)	最高产量/(C/地方亩)	种植面积/地方亩	总产量/C	通常产量/(C/地方亩)	丰年产量/(C/地方亩)	最高产量/(C/地方亩)	种植面积/地方亩	总产量/C	通常产量/(C/地方亩)	丰年产量/(C/地方亩)	最高产量/(C/地方亩)
82	1	80	100	120	120	15.25	4550	275	300	300	2	200	100	120	120
83						20	4000	300	360	360					
84						20	4000	250	350	350	1	50	60	80	80
85						18	6000	310	350	350	2	60	35	50	50
86	2	160	80	90	90	15	4500	300	320	320	3	120	40	45	45
87						20	6000	300	380	380	2	130	70	90	90
88						24	6500	275	280	285	3	130	80	110	110
89						23	8400	300	400	400	4.5	270	65	80	80
90						25	7000	280	300	300	4	80	120	160	160
91	0.5	40	120	160	160	25	7000	280	300	300	3	120	70	80	80
92						22.5	6500	225	280	280	3	180	70	85	85
93						25	7300	253	297	297	3	80	20	30	30
94						21	6300	300	335	335	3	80	30	40	40
95	1	60	80	100	100	24	8350	340	355	355	3	128	60	70	70
96						27	8000	300	320	320	3	90	40	55	55
97	5	200	40	50	50	23.5	7000	267	287	287	6	180	50	60	60
98						30	8950	275	300	300	1.5	120	80	90	90
99						25.5	7700	350	370	370	1.5	80	40	53	53
100						30	8400	280	320	320	2	90	45	100	100
101						35	10550	325	390	390	4	120	40	80	80
102	7	400	70	70	70	38	11350	283	307	307	13	500	38	40	40
总计	46.4	2645	2505	3090	3080	1241.5	371055	29794	32899	32884	162.4	7741	5099	6619	6524

表 14-3（续）

农场编号	黄豆					糯稻				
	种植面积/地方亩	总产量/C	通常产量/(C/地方亩)	丰年产量/(C/地方亩)	最高产量/(C/地方亩)	种植面积/地方亩	总产量/C	通常产量/(C/地方亩)	丰年产量/(C/地方亩)	最高产量/(C/地方亩)
1	0.5	60	u	u	u					
2	0.2	60	300	430	320					
3										
4	0.3	20	80	100	100					
5										
6										
7	0.5	50	90	110	110					
8	0.3	30	80	100	100					
9										
10										
11										
12										
13										
14										
15										
16										
17	0.05	15	280	320	320					
18						1	300	300	350	350
19										
20										
21	0.5	30	60	70	70					
22										
23										
24	1.5	5	30	35	35					
25	0.8	80	100	120	120					
26										
27										
28						0.25	30	200	250	250
29	0.3	30	90	120	120					
30										
31										
32										
33						1	300	300	320	320
34	0.25	14	54	60	60	0.5	100	350	390	390
35						0.75	240	300	350	350
36										
37										
38										
39	1.5	10	60	70	70	0.25	80	320	350	350
40	1	30	30	35	35					
41										

农场编号	黄豆					糯稻				
	种植面积/地方亩	总产量/C	通常产量/(C/地方亩)	丰年产量/(C/地方亩)	最高产量/(C/地方亩)	种植面积/地方亩	总产量/C	通常产量/(C/地方亩)	丰年产量/(C/地方亩)	最高产量/(C/地方亩)
42										
43						0.4	120	300	350	350
44										
45	0.2	20	90	120	120					
46						1	280	280	300	300
47						0.75	250	300	350	350
48	1	20	40	50	50					
49	1.5	75	40	50	50					
50	0.5	40	70	90	90					
51										
52										
53						2	500	250	u	u
54										
55										
56										
57	1	60	60	70	70	0.5	120	240	250	250
58	0.5	100	200	230	230					
59										
60						1	250	280	300	300
61										
62										
63						1.5	300	250	340	340
64	0.5	30	40	60	60					
65										
66										
67	2	40	30	50	50					
68	0.3	30	80	110	110					
69						3	600	200	250	250
70	0.3	15	45	60	60	0.7	100	250	300	300
71						1	200	250	300	300
72										
73										
74						2	400	180	230	230
75	0.2	50	250	300	300					
76	1	50	50	60	60	0.75	200	260	300	300
77						1	250	260	300	300
78										
79										
80						1	180	200	220	220
81	2	40	80	100	100					
82	1	80	100	120	120	1	250	250	280	280
83										

农场编号	黄豆					糯稻				
	种植面积 /地方亩	总产量 /C	通常产量 /(C/ 地方亩)	丰年产量 /(C/ 地方亩)	最高产量 /(C/ 地方亩)	种植面积 / 地方亩	总产量 /C	通常产量 /(C/ 地方亩)	丰年产量 /(C/ 地方亩)	最高产量 /(C/ 地方亩)
84										
85	0.3	20	80	100	100	2	400	220	300	300
86										
87						2	600	300	340	340
88										
89										
90										
91										
92	1	50	60	70	70					
93										
94	1	100	80	120	120	3	500	200	300	300
95						1	300	315	330	330
96										
97						2	400	200	220	220
98	1	40	40	50	50					
99						0.5	200	400	400	400
100						1.5	400	240	270	270
101						2	500	350	400	400
102						4	700	180	200	200
总计	23	1294	2689	3380	3270	39.35	9050	7925	8840	8840

表 14-4 农作物的地方亩产量（东阳）

农场编号	稻					玉米					大麦				
	种植面积/地方单位	总产量/C	通常产量/(C/地方单位)	丰年产量/(C/地方单位)	最高产量/(C/地方单位)	种植面积/地方单位	总产量/C	通常产量/(C/地方单位)	丰年产量/(C/地方单位)	最高产量/(C/地方单位)	种植面积/地方单位	总产量/C	通常产量/(C/地方单位)	丰年产量/(C/地方单位)	最高产量/(C/地方单位)
1	59	708	10	12	14	9	90	8	10	11	20	80	3	4	5
2	38	380	10	11	12	25	125	4	6	8					
3	39	585	14	15	16	30	255	7	8	9	25	175	5	6	7
4	61	854	12	14	15	9	81	7	8	9	9	36	3	4	5
5	54	756	13	15	16	24	192	7	8	9	15	75	4	5	6
6	70	910	12	13	14	25	225	6	8	9	22	88	3	4	5
7	53	858	14	16	17	32	192	5	6.5	7	18	72	2.5	3	4.5
8	62	930	12	14	15	25	200	7	8	9	37	185	4	5	6
9	52	728	11	13	15	24	192	7	8	9	15	75	4	5	6
10	69	1104	13	15	17	13	91	6	7	8	16	64	3	4	5
11	78	1170	12	15	16	17	170	8	10	13	36	180	4	5	6
12	94	1128	10	12	13	15	120	7	8	9	28	140	3	4	5
13	72	864	10	12	14	25	150	5	7	10	40	120	3	4	5
14	82	1066	11	13	15	18	144	6	8	10	24	96	3	4	5
15	82	984	12	13	14						20	80	3	4	5
16	86	1204	13	14	15	5	40	7	7.5	9	20	80	3	4	5
17	78	1092	13	14	15	18	144	7	8	9	34	136	3	4	5
18	104	1352	12	13	14	16	112	6	7	8	24	84	3	4	5
19	86	946	10	12	14	17	102	5	7	8	36	108	2	3	4
20	70	910	12	13	15	26	208	7	8	9	42	168	4	5	6
21	84	840	7	9	11	43	301	5	7	9	10	60	5	6	7
22	80	960	10	12	15	10	70	6	8	10	20	80	3	4	6
23	94	1034	10	12	14	19	152	7	8	9	27	108	3	4	5
24	101	1212	11	12	13	20	160	7	8	9	22	66	3	3.5	4
25	68	952	13	14	16	25	162.5	6	7	8	31	124	3	4	5
26	92	1288	13	14	15	15	135	7	9	10	33	148.5	4	5	6
27	96	1440	14	15	16	16	112	6	7	8	33	132	3	4	4.5
28	38	570	14	15	16	21	147	6	7	8	45	180	3	4	5
29	97	1164	12	13	14	22	154	6	7	8	30	150	4	5	6
30	105	1365	12	13	15	15	120	6	8	9	18	72	3	4	5
31	130	1950	13	15	16	20	180	8	10	11	35	175	4	5	6
32	106	1484	14	15	16	20	140	7	8	9	32	128	3	4	5
33	98	1176	10	12	13	28	168	6	7	8	32	96	3	4	5
34	110	1320	10	13	14	30	240	7	8	9	20	100	4	5	6
35	103	1133	11	12	13	32	240	7	8	9	25	75	3	3.5	4
36	90	1350	13	14	16	30	225	7	8	9	27	135	3	4	5
37	114	1368	11	12	13	28	196	7	8	9	25	100	4	5	6
38	69	897	12	13	14	55	440	7	8	9	15	60	4	5	6
39	109	1417	12	13	14	35	262.5	6	7	8	27	94.5	3	4	5
40	98	1274	12	13	14	38	266	7	8	8.5	18	72	3	4	5
41	131	1965	14	15	16	15	120	6	7	8	16	80	3	4	6
42	93	1209	12	13	14	30	210	7	8	9	57	228	3	4	5
43	98	1470	14	15	16	48	336	6	7	8	48	240	4	5	6

农场编号	稻					玉米					大麦				
	种植面积/地方单位	总产量/C	通常产量/(C/地方单位)	丰年产量/(C/地方单位)	最高产量/(C/地方单位)	种植面积/地方单位	总产量/C	通常产量/(C/地方单位)	丰年产量/(C/地方单位)	最高产量/(C/地方单位)	种植面积/地方单位	总产量/C	通常产量/(C/地方单位)	丰年产量/(C/地方单位)	最高产量/(C/地方单位)
44	116	1392	12	13	14	40	240	6	7	8	35	175	4	5	6
45	120	1560	13	14	15	20	180	8	9	10	35	140	3.5	4	4.5
46	94	1034	11	12	13	30	210	7	8	8	24	96	3.5	4	5
47	96	1344	13	15	17	45	450	9	11	12	40	200	4	5	6
48	107	1391	12	13	14	46	368	7	8	9	52	234	4	5	6
49	104	1456	13	14	15	35	245	6	7	8	40	180	3	4	5
50	126	1638	12	13	14	30	210	6	7	8	48	192	3.5	4	5
51	123	1599	13	14	15	42	315	6	7	8	40	160	3	4	5
52	138	1932	13	14	15	37	259	6	7	8	43	172	3	4	5
53	157	1884	12	13	14	20	180	8	9	10	58	232	3.5	4	5
54	122	1586	12	13	14	38	304	7	8	9	42	126	3	4.5	5
55	142	1704	12	13	14	35	245	6	7	8	44	176	4	4.5	5
56	122	1464	12	13	14	38	304	7	8	9	53	185.5	3	4	5
57	130	1560	12	13	14	50	325	6	6.5	7	32	96	3	3.5	4
58	120	1440	10	12	14	69	552	6.5	7.5	8.5	36	108	3	4	5
59	146	1752	12	13	14	30	225	7	8	9	45	157.5	3	3.5	4
60	148	1924	12	14	15	23	184	7	8	9	50	200	4	5	6
61	152	1976	12	13	14	45	360	7	8	9	38	152	3	4	5
62	145	2030	13	14	15	16	128	7	8	9	32	96	2.5	3	4
63	169	2028	11	12	13	30	225	7	8	9	62	248	3	4	5
64	112	1008	7	9	11	67	402	5	7	8	36	144	3	4	5
65	155	2170	10	13	15	40	360	7	9	11	65	260	3	4	5
66	133	1729	12	13	14	40	260	6	7	8	68	272	3.5	4	5
67	129	1806	13	14	15	50	350	7	8	9	42	168	3	4	5
68	125	1500	11	12	13	50	375	7	8	9	50	200	4	5	6
69	141	1692	11	13	14	35	280	7	8	9	50	200	4	5	6
70	159	2067	12	13	14	27	229.5	8	9	10	60	240	3.5	4	5
71	120	1560	12	13	14	40	240	6	7	8	67	268	4	5	6
72	145	2030	13	14	15	64	448	6	7	8	82	287	3	3.5	4
73	134	1742	12	13	14	50	375	7	8	9	50	250	4	5	6
74	156	1872	11	13	14	52	312	6	7	8	74	259	3	4	5
75	149	2080	13	14	15	57	399	6	7	8	57	228	3	4	4.5
76	133	1596	12	13	14	75	525	7	8	9	64	256	4	5	5.5
77	196	2548	13	14	14.5	35	245	7	8	9	66	264	3.5	4	4.5
78	146	1752	12	13	14	60	450	7	8	9	77	308	4	4.5	5
79	142	1420	8	10	13	47	329	6	8	9	45	180	3	4	5
80	136	1768	13	13.5	15	60	390	6	7	8	85	340	3	4	5
81	150	1950	13	14	15	65	520	7	8	9	85	510	4	5	6
82	188	2256	11	12	13	50	400	6	7	8	84	294	3	3.5	4
83	195	1950	9	11	13	36	252	6	7	9	66	264	3	4	5
84	230	2300	9	10	11	34	238	6	7	8	76	304	4	4	4.5
85	335	4020	12	13	14	74	518	6	7	8	150	450	3	4	5
86	318	3816	12	13	14	120	840	6	7	8	150	450	3	3.5	4
总计	9997	126693	1013	1128.5	1235.5	2935	21616.5	555.5	656	750	3625	14468	284.5	361	440.5

表 14-4（续）

农场编号	小麦					糯稻					黄豆				
	种植面积/地方单位	总产量/C	通常产量/(C/地方单位)	丰年产量/(C/地方单位)	最高产量/(C/地方单位)	种植面积/地方单位	总产量/C	通常产量/(C/地方单位)	丰年产量/(C/地方单位)	最高产量/(C/地方单位)	种植面积/地方单位	总产量/C	通常产量/(C/地方单位)	丰年产量/(C/地方单位)	最高产量/(C/地方单位)
1	34	170	3	4	5						9	45	3	5	6
2	23	69	2	3	4						25	75	2	3	4
3	30	120	3	4	5	5	90	15	17	18	30	105	3	4	5
4	36	144	3	4	5						9	36	3	4	5
5	28	112	4	5	6	6	90	15	16	17	24	96	3	4	5
6	20	80	3	4	5	9	135	14	15	16	25	75	2	3	4
7	30	105	3	4	5						32	128	3	4	4.5
8	25	100	3	4	5						25	125	3	4	5
9	26	104	4	5	6						24	60	2.5	3	4
10	21	63	3	4	5						13	45.5	2.5	3	4
11	24	120	3	5	6						17	85	3	5	6
12	32	128	3	4	5						15	60	3	4	5
13	25	100	3	4	5						25	75	3	4	5
14	28	140	3	4	5						18	72	3	4	5
15	16	80	3	4	5	16	240	12	14	16					
16	34	136	3	4	5	14	210	14	15	16	5	20	3	4	5
17	27	108	3	4	5						18	63	3	4	5
18	34	136	3	4	5	7	119	15	16	17	16	64	3	4	5
19	17	68	3	4	5	17	255	12	14	16	17	51	2	3	4
20	28	98	3	4	5						26	104	3.5	4	5
21	43	172	3	4	5						43	129	2	3	5
22	17	68	3	4	5	30	480	12	14	16	10	40	3	4	5
23	20	100	3	4	5	24	288	10	13	15	19	57	3	4	5
24	37	148	3.5	4	5	12	204	15	17	18	20	70	3	3.5	4
25	14	49	3	4	4.5	47	752	14	15	17	25	75	3	3.5	4
26	27	108	4	5	6	27	405	14	15	16	15	75	4	5	6
27	16	64	3	4	5	22	352	14	16	17	16	48	2.5	3	3.5
28	21	63	2.5	3	4	65	1072.5	14	15	16.5	21	73.5	2.5	3	4
29	28	112	3	4	5	37	555	14	15	16	22	77	3	4	5
30	35	140	3	4	5	20	280	12	14	16	15	60	3	4	5
31	32	128	3	4	5						20	80	3	4	5
32	40	160	3	4	5	17	272	15	16	17	20	70	3	4	5
33	37	148	3	4	5	15	210	12	13	15	28	112	3	4	5
34	35	140	4	5	6	7	112	13	15	17	30	90	3	4	5
35	46	138	3	3.5	4	7	119	16	17	18	32	64	2	2.5	3
36	30	120	3	4	5	6	90	13	14	16	30	90	2	3	4
37	33	115.5	3	4	5	13	208	15	16	17	28	84	2.5	3	4
38	40	140	3	4	5	20	280	14	15	16	55	137.5	2.5	3	4
39	49	147	3	3.5	4	14	210	14	15	16	35	105	3	3.5	4
40	47	141	3	4	5	20	300	15	16	17	38	114	2.5	3	3.5
41	37	148	3	4	5	24	384	15	16	17	15	60	3	4	5
42	30	90	3	4	5	24	360	14	15	16	30	90	3	4	4.5
43	30	150	4	5	5.5	14	210	15	16	17	48	144	2	3	4

农场编号	小麦					糯稻					黄豆				
	种植面积/地方单位	总产量/C	通常产量/(C/地方单位)	丰年产量/(C/地方单位)	最高产量/(C/地方单位)	种植面积/地方单位	总产量/C	通常产量/(C/地方单位)	丰年产量/(C/地方单位)	最高产量/(C/地方单位)	种植面积/地方单位	总产量/C	通常产量/(C/地方单位)	丰年产量/(C/地方单位)	最高产量/(C/地方单位)
44	42	168	4	5	6	8	120	14	15	16	40	100	2.5	3	4
45	42	164	3	4	4.5	32	448	14	15	16	20	70	3	4	4.5
46	37	129.5	3	3.5	4	24	336	13	14	15	30	90	2.5	3	4
47	45	225	4	5	6	24	360	13	15	17	45	180	3	4	5
48	46	184	3	4	5	32	480	14	15	16	46	151	3	3.5	4
49	35	105	2.5	3	3.5	38	608	14	15	16	35	105	2	3	3.5
50	35	122.5	3	4	4.5	25	375	14	15	16	30	75	2.5	3	3.5
51	35	140	3	4	5	7	112	15	16	17	42	126	2.5	3	4
52	48	144	3	4	5	28	420	14	15	16	37	111	3	4	4.5
53	36	126	3	4	4.5	16	240	14	15	16	20	80	3.5	4	4.5
54	40	120	3	4.5	5	32	448	13	14	15	38	114	3	3.5	4
55	30	105	3	3.5	4	17	272	15	16	17	35	87.5	2	2.5	3
56	38	114	3	4	5	50	750	14	15	16	38	114	3	4	4.5
57	45	135	3	3.5	4	26	416	15	16	17	50	150	3	3.5	4
58	38	152	3	4	5	24	336	12	14	15	29	87	2.5	3	3.5
59	58	232	3.5	4	4.5	32	512	15	16	17	30	75	2	2.5	3
60	46	184	4	5	6	22	352	14	16	17	23	103.5	4	5	6
61	40	160	3	4	5	23	368	15	16	17	45	157.5	2.5	3	4
62	16	64	3	4	5	52	780	14	15	16	16	64	3	3.5	4
63	30	120	3	4	5	22	330	14	15	16	30	105	3	3.5	4
64	40	160	3	4	5	56	784	10	13	15	67	201	2.5	3	4
65	40	160	3	5	6	25	375	12	14	16	40	160	3	4	5
66	37	148	3	4	4.5	45	675	13	14	15	40	160	3	4	5
67	38	133	3	4	5	43	602	14	15	16	50	175	3	3.5	4
68	36	144	4	5	6	36	540	14	15	16	50	200	3	4	5
69	44	154	3	4	5	57	855	14	15	16	35	122.5	3	4	5
70	27	81	3	4	4.5	46	644	13	14	15	27	94.5	3	4	4.5
71	40	140	3	4	5	82	1148	14	15	16	40	160	3	4	5
72	44	132	3	3.5	4	28	448	15	16	17	64	192	3	3.5	4
73	26	104	3	4	5	86	1290	14	15	16	50	200	3	4	4.5
74	37	148	3	4	5	64	896	12	14	16	52	130	2	3	4
75	30	150	4	5	5.5	70	1120	15	16	17	57	199.5	3	4	4.5
76	25	87.5	3.5	4	5	58	812	14	15	16	75	225	2.5	3	3.5
77	35	105	3	3.5	4	58	928	15	16	17	35	105	3	3.5	4
78	60	180	3	3.5	4	57	912	15	16	17	60	180	2.5	3	4
79	47	141	3	4	5	95	1235	8	11	14	47	188	3	4	5
80	30	120	3	4	5	114	1710	14	15	16	60	180	2.5	3	4
81	20	80	3	4	5	107	1712	15	16	17	65	260	3	4	5
82	30	90	2.5	3	3.5	77	1001	12	13	14	50	125	2	2.5	3
83	20	60	3	4	5	96	1440	12	14	16	36	144	3	4	5
84	37	148	3	8	10	108	1512	10	12	14	34	68	2	3	3.5
85	98	392	3			144	2160	14	15	16	74	259	3	4	5
86	90	270	3	3.5	4	138	1932	14	15	16	120	420	3	4	4.5
总计	2995	11192	267	348	423.5	2763	41076.5	970	1062	1150.5	2895	9623.5	236.5	306.5	376.5

表 14-4（续）

农场编号	油菜					红萝卜					高粱				
	种植面积/地方单位	总产量/C	通常产量/(C/地方单位)	丰年产量/(C/地方单位)	最高产量/(C/地方单位)	种植面积/地方单位	总产量/C	通常产量/(C/地方单位)	丰年产量/(C/地方单位)	最高产量/(C/地方单位)	种植面积/地方单位	总产量/C	通常产量/(C/地方单位)	丰年产量/(C/地方单位)	最高产量/(C/地方单位)
1						4	200	40	60	80					
2	5	20	3	4	5	3	150	40	60	80					
3	5	35	5	6	7										
4											6	180	20	30	40
5	6	30	5	6	7	3	150	50	60	70					
6						2	140	50	70	90					
7	4	20	4	5	6										
8						8	560	50	70	80					
9						3	150	50	60	80					
10															
11	5	20	3	4	5	4	240	40	60	80	12	170	10	20	28
12	5	25	4	5	6										
13						5	300	50	70	90					
14															
15						3	210	50	70	90	12	360	20	30	35
16	7	31.5	4	5	6	8	440	50	60	70	10	280	20	25	35
17	7	42	5	6	7	5	400	60	80	100	10	250	20	30	40
18	5	20	4	5	6										
19	6	30	4	5	6	6	420	50	60	80	5	150	20	30	40
20	7	28	4	5	6	4	320	60	80	100	10	300	20	35	40
21						3	180	60	80	90					
22						7	280	40	60	80					
23	4	20	4	5	6	3	120	40	60	80					
24	6	36	5	6	7	6	480	60	80	100					
25						3	150	50	70	90	13	260	20	25	30
26						4	280	60	80	100					
27						5	315	50	65	80	12	384	25	30	35
28	5	30	5	6	7	3	180	50	60	80					
29	9	45	4	5	6	4	280	60	70	80					
30	5	25	5	6	7										
31	5	20	3	4	5	10	500	50	80	100					
32						4	280	60	80	90	9	225	20	30	40
33	5	25	4	5	6	5	200	40	60	80	16	320	15	20	30
34						4	280	70	80	100	5	200	30	50	60
35	4	20	4	4.5	5	4	280	60	80	100	5	150	20	25	30
36	5	25	5	6	7						9	252	25	30	35
37	5	15	3	4	5	3	210	60	80	100					
38	5	30	5	6	7	3	240	60	80	100					
39	3	15	4	4.5	5	3	180	60	80	100	10	180	20	25	30
40	4	16	4	5	6	5	300	60	80	100	7	175	25	30	40
41						5	350	50	60	80					
42	7	35	5	6	7	5	350	60	80	100	13	364	25	30	40
43	7	28	4	5	6										

农场编号	油菜					红萝卜					高粱				
	种植面积/地方单位	总产量/C	通常产量/(C/地方单位)	丰年产量/(C/地方单位)	最高产量/(C/地方单位)	种植面积/地方单位	总产量/C	通常产量/(C/地方单位)	丰年产量/(C/地方单位)	最高产量/(C/地方单位)	种植面积/地方单位	总产量/C	通常产量/(C/地方单位)	丰年产量/(C/地方单位)	最高产量/(C/地方单位)
44	5	30	5	6	7	4	280	60	80	100	5	165	25	30	35
45	8	48	5	6	7	4	240	60	80	100					
46	4	20	4	5	5.5	3	180	60	80	100	5	150	25	30	35
47	6	18	3	4	4.5	5	350	60	80	110					
48	5	20	4	5	6	5	350	60	80	100	5	180	30	40	50
49	5	30	4	5	6						8	192	20	25	30
50	6	30	4	5	5.5	3	210	60	80	100	10	330	30	35	40
51	4	20	5	6	7	8	480	50	60	80	16	352	20	25	30
52	6	30	5	6	7	6	360	50	60	80					
53	9	54	5	6	7	8	640	60	80	100	13	299	20	25	30
54	8	40	4	5	6	5	300	50	60	80	16	400	20	30	40
55	7	28	4	5	6	7	350	50	70	90	14	308	20	25	30
56						4	320	60	80	100	5	150	30	40	50
57	5	20	3	4	5	7	420	60	80	100	7	189	25	30	35
58	5	25	5	6	7	5	300	50	60	80					
59	8	32	4	5	6	5	300	60	80	100	17	340	20	25	30
60	5	30	5	6	7	4	240	60	80	100	5	175	40	50	60
61	6	30	4	5	6	3	180	50	70	80	10	320	20	25	32
62	6	24	3	4	5						14	280	20	25	30
63	7	35	4	5	6	4	320	60	80	100	7	224	25	30	35
64	5	30	4	6	7										
65	12	36	3	4	6	10	600	50	70	100	25	500	15	20	30
66	9	45	4	5	6	4	280	60	80	100	7	210	25	30	35
67	6	36	6	7	8	5	300				8	320	30	40	50
68	6	36	5	6	7	4	240	60	80	100	15	325	30	40	50
69	8	32	3	4	5	3	210	60	80	100	7	315	40	50	60
70	7	35	5	6	7	3	240	60	80	100	15	300	20	25	30
71	6	36	5	6	7	3	180	60	80	100					
72	5	20	4	5	6	3	240	60	80	100	15	375	20	25	30
73	6	36	5	6	7	4	200	50	70	80					
74	10	40	3	4	5	5	300	60	80	100	8	360	40	50	55
75						10	600	60	70	80					
76	9	36	4	5	5.5	5	400	60	80	100	20	480	24	30	35
77	5	20	4	5	6	3	150	60	80	100	8	272	20	30	35
78	8	32	4	5	6	5	400	60	80	100	18	432	20	25	30
79	10	45	3	4	5	10	400	40	60	80	24	720	20	30	40
80	4	24	5	6	7	5	300	50	60	80					
81	7	42	5	6	7	7	350	50	60	80	18	450	25	30	30
82	10	30	3	4	5	4	280	70	90	100	24	504	20	25	30
83	7	28	3	4	5	5	300	40	60	80	15	450	20	30	40
84	9	45	4	6	7	6	360	40	60	80	10	300	20	30	40
85	12	48	4	5	6	9	450	50	60	80	20	500	20	30	40
86	10	40	4	5	6	10	700	60	80	100	24	768	30	35	40
总计	427	2022.5	279	347	412	360	22415	3920	5205	6560	602	15835	1184	1560	1920

表 14-5　农作物的地方亩产量（余姚）

农场编号	大麦 种植面积/地方亩	总产量/C	通常产量/(C/地方亩)	丰年产量/(C/地方亩)	最高产量/(C/地方亩)	蚕豆 种植面积/地方亩	总产量/C	通常产量/(C/地方亩)	丰年产量/(C/地方亩)	最高产量/(C/地方亩)	油菜籽 种植面积/地方亩	总产量/C	通常产量/(C/地方亩)	丰年产量/(C/地方亩)	最高产量/(C/地方亩)
1						4	180	90	150	150	0.9	19	90	150	150
2						6	280	90	150	150	1	28	90	150	150
3						5.5	260	90	150	150	1	24	90	150	150
4						6.5	287	90	150	150	1	34	90	150	150
5	1	90	90	150	150	5.2	170	90	150	150	0.8	20	90	150	150
6	0.2	7	90	150	150	8.3	320	90	150	150	0.5	20	90	150	150
7						7	320	90	150	150	0.5	24	90	150	120
8						5.5	250	90	150	150	0.5	22	90	150	150
9						6.5	320	90	150	150	1	24	90	150	150
10						8	360	90	150	150	1	42	90	150	150
11	1	60	90	150	150	7.5	340	90	150	150	0.5	22	90	150	150
12	1	46	90	150	150	6	310	90	150	150	0.5	24	90	150	150
13						5	240	90	150	120	0.5	24	90	150	150
14	1	54	90	150	150	3	130	90	150	150	0.5	22	90	150	150
15	1	50	90	150	150	3.5	120	90	150	150	0.5	20	90	150	150
16	1	60	140	180	180	7	310	85	120	120	0.5	18	100	120	120
17						7.5	320	90	150	150	0.5	24	90	150	150
18						9.5	450	90	150	150	0.5	28	85	150	150
19						7	320	90	150	150	0.5	30	90	150	150
20						6.5	350	90	150	150	0.5	25	90	150	150
21						9.5	380	80	150	150	0.5	17	90	150	150
22						9.5	460	90	150	150	0.5	16	90	150	150
23	1	54	90	150	150	6.5	280	85	150	150	0.5	24	90	150	150
24						8.5	360	90	150	150	1	35	90	150	150
25						6	320	90	150	150	1	38	90	150	150
26	0.6	46	90	150	150	6.4	300	90	150	150	1	32	90	150	150
27	1	50	85	150	150	8.5	340	80	150	150	0.5	24	90	160	160
28	1	50	90	150	150	7.5	360	90	150	150	0.5	23	90	150	150
29	0.5	22	90	150	150	5.5	240	90	150	150	1	50	90	150	150
30	2	140	90	160	160	7.7	260	85	130	130	0.5	36	100	150	150
31						6	280	90	150	150	1	47	90	150	150
32	2	98	90	150	150	8.5	340	90	150	150	0.5	20	90	150	150
33						5.5	300	90	150	150	0.5	28	85	150	150
34						7	260	90	150	150	1	24	90	150	150
35						11.5	340	120	150	150	2	10	85	120	120
36						8	310	90	150	150	0.5	6	90	150	150
37						9.5	470	85	150	150					
38						7	280	90	150	150	1.5	36	90	150	150
39						8	310	90	150	150	1	46	90	150	150
40						10	500	85	150	150					

农场编号	大麦					蚕豆					油菜籽				
	种植面积/地方亩	总产量/C	通常产量/(C/地方亩)	丰年产量/(C/地方亩)	最高产量/(C/地方亩)	种植面积/地方亩	总产量/C	通常产量/(C/地方亩)	丰年产量/(C/地方亩)	最高产量/(C/地方亩)	种植面积/地方亩	总产量/C	通常产量/(C/地方亩)	丰年产量/(C/地方亩)	最高产量/(C/地方亩)
41	0.5	40	90	150	150	9.5	360	90	150	150					
42						11	740	70	120	120	0.5	20	120	150	150
43						6.5	250	90	150	150	0.5	30	90	150	150
44						8	470	90	150	150	1	47	90	150	150
45						9	280	90	150	150	1	15	90	150	150
46						9.95	240	80	120	120	1	50	100	120	120
47	0.5	50	100	150	150	8.9	450	80	120	120	1	30	100	120	120
48	1	64	90	150	150	8.5	260	90	150	150	0.5	25	90	150	150
49						8	360	90	150	150	1	36	90	150	150
50						10	430	90	150	150	0.5	45	85	150	150
51	0.5	24	90	150	150	7.5	380	90	150	150	1	30	90	150	150
52	1	60	90	150	150	6.2	250	90	150	150	1	50	90	150	150
53						6	290	90	150	150	0.8	35	90	150	150
54						7.6	230	90	150	150	1	30	90	150	150
55	2	93	90	150	150	8.5	356	90	150	150	0.5	25	90	150	150
56						8	420	90	150	150	1.5	57	90	150	150
57	1	62	90	150	150	6.5	330	90	150	150	0.5	40	90	150	150
58						9.5	390	90	150	150	1	23	90	150	150
59						8	350	90	150	150	1	50	90	150	150
60						9	410	90	150	150	1	40	90	150	150
61						6.8	360	90	150	150	1	48	90	150	150
62	0.5	25	90	150	150	7	330	90	150	150	1	56	90	150	150
63						9.5	390	90	150	150	0.5	28	90	150	150
64	2	110	85	150	150	5	220	85	150	150	1	53	90	150	150
65	0.5	23	90	150	150	7	320	90	150	150	1.5	48	90	150	150
66						10	470	90	150	150	1	32	90	150	150
67	1	56	85	150	150	8.5	400	85	150	150	1	40	90	150	150
68						8	380	85	150	150	1	40	90	150	150
69						10	450	90	150	150	1	42	90	150	150
70	1	58	90	150	150	12	384	90	150	150	1	45	90	150	150
71						8.5	280	90	150	150	1	38	90	150	150
72						11	550	90	150	150	1	48	90	150	150
73	0.5	60	100	180	180	7.5	270	90	150	150	1	20	90	150	150
74						9	500	90	150	150	1	45	90	160	160
75	1	50	90	150	150	10	480	90	150	150	1	40	90	150	150
76	2	100	140	200	200	13	700	80	120	120	1	58	85	150	150
77	0.5	50	85	160	160	8.5	430	85	150	150	0.5	27	90	150	150
78						8	230	90	150	150	1	30	90	150	150
79	1	52	90	150	150	10.5	450	90	150	150	0.5	25	90	150	150
80						10	490	85	150	150	1	45	90	150	150
81	1	50	90	170	170	11	490	80	150	150	1	36	90	150	150

农场编号	大麦					蚕豆					油菜籽				
	种植面积/地方亩	总产量/C	通常产量/(C/地方亩)	丰年产量/(C/地方亩)	最高产量/(C/地方亩)	种植面积/地方亩	总产量/C	通常产量/(C/地方亩)	丰年产量/(C/地方亩)	最高产量/(C/地方亩)	种植面积/地方亩	总产量/C	通常产量/(C/地方亩)	丰年产量/(C/地方亩)	最高产量/(C/地方亩)
82	2	80	90	150	150	11.5	360	85	150	150					
83						10.2	460	90	150	150	1	52	80	150	150
84						11	470	90	150	150	1	46	90	150	150
85	2	100	90	150	150	10.6	425	80	140	140	1	45	90	150	150
86	0.5	42	90	150	150	12	520	90	150	150	1.5	36	90	150	150
87						12	580	90	150	150	1	33	90	150	150
88						14	580	90	150	150	1	37	90	150	150
89						12	460	90	150	150	1	48	90	150	150
90	2	80	90	150	150	10.5	520	90	150	150	0.5	40	90	150	150
91						13.5	480	90	150	150	1	40	90	150	150
92	1	60	80	160	160	17.5	700	90	120	120	1	45	90	150	150
93	0.5	25	90	150	150	8.5	260	90	150	150	1	33	90	150	150
94						11	360	90	150	150	2	95	90	150	150
95						15.5	700	90	150	150	1	40	90	150	150
96						10	480	90	150	150	1	46	90	150	150
97						21.5	645	80	130	130	1	40	90	140	140
98						17	850	80	150	150	1	40	85	150	150
99	0.5	46	90	150	150	14.1	660	90	150	150	1	27	90	150	150
100						12	518	85	150	150	1	36	85	150	150
101						14	555	90	150	150	1.5	68	90	150	150
102						13	600	85	150	150	1	46	85	150	150
103						12	360	85	150	150	1	45	85	150	150
104	1	60	90	150	150	15	750	90	150	150	1	46	85	150	150
105	2	95	90	150	120	9	380	90	150	150	1	50	90	150	150
106	0.7	80	90	150	150	18.2	560	90	150	150	1.6	24	90	150	130
107						14.5	730	90	150	150	1	44	90	150	150
108						14	640	90	150	150	2	56	90	150	150
109						17	720	90	150	150	1.5	60	90	150	150
110						17	650	90	150	150	1	44	90	150	150
111	2	100	90	150	150	15.5	680	90	150	150	1	46	90	150	150
112						15	780	85	160	160	1	40	90	160	160
113						21	1005	90	150	150	2	94	90	150	150
114	1	44	90	150	150	13	570	90	150	150	1	32	90	150	150
115	0.5	24	90	150	100	14.5	670	90	150	120	2	96	90	150	150
116						27.5	1180	90	150	150	1	40	80	130	130
117						23	1350	90	150	150	2	84	90	150	150
118	1	50	90	150	150	24.5	1170	90	150	150	1.5	56	90	150	150
总计	48.5	2740	4230	7060	6980	1180.65	51525	10465	17480	17420	108.1	4278	10260	16980	16930

表 14-5（续）

农场编号	籽棉					马铃薯				
	种植面积/地方亩	总产量/C	通常产量/(C/地方亩)	丰年产量/(C/地方亩)	最高产量/(C/地方亩)	种植面积/地方亩	总产量/C	通常产量/(C/地方亩)	丰年产量/(C/地方亩)	最高产量/(C/地方亩)
1	6.3	420	90	150	150					
2	6.5	530	90	150	150	0.5	410	900	1500	1500
3	7.4	570	90	150	150	0.5	420	900	1500	1500
4	8.5	620	90	150	150	0.3	240	900	1500	1500
5	6.6	520	90	150	150	0.3	320	900	1500	1500
6	8.8	614	90	150	150	0.2	160	900	1500	1500
7	8.5	640	90	150	150	0.5	470	900	1500	1500
8	7.5	460	90	150	150	0.4	380	900	1500	1500
9	9	650	90	150	150					
10	8.5	560	90	150	150	0.5	340	900	1500	1500
11	9	690	90	150	150					
12	8.5	667	90	150	150	0.5	380	900	1500	1500
13	5	520	90	150	110	0.9	840	900	1500	1000
14	8.5	690	90	150	150	0.8	750	900	1500	1500
15	6.5	550	90	150	150	1	1450	900	1500	1500
16	9	580	90	150	150					
17	9.2	750	90	150	150	0.7	640	900	1500	1500
18	10.9	840	90	150	150	0.1	100	1000	1400	1400
19	10	760	85	150	150					
20	9.4	780	90	150	150	0.5	400	900	1500	1500
21	10	670	85	150	150					
22	9.8	770	90	150	150	0.2	170	900	1500	1500
23	8.5	650	85	150	150	0.5	320	800	1200	1200
24	9.9	740	90	150	150					
25	9	710	90	150	150	0.6	520	900	1500	1500
26	9.4	780	90	150	150					
27	9	700	90	150	160					
28	9	660	90	150	150	1	1200	900	1500	1500
29	8	650	90	150	150	0.5	470	900	1500	1500
30	9.9	600	90	170	170					
31	9.3	750	90	150	150	0.6	470	900	1500	1500
32	10	760	90	150	150	1	950	900	1500	1500
33	9.8	690	85	150	150	0.2	140	700	1200	1200
34	10.4	780	90	150	150	0.5	430	900	1500	1500
35	11.9	940	100	150	150					
36	10	760	90	150	150	0.9	740	900	1500	1500
37	9.9	700	90	150	150					
38	10	780	90	150	150	0.7	580	900	1500	1500
39	10.9	823	90	150	150					
40	12	1000	90	150	150					

农场编号	籽棉					马铃薯				
	种植面积/地方亩	总产量/C	通常产量/(C/地方亩)	丰年产量/(C/地方亩)	最高产量/(C/地方亩)	种植面积/地方亩	总产量/C	通常产量/(C/地方亩)	丰年产量/(C/地方亩)	最高产量/(C/地方亩)
41	11	840	90	150	150					
42	11.5	580	85	150	150					
43	10	830	90	150	150	0.5	580	900	1500	1500
44	10.8	880	90	150	150					
45	12	930	90	150	150					
46	10.95	780	85	150	150					
47	11	600	100	130	130					
48	11.4	820	90	150	150	0.5	320	500	700	700
49	10	820	90	150	150	0.5	370	900	1500	1500
50	12.8	1050	85	150	150					
51	10.9	860	90	150	150	0.5	460	900	1500	1500
52	10	830	90	150	150	0.5	420	900	1500	1500
53	10	820	90	150	150					
54	12	910	90	150	150	0.5	400	700	1000	1000
55	10.5	780	90	150	150	1	1100	900	1500	1500
56	11	860	90	150	150	0.4	380	900	1500	1500
57	11.3	920	90	150	150	0.5	510	900	1500	1500
58	11.5	940	90	150	150	0.5	460	900	1500	1500
59	11.5	940	90	150	150					
60	12.5	980	90	150	150	0.5	320	900	1500	1500
61	10.2	840	90	150	150	1	950	900	1500	1500
62	10.5	870	90	150	150	0.5	430	900	1500	1500
63	12.5	880	85	150	150	0.5	400	700	1000	1000
64	12.4	1053	90	150	150	0.5	450	900	1500	1500
65	13.5	1040	90	150	150	0.4	370	900	1500	1500
66	12.4	750	90	150	150	0.5	350	900	1500	1500
67	13.2	1050	90	150	150	0.5	350	600	1000	1000
68	13.85	1100	90	150	150					
69	13.3	980	90	150	150	0.6	390	900	1500	1500
70	10.5	700	85	150	150					
71	11.05	875	90	150	150					
72	11.9	1080	85	150	150					
73	13.4	1050	90	150	150	0.4	700	1000	1800	1800
74	14.6	1100	85	160	160	0.2	200	700	1500	1500
75	12	970	90	150	150	0.7	680	900	1500	1500
76	16.1	1200	90	150	150	0.5	500	1200	1500	1500
77	12	1000	90	150	150					
78	12	860	90	150	150					
79	15.4	1240	90	150	150	0.5	460	900	1500	1500
80	14.8	1130	90	150	150					
81	17	1300	85	150	150					
82	13	900	90	150	150					

农场编号	籽棉					马铃薯				
	种植面积/地方亩	总产量/C	通常产量/(C/地方亩)	丰年产量/(C/地方亩)	最高产量/(C/地方亩)	种植面积/地方亩	总产量/C	通常产量/(C/地方亩)	丰年产量/(C/地方亩)	最高产量/(C/地方亩)
83	15	1220	90	150	150	0.8	700	900	1500	1500
84	13.2	1030	90	150	150					
85	16.4	1300	80	150	150	1	1000	1000	1500	1500
86	16	1240	90	150	150	0.8	580	900	1500	1500
87	16	1150	90	150	150					
88	17.4	1370	90	150	150	0.5	460	900	1500	1500
89	17	1320	90	150	150	0.5	400	900	1500	1500
90	14	1050	90	150	150	1	1400	900	1500	1500
91	17.5	1360	90	150	150	0.5	340	900	1500	1500
92	18.8	1500	80	170	170					
93	13	1200	90	150	150	0.5	480	900	1500	1500
94	16	1400	90	150	150	0.9	800	900	1500	1500
95	19.6	1550	85	150	150	0.2	150	700	1300	1300
96	17	1340	90	150	150	0.5	470	900	1500	1500
97	22.9	1720	90	150	150					
98	19	1500	85	150	150	0.5	400	600	1000	1000
99	18.6	1450	90	150	150					
100	20	1700	85	150	150					
101	18.7	1508	90	150	150	0.5	400	900	1500	1500
102	16.8	1170	85	150	150	0.1	820	700	1200	1200
103	20	1550	90	150	150					
104	24.3	2000	90	150	150	0.5	400	700	1200	1200
105	13.3	940	90	150	110	1	950	900	1500	1000
106	22.75	2360	90	150	150	0.5	450	900	1500	1500
107	20	1640	90	150	150	0.8	700	900	1500	1500
108	22	1870	90	150	150	0.5	460	900	1500	1500
109	24	2000	90	150	150	0.5	450	900	1500	1500
110	24	1700	90	150	150	0.9	1000	900	1500	1500
111	19.8	1600	90	150	150	1	1200	900	1500	1500
112	23.7	1850	90	150	150	1	800	600	1000	1000
113	27	2260	90	150	150	0.8	840	900	1500	1500
114	24.6	1980	90	150	150					
115	23	1880	90	150	120	0.7	580	900	1500	960
116	32	2580	90	150	150					
117	31.4	2400	90	150	150	0.5	450	900	1500	1500
118	34.4	2950	90	150	150	1	700	650	1000	1000
总计	1597.7	124900	10540	17730	17630	45.1	42220	66850	110500	108960

表 16-1 按照土壤类型和灌溉地类型分组的主要作物通常产量（汤溪）

农场编号	小麦								大麦							
	沙地				沙泥地				沙地				沙泥地			
	灌溉		非灌溉		灌溉		非灌溉		灌溉		非灌溉		灌溉		非灌溉	
	种植面积/地方单位	产量/(C/地方单位)	种植面积/地方单位	产量/(C/地方单位)	种植面积/地方单位	产量/(C/地方单位)	种植面积/地方单位	产量/(C/地方单位)	种植面积/地方单位	产量/(C/地方单位)	种植面积/地方单位	产量/(C/地方单位)	种植面积/地方单位	产量/(C/地方单位)	种植面积/地方单位	产量/(C/地方单位)
1			0.6	200							0.4	210				
2			0.5	250							0.5	250				
3			0.5	150							0.5	150				
4			0.25	250							0.65	250				
5			0.8	200							0.45	220				
6			0.75	250											0.6	250
7			0.6	150							0.8	220				
8			0.7	120							0.4	250				
9			0.6	200							0.7	200				
10			0.4	200							1.2	200				
11			0.5	150							0.3	150			0.65	150
12			0.4	250							1.4	220				
13			0.2	250							1.4	250				
14			0.9	200							1	200				
15			0.5	180							0.5	180				
16			0.5	200							1	200			0.5	u
17			1	200							1.4	200				
18			1	250							1.3	240				
19			0.65	200											1	200
20			0.8	150							1.4	150			0.6	150
21			1	200							1.3	200				
22			0.7	200							0.9	200			0.6	200
23			0.6	280							0.4	180			0.3	180
24			0.8	200							2.4	250				
25			0.5	100							1.05	100			1	100
26							0.4	200			1.7	200			1.1	u
27			1.3	200							2	200				
28			1.5	280							2.1	240				
29			0.25	220							1.65	250				
30			1.2	200							1.8	200				
31			0.3	250							1	250				
32			1	200							2.4	200				
33			0.8	120							0.8	220			1	200
34			1.2	200							1.7	200				
35			0.8	200							1.45	150			1	150
36			0.8	100							1.1	200			0.6	200
37			2	200							2	200				
38			1	200							1.4	220				

农场编号	小麦								大麦							
	沙地				沙泥地				沙地				沙泥地			
	灌溉		非灌溉		灌溉		非灌溉		灌溉		非灌溉		灌溉		非灌溉	
	种植面积/地方单位	产量/(C/地方单位)	种植面积/地方单位	产量/(C/地方单位)	种植面积/地方单位	产量/(C/地方单位)	种植面积/地方单位	产量/(C/地方单位)	种植面积/地方单位	产量/(C/地方单位)	种植面积/地方单位	产量/(C/地方单位)	种植面积/地方单位	产量/(C/地方单位)	种植面积/地方单位	产量/(C/地方单位)
39			1.6	200							2.4	200				
40			1.6	290							2.7	200				
41			1.4	220							1.8	230				
42			1	250							2.6	250				
43			1.4	240							2.5	200				
44			1.5	200							2	200				
45			0.95	300							4.3	200				
46			0.6	150							1	150			2	150
47			1	200							1.7	150			1.7	150
48			0.8	150							1.15	150				
49			1	120							1.3	120			1.3	120
50			0.6	280							2.3	250			1	250
51			1.4	175							2.6	200				
52			1.5	150							0.9	150			2.1	150
53			1.7	220							2.2	220				
54			2	200							3	200				
55			2	200							2.2	200			0.8	200
56			0.8	180							2.3	180				
57			2.2	240							3	240				
58			0.8	150							1.7	150			1.7	150
59			1.5	150							1.7	200			1	200
60			1.6	200							0.8	200			1.4	200
61			2.2	250							2	250				
62			1.8	200							2.8	200				
63			1.7	250							2.1	250			1.6	250
64			1.5	200							1.8	200			0.7	200
65			0.8	150							2.1	200			1.5	200
66			2	150							2.1	150			1.5	150
67			1.4	200							2	250			1.5	250
68			1.6	200							1.9	200				
69			1.7	150							1.8	150			3.5	150
70			0.8	200							2.8	180			0.45	200
71			2	220							4.7	250				
72			2	180							1.3	200			1.9	200
73			1.5	150							2	180			0.3	180
74			2	250							1.6	200			2.4	200
75			2	200							5	200				
76			1.2	150							2.2	150				
77			1.5	150							4.1	150			1	150

农场编号	小麦								大麦							
	沙地				沙泥地				沙地				沙泥地			
	灌溉		非灌溉		灌溉		非灌溉		灌溉		非灌溉		灌溉		非灌溉	
	种植面积/地方单位	产量/(C/地方单位)	种植面积/地方单位	产量/(C/地方单位)	种植面积/地方单位	产量/(C/地方单位)	种植面积/地方单位	产量/(C/地方单位)	种植面积/地方单位	产量/(C/地方单位)	种植面积/地方单位	产量/(C/地方单位)	种植面积/地方单位	产量/(C/地方单位)	种植面积/地方单位	产量/(C/地方单位)
78			3.1	250							5	250			1.3	250
79			2.5	200							2.8	220			2.1	220
80			2.5	200							3.6	200				
81			3.5	200							3.6	200				
82			3.6	220							5.5	250				
83			1.4	200							4.3	180			1.5	180
84			1.6	180							2.4	180			1.6	180
85			3	150							2.4	150			2	150
86			1.5	150							5.2	140				
87			2	200							3.6	200				
88			2	150							4.3	130			2.8	u
89			2.5	150							3.7	150				
90			2	120							4.6	150			1	150
91			5.9	200							6	200				
92			2	200							4.8	180			1.5	180
93			1.2	100							7.1	100			1.5	100
94			3.5	200							6.5	200			4.5	200
95			3	150							4.6	150			5.4	150
96			5	250							6.7	120				
97			2	100							7.3	80			2	80
98			5	150							5	150			4	150
99			2.6	160							10	160			2.3	160
100			5.5	200							6	200			4	200
总计			151.45	19145			0.4	200			245.9	18940			75.8	7830

254

表 16-1（续）

农场编号	小米								晚稻							
	沙地				沙泥地				沙地				沙泥地			
	灌溉		非灌溉		灌溉		非灌溉		灌溉		非灌溉		灌溉		非灌溉	
	种植面积/地方单位	产量/(C/地方单位)	种植面积/地方单位	产量/(C/地方单位)	种植面积/地方单位	产量/(C/地方单位)	种植面积/地方单位	产量/(C/地方单位)	种植面积/地方单位	产量/(C/地方单位)	种植面积/地方单位	产量/(C/地方单位)	种植面积/地方单位	产量/(C/地方单位)	种植面积/地方单位	产量/(C/地方单位)
1			0.2	450												
2			0.3	400												
3			1	400												
4			0.4	400									0.5	700		
5			0.85	350												
6			0.5	500									0.6	600		
7			0.4	400												
8			0.5	500												
9			0.3	500												
10			0.8	400												
11			0.6	300									0.9	700		
12			1	400												
13			1.2	400												
14			0.5	400												
15			0.7	200									1	700		
16			0.9	450									0.5	700		
17			1.5	430												
18			1	400												
19			0.6	200									1	800		
20			1.4	300									0.6	900		
21			1.5	300									0.5	900		
22			1.6	350									1.2	800		
23			0.3	600									1.9	800		
24			1.6	400												
25			1.2	300									1.6	800		
26			0.9	300									1.5	800		
27			1.4	350												
28			1.6	400												
29			1	400									1.5	650		
30			1.4	300									0.6	900		
31			0.2	500									1.5	650		
32			2	500												
33			0.7	400									2	650		
34			1.5	300									1	920		
35			0.8	300									1	800		
36			1.5	300									1.9	800		
37			2	450												
38			1.2	250									1.8	950		

农场编号	小米 沙地 灌溉 种植面积/(C/地方单位)	小米 沙地 灌溉 产量/(C/地方单位)	小米 沙地 非灌溉 种植面积/(C/地方单位)	小米 沙地 非灌溉 产量/(C/地方单位)	小米 沙泥地 灌溉 种植面积/(C/地方单位)	小米 沙泥地 灌溉 产量/(C/地方单位)	小米 沙泥地 非灌溉 种植面积/(C/地方单位)	小米 沙泥地 非灌溉 产量/(C/地方单位)	晚稻 沙地 灌溉 种植面积/(C/地方单位)	晚稻 沙地 灌溉 产量/(C/地方单位)	晚稻 沙地 非灌溉 种植面积/(C/地方单位)	晚稻 沙地 非灌溉 产量/(C/地方单位)	晚稻 沙泥地 灌溉 种植面积/(C/地方单位)	晚稻 沙泥地 灌溉 产量/(C/地方单位)	晚稻 沙泥地 非灌溉 种植面积/(C/地方单位)	晚稻 沙泥地 非灌溉 产量/(C/地方单位)
39			2	500									0.4	700		
40			1.7	500												
41			1.6	400									1	600		
42			1.6	400									1	700		
43			1.5	450									1.4	650		
44			1.8	400									1.8	650		
45			1.6	400												
46			1	300									3	700		
47			1.8	350												
48			0.6	300									3.5	700		
49			1	300									3.6	800		
50			2.4	380									2.5	900		
51			2.4	400									1.5	700		
52			1.2	400									3	800		
53			1.9	400									1.6	650		
54			2.5	450												
55			1.9	350									1.6	880		
56			2.6	250									3	740		
57			2	450												
58			1.5	300									3	900		
59			2	400									3	700		
60			1.2	350									3.8	850		
61			1.8	400									2	700		
62			2.7	400									1.4	750		
63			1.8	500									3	600		
64			1.7	400									3	700		
65			1.5	300									4.1	700		
66			2	300									2.7	700		
67			2.8	250									4	650		
68			2	300									2.9	800		
69			1.4	400									3.9	700		
70			2.2	400									4.05	700		
71			3	500									2	550		
72			2	400									5.6	700		
73			1.5	300									5	750		
74			2	400									6	800		
75			3.4	400									3	700		
76			1.5	150									6.5	700		
77			3.2	250									4	750		

农场编号	小米								晚稻							
	沙地				沙泥地				沙地				沙泥地			
	灌溉		非灌溉		灌溉		非灌溉		灌溉		非灌溉		灌溉		非灌溉	
	种植面积/(地方单位)	产量/(C/地方单位)	种植面积/(地方单位)	产量/(C/地方单位)	种植面积/(地方单位)	产量/(C/地方单位)	种植面积/(地方单位)	产量/(C/地方单位)	种植面积/(地方单位)	产量/(C/地方单位)	种植面积/(地方单位)	产量/(C/地方单位)	种植面积/(地方单位)	产量/(C/地方单位)	种植面积/(地方单位)	产量/(C/地方单位)
78			4	450									1.3	700		
79			2.5	450									4.2	700		
80			3	400									4	700		
81			3	450									4	600		
82			4.5	500									1.2	700		
83			3.3	300									5.5	900		
84			2	300									7	850		
85			3	300									6	600		
86			3.5	300									6	600		
87			3	400									7	700		
88			2.3	300									5.8	600		
89			3	400									6	750		
90			4	400									7	700		
91			5	600									0.6	650		
92			3.5	350									8	700		
93			4	400									7.4	720		
94			5.7	300									8	700		
95			4	350									10	700		
96			6	300									7.5	500		
97			4	300									8.5	650		
98			4	200									10	650		
99			6	300									10	850		
100			4.5	300									14	800		
总计			199.15	37310									273.95	56110		

表 16-1（续）

农场编号	花生								油菜籽							
	沙地				沙泥地				沙地				沙泥地			
	灌溉		非灌溉		灌溉		非灌溉		灌溉		非灌溉		灌溉		非灌溉	
	种植面积/地方单位	产量/(C/地方单位)	种植面积/地方单位	产量/(C/地方单位)	种植面积/地方单位	产量/(C/地方单位)	种植面积/地方单位	产量/(C/地方单位)	种植面积/地方单位	产量/(C/地方单位)	种植面积/地方单位	产量/(C/地方单位)	种植面积/地方单位	产量/(C/地方单位)	种植面积/地方单位	产量/(C/地方单位)
1																
2																
3																
4																
5																
6																
7			0.1	u												
8																
9			0.1	u							0.2	u				
10																
11													0.3	100		
12																
13																
14																
15																
16																
17																
18																
19													0.5	100		
20			0.8	u												
21													0.3	100		
22																
23																
24																
25													0.3	80		
26																
27			0.05	u												
28																
29																
30																
31																
32											0.4	100				
33											0.2	u				
34											0.4	100				
35															0.4	120
36													0.4	100		
37			0.2	u												
38													0.3	110		

农场编号	花生 沙地 灌溉 种植面积/地方单位	花生 沙地 灌溉 产量/(C/地方单位)	花生 沙地 非灌溉 种植面积/地方单位	花生 沙地 非灌溉 产量/(C/地方单位)	花生 沙泥地 灌溉 种植面积/地方单位	花生 沙泥地 灌溉 产量/(C/地方单位)	花生 沙泥地 非灌溉 种植面积/地方单位	花生 沙泥地 非灌溉 产量/(C/地方单位)	油菜籽 沙地 灌溉 种植面积/地方单位	油菜籽 沙地 灌溉 产量/(C/地方单位)	油菜籽 沙地 非灌溉 种植面积/地方单位	油菜籽 沙地 非灌溉 产量/(C/地方单位)	油菜籽 沙泥地 灌溉 种植面积/地方单位	油菜籽 沙泥地 灌溉 产量/(C/地方单位)	油菜籽 沙泥地 非灌溉 种植面积/地方单位	油菜籽 沙泥地 非灌溉 产量/(C/地方单位)
39															0.4	120
40									0.2	u						
41			0.1	u					0.4	u						
42																
43																
44			0.05	u											0.4	100
45			0.3	u												
46									0.4	100						
47									0.4	100						
48			0.4	u									0.4	150		
49													1	90		
50			0.3	u									1	100		
51			0.1	u												
52															0.5	80
53			0.1	u												
54			0.2	u												
55			0.3	u									0.4	100		
56													0.5	100		
57			0.1	u												
58															0.5	100
59													0.8	100		
60													1	100		
61									0.3	100						
62			0.1	u											0.2	u
63																
64													0.8	100		
65													0.5	100		
66													0.3	150		
67													0.3	100		
68									0.3	100					0.4	100
69			0.4	u									0.5	150		
70			0.4	400							0.4	100	1.6	100		
71			0.2	u												
72													0.5	100		
73													1	100		
74													0.9	100		
75															1	100
76													0.8	100		
77															0.8	100

农场编号	花生								油菜籽							
	沙地				沙泥地				沙地				沙泥地			
	灌溉		非灌溉		灌溉		非灌溉		灌溉		非灌溉		灌溉		非灌溉	
	种植面积/地方单位	产量/(C/地方单位)	种植面积/地方单位	产量/(C/地方单位)	种植面积/地方单位	产量/(C/地方单位)	种植面积/地方单位	产量/(C/地方单位)	种植面积/地方单位	产量/(C/地方单位)	种植面积/地方单位	产量/(C/地方单位)	种植面积/地方单位	产量/(C/地方单位)	种植面积/地方单位	产量/(C/地方单位)
78			0.8	u					0.1	u						
79													0.8	120		
80																
81			0.1	u											0.4	150
82			0.1	300												
83													1	80		
84													2	90		
85													1	100		
86													1	80		
87													1.6	80		
88			0.3	150									1	80		
89													1.5	100		
90													1.1	80		
91			0.3	350												
92													1.5	100		
93													0.8	100		
94													1.5	90		
95															2	80
96															1.5	150
97															1	100
98															1.5	100
99			1	300											3	90
100													0.1	100		
总计			6.9	1500					0.4	100	2.7	500	29.9	3730	14	1490

表 16-2 按照土壤类型和灌溉地类型分组的主要作物通常产量（桐庐 1）

农场编号	小麦											
	泥				沙土				其他			
	灌溉		非灌溉		灌溉		非灌溉		灌溉		非灌溉	
	种植面积/地方亩	产量/(C/地方亩)	种植面积/地方亩	产量/(C/地方亩)	种植面积/地方亩	产量/(C/地方亩)	种植面积/地方亩	产量/(C/地方亩)	种植面积/地方亩	产量/(C/地方亩)	种植面积/地方亩	产量/(C/地方亩)
1											0.3	100
2			0.8	80								
3			0.8	80								
4					0.8	100						
5			1	60								
6			1	100								
7			1	100								
8												
9			1.2	117								
10												
11												
12			0.9	120								
13			1.5	130								
14												
15												
16			0.8	100								
17			2	100								
18			1	100								
19											1	100
20			1.6	110								
21			1.5	120								
22			0.8	100								
23							1	35				
24			1.5	120								
25			1.6	100								
26			2	100								
27			0.8	100								
28												
29			1	100								
30			1	100								
31			0.6	100								
32							1	110				
33							2	110				
34			1.8	100								
35							2.5	120				
36			0.6	80								
37			0.4	100								
38			2.7	110								
39			0.4	100								

农场编号	小麦											
	泥				沙土				其他			
	灌溉		非灌溉		灌溉		非灌溉		灌溉		非灌溉	
	种植面积/地方亩	产量/(C/地方亩)	种植面积/地方亩	产量/(C/地方亩)	种植面积/地方亩	产量/(C/地方亩)	种植面积/地方亩	产量/(C/地方亩)	种植面积/地方亩	产量/(C/地方亩)	种植面积/地方亩	产量/(C/地方亩)
40											0.6	100
41			1	120								
42			1	80								
43			1	90								
44			1.1	120								
45			4	100								
46			1.5	100								
47			4	80								
48												
49			0.9	70								
50			1.5	100								
51			2	90								
52			1	90							0.2	80
53			1.3	100								
54			2	100								
55			2.6	130								
56			3.5	100							0.3	50
57												
58			2.8	160								
59			4	100								
60			3	120								
61												
62			1	120								
63			1.2	150								
64			2	120								
65			2	80								
66			0.3	100							0.7	60
67			1.25	80								
68							2	120				
69							2	150				
70							3	120				
71			3	120								
72			3	100								
73							2	125				
74			2	120								
75							4	170				
76							3	120				
77							4	130				
78							3.1	120				
79												

农场编号	小麦											
	泥				沙土				其他			
	灌溉		非灌溉		灌溉		非灌溉		灌溉		非灌溉	
	种植面积/地方亩	产量/(C/地方亩)	种植面积/地方亩	产量/(C/地方亩)	种植面积/地方亩	产量/(C/地方亩)	种植面积/地方亩	产量/(C/地方亩)	种植面积/地方亩	产量/(C/地方亩)	种植面积/地方亩	产量/(C/地方亩)
80							4.4	110				
81			2	100								
82			1.4	100								
83			0.9	100								
84			3	100							2	80
85			2.5	60								
86												
87			6	112			1	40				
88			3	113								
89							4	130				
90			1.5	120								
91			4	100								
92			3.8	125								
93			1.2	100								
94							7	100				
95							4	125				
96			4	162								
97			2.5	80								
98							9.5	110				
99							4	139				
100			4	90								
101			7	90								
102			2	80							4	60
103			4	120							1	80
104			1	100			3.3	130			1	80
105			6	150								
总计			144.05	7469			67.6	2414			11.1	790

表 16-2（续）

农场编号	稻											
	泥				沙土				其他			
	灌溉		非灌溉		灌溉		非灌溉		灌溉		非灌溉	
	种植面积/地方亩	产量/(C/地方亩)	种植面积/地方亩	产量/(C/地方亩)	种植面积/地方亩	产量/(C/地方亩)	种植面积/地方亩	产量/(C/地方亩)	种植面积/地方亩	产量/(C/地方亩)	种植面积/地方亩	产量/(C/地方亩)
1												
2	0.8	270										
3	0.8	220										
4					1	300						
5	1	270										
6	1	280										
7	1	250										
8	1.2	230										
9	1.2	300										
10	1.2	300										
11	1.4	250										
12	1.4	220										
13	1.5	320										
14	0.8	250										
15	1.5	213										
16	0.8	220										
17	2	250										
18	1	280										
19									2	280		
20	1.6	280										
21	2	350										
22	2.2	160										
23					2	180						
24	1.5	280										
25	1.6	300										
26	2	280										
27	0.8	220										
28	1.4	300										
29	1.8	300										
30	2.5	280										
31	1.9	286										
32					2	325						
33					2.5	300						
34	3	280										
35					3.2	240						
36	2.7	265										
37	1.6	295										
38	3.3	250										
39	3	250										

农场编号	稻											
	泥				沙土				其他			
	灌溉		非灌溉		灌溉		非灌溉		灌溉		非灌溉	
	种植面积/地方亩	产量/(C/地方亩)	种植面积/地方亩	产量/(C/地方亩)	种植面积/地方亩	产量/(C/地方亩)	种植面积/地方亩	产量/(C/地方亩)	种植面积/地方亩	产量/(C/地方亩)	种植面积/地方亩	产量/(C/地方亩)
40									2.2	300		
41	2.5	300										
42	2.5	210										
43	3	265										
44	2.5	280										
45	4	200										
46	3	250										
47	4	280										
48	4	240										
49	2.4	230										
50	4	215										
51	5	280										
52	5	285							0.2	300		
53	2.8	300										
54	3.1	190			1.9	200						
55	4.2	345										
56	4.3	280										
57	2.5	290										
58	3.6	265			1.2	300						
59	4	250										
60	5.5	267.5										
61	6	270										
62	4	320										
63	4.2	290										
64	7	300										
65	2	180										
66												
67	5	285										
68					7.2	280						
69					7.3	300						
70					6.4	290						
71	4	280			3	280						
72	2.2	200										
73	4	250			3.8	300						
74	9	310										
75	9	353.3										
76					9.5	280						
77					4.6	240			1	240		
78					8.5	280						
79	1	320										

农场编号	稻											
	泥				沙土				其他			
	灌溉		非灌溉		灌溉		非灌溉		灌溉		非灌溉	
	种植面积/地方亩	产量/(C/地方亩)	种植面积/地方亩	产量/(C/地方亩)	种植面积/地方亩	产量/(C/地方亩)	种植面积/地方亩	产量/(C/地方亩)	种植面积/地方亩	产量/(C/地方亩)	种植面积/地方亩	产量/(C/地方亩)
80					10	360						
81	9	230										
82	3	280										
83	0.9	220										
84	5.7	265										
85	4	280										
86	2.7	220										
87	8.9	320			1	320						
88	10	317.5										
89					10	300						
90	1.5	320										
91	9	220										
92	5.3	245										
93	9.7	227.5										
94					14.8	271.7						
95	7	300			8	300						
96	8	248										
97	2.5	250										
98					16	330						
99					20	300						
100	7	220										
101	14	240										
102	17	270										
103	12	240										
104	0.5	360			9.5	350						
105	17	300										
总计	335.5	22652.8			153.4	6626.7			5.4	1120		

表 16-2（续）

农场编号	大麦 泥 灌溉 种植面积/地方亩	泥 灌溉 产量/(C/地方亩)	泥 非灌溉 种植面积/地方亩	泥 非灌溉 产量/(C/地方亩)	沙土 灌溉 种植面积/地方亩	沙土 灌溉 产量/(C/地方亩)	沙土 非灌溉 种植面积/地方亩	沙土 非灌溉 产量/(C/地方亩)	其他 灌溉 种植面积/地方亩	其他 灌溉 产量/(C/地方亩)	其他 非灌溉 种植面积/地方亩	其他 非灌溉 产量/(C/地方亩)
1												
2												
3												
4												
5												
6												
7												
8			1.2	80								
9												
10												
11												
12			0.5	80								
13												
14												
15												
16												
17												
18												
19												
20												
21			0.5	100								
22			1.4	120								
23							1	30				
24												
25												
26												
27												
28												
29			0.8	80								
30			0.5	80								
31			1.5	80								
32												
33												
34			1	80								
35							0.7	120				
36												
37			1.6	100								
38												
39												

农场编号	大麦											
	泥				沙土				其他			
	灌溉		非灌溉		灌溉		非灌溉		灌溉		非灌溉	
	种植面积/地方亩	产量/(C/地方亩)	种植面积/地方亩	产量/(C/地方亩)	种植面积/地方亩	产量/(C/地方亩)	种植面积/地方亩	产量/(C/地方亩)	种植面积/地方亩	产量/(C/地方亩)	种植面积/地方亩	产量/(C/地方亩)
40												
41			1.5	100								
42												
43												
44			0.8	80								
45												
46												
47												
48			1	80								
49												
50			1	110								
51												
52												
53			1.5	60								
54			1.3	80								
55			1.6	100								
56			1.5	80								
57												
58							1	130				
59												
60			3	100								
61												
62												
63												
64												
65												
66												
67			0.75	60								
68							2	80				
69							2.4	100				
70							2	80				
71			1	80								
72			1.5	80								
73							1	80				
74			4	80								
75							2.8	140				
76												
77												
78												
79												

农场编号	大麦											
	泥				沙土				其他			
	灌溉		非灌溉		灌溉		非灌溉		灌溉		非灌溉	
	种植面积/地方亩	产量/(C/地方亩)	种植面积/地方亩	产量/(C/地方亩)	种植面积/地方亩	产量/(C/地方亩)	种植面积/地方亩	产量/(C/地方亩)	种植面积/地方亩	产量/(C/地方亩)	种植面积/地方亩	产量/(C/地方亩)
80							4.1	80				
81			1.5	93								
82			1.6	100								
83												
84			1.5	80								
85												
86			2.7	100								
87			2.2	92								
88			2	80								
89												
90												
91			1	80								
92			1.5	112								
93			0.8	75								
94							1.5	90				
95							1	100				
96			4	70								
97												
98												
99							2	100				
100			3	80								
101			5	48								
102			4	80								
103			1	100								
104							2.7	120				
105			4	100								
总计			65.25	3180			24.2	1250				

表 16-2（续）

农场编号	蚕豆											
	泥				沙土				其他			
	灌溉		非灌溉		灌溉		非灌溉		灌溉		非灌溉	
	种植面积/地方亩	产量/(C/地方亩)	种植面积/地方亩	产量/(C/地方亩)	种植面积/地方亩	产量/(C/地方亩)	种植面积/地方亩	产量/(C/地方亩)	种植面积/地方亩	产量/(C/地方亩)	种植面积/地方亩	产量/(C/地方亩)
1												
2												
3												
4												
5												
6												
7												
8												
9												
10												
11												
12												
13												
14												
15												
16											1	66
17												
18												
19												
20												
21												
22												
23												
24												
25												
26												
27											1	60
28												
29											1.1	60
30												
31			0.7	u								
32												
33												
34												
35												
36												
37												
38												
39												

农场编号	蚕豆											
	泥				沙土				其他			
	灌溉		非灌溉		灌溉		非灌溉		灌溉		非灌溉	
	种植面积/地方亩	产量/(C/地方亩)	种植面积/地方亩	产量/(C/地方亩)	种植面积/地方亩	产量/(C/地方亩)	种植面积/地方亩	产量/(C/地方亩)	种植面积/地方亩	产量/(C/地方亩)	种植面积/地方亩	产量/(C/地方亩)
40												
41												
42											1	96
43												
44											1.5	80
45												
46												
47												
48												
49												
50			0.5	u								
51												
52												
53			0.6	87								
54												
55												
56												
57												
58							0.2	u				
59												
60												
61												
62												
63							0.3	72				
64												
65												
66											0.3	40
67												
68												
69							0.6	u				
70												
71							1	u				
72			0.4	u								
73							0.8	u				
74			1	u								
75							1.2	u				
76												
77											0.4	72
78												
79												

农场编号	蚕豆											
	泥				沙土				其他			
	灌溉		非灌溉		灌溉		非灌溉		灌溉		非灌溉	
	种植面积/地方亩	产量/(C/地方亩)	种植面积/地方亩	产量/(C/地方亩)	种植面积/地方亩	产量/(C/地方亩)	种植面积/地方亩	产量/(C/地方亩)	种植面积/地方亩	产量/(C/地方亩)	种植面积/地方亩	产量/(C/地方亩)
80							1.5	u				
81			0.5	u								
82												
83												
84											0.9	50
85			2.5	50								
86												
87												
88												
89												
90												
91			1	50								
92												
93			0.7	u								
94												
95												
96												
97			0.8	72								
98												
99												
100												
101			2	u								
102			2	u							2	75
103											0.8	40
104			1	100							2	50
105			7	u								
总计			20.7	359			5.6	72			12	689

表 16-2（续）

农场编号	糯稻									
	泥				沙土		其他			
	灌溉		非灌溉		灌溉		灌溉		非灌溉	
	种植面积/地方亩	产量/(C/地方亩)	种植面积/地方亩	产量/(C/地方亩)	种植面积/地方亩	产量/(C/地方亩)	种植面积/地方亩	产量/(C/地方亩)	种植面积/地方亩	产量/(C/地方亩)
1										
2										
3										
4										
5										
6										
7										
8										
9										
10										
11										
12										
13										
14										
15										
16										
17										
18										
19										
20										
21										
22										
23										
24										
25										
26	0.5	200								
27										
28										
29										
30										
31	0.3	200								
32										
33					0.3	230				
34	0.2	200								
35										
36										
37										
38										
39										

农场编号	糯稻									
	泥				沙土		其他			
	灌溉		非灌溉		灌溉		灌溉		非灌溉	
	种植面积/地方亩	产量/(C/地方亩)	种植面积/地方亩	产量/(C/地方亩)	种植面积/地方亩	产量/(C/地方亩)	种植面积/地方亩	产量/(C/地方亩)	种植面积/地方亩	产量/(C/地方亩)
40										
41										
42										
43										
44										
45										
46										
47	0.2	200								
48										
49										
50	0.5	200								
51										
52										
53										
54	0.2	180								
55										
56	0.5	240								
57										
58										
59										
60	0.3	180								
61										
62	0.5	220								
63	0.6	200								
64										
65										
66	0.6	220								
67										
68					0.6	240				
69					0.5	180				
70					0.5	250				
71					0.5	240				
72										
73										
74										
75										
76					0.5	240				
77	0.5	200								
78					0.4	200				
79										

农场编号	糯稻									
	泥				沙土		其他			
	灌溉		非灌溉		灌溉		灌溉		非灌溉	
	种植面积/地方亩	产量/(C/地方亩)	种植面积/地方亩	产量/(C/地方亩)	种植面积/地方亩	产量/(C/地方亩)	种植面积/地方亩	产量/(C/地方亩)	种植面积/地方亩	产量/(C/地方亩)
80										
81	0.8	250								
82										
83										
84	0.5	160								
85										
86										
87	0.5	300								
88	0.5	220								
89					0.5	250				
90										
91	0.5	170								
92										
93										
94					1	200				
95	0.8	250								
96										
97										
98					1	270				
99					1	250				
100										
101										
102	1	200								
103	1.2	200								
104	1.5	280								
105										
总计	12.2	4470			6.8	2550				

表 16-3　按照土壤类型和灌溉地类型分组的主要作物通常产量（桐庐 2）

农场编号	小麦								油菜籽							
	沙土		泥土		沙泥土		其他		沙土		泥土		沙泥土		其他	
	非灌溉		非灌溉		非灌溉		非灌溉		非灌溉		非灌溉		非灌溉		非灌溉	
	种植面积/地方亩	产量/(C/地方亩)	种植面积/地方亩	产量/(C/地方亩)	种植面积/地方亩	产量/(C/地方亩)	种植面积/地方亩	产量/(C/地方亩)	种植面积/地方亩	产量/(C/地方亩)	种植面积/地方亩	产量/(C/地方亩)	种植面积/地方亩	产量/(C/地方亩)	种植面积/地方亩	产量/(C/地方亩)
1									0.2	60						
2	0.1	40							0.5	50						
3																
4																
5											1.4	50				
6																
7	0.5	u							1.5	60						
8																
9											2.5	40				
10																
11																
12										1	40					
13											1	30				
14																
15										1	50					
16					0.4	100					2	75				
17											0.5	100				
18											1	80				
19																
20											1.25	64				
21													0.5	20		
22										1	40					
23																
24					1.5	150					0.7	70				
25	0.8	u									1	80	0.75	67		
26																
27											2	50				
28					1	70					1.5	60				
29	0.3	130														
30											0.7	85				
31	1	80									2	80				
32	1.5	70														
33											1	100				
34																
35															1	80
36															1.25	80
37	1	80									0.4	100				
38																

农场编号	小麦 沙土 非灌溉 种植面积/地方亩	小麦 沙土 非灌溉 产量/(C/地方亩)	小麦 泥土 非灌溉 种植面积/地方亩	小麦 泥土 非灌溉 产量/(C/地方亩)	小麦 沙泥土 非灌溉 种植面积/地方亩	小麦 沙泥土 非灌溉 产量/(C/地方亩)	小麦 其他 非灌溉 种植面积/地方亩	小麦 其他 非灌溉 产量/(C/地方亩)	油菜籽 沙土 非灌溉 种植面积/地方亩	油菜籽 沙土 非灌溉 产量/(C/地方亩)	油菜籽 泥土 非灌溉 种植面积/地方亩	油菜籽 泥土 非灌溉 产量/(C/地方亩)	油菜籽 沙泥土 非灌溉 种植面积/地方亩	油菜籽 沙泥土 非灌溉 产量/(C/地方亩)	油菜籽 其他 非灌溉 种植面积/地方亩	油菜籽 其他 非灌溉 产量/(C/地方亩)
39					1.5	90					1.5	70				
40													1	50		
41																
42											1	70				
43											1	60				
44																
45									2	40						
46											1	60				
47											1	70				
48											2	50	1	40		
49					1.5	35					2	45				
50			1	80							0.5	80				
51									3	35						
52									2	30						
53											2	60				
54											1	70				
55																
56											1.25	u				
57					1	70							0.5	60		
58	0.5	120											3	60		
59	0.1	200									1.5	80				
60					1.5	40					0.5	65				
61													1	60		
62									1.5	u						
63	1	u									3	60				
64					0.5	60							0.72	120		
65									0.25	50						
66											1.5	105				
67	3	30									2	50				
68									1.5	80						
69					1	60					1	40				
70													2	50		
71											2	75				
72							2	60			3	50				
73											3	75				
74											1	70				
75	0.2	200														
76					1	30					2	50				
77											1	30				

农场编号	小麦								油菜籽							
	沙土		泥土		沙泥土		其他		沙土		泥土		沙泥土		其他	
	非灌溉		非灌溉		非灌溉		非灌溉		非灌溉		非灌溉		非灌溉		非灌溉	
	种植面积/地方亩	产量/(C/地方亩)	种植面积/地方亩	产量/(C/地方亩)	种植面积/地方亩	产量/(C/地方亩)	种植面积/地方亩	产量/(C/地方亩)	种植面积/地方亩	产量/(C/地方亩)	种植面积/地方亩	产量/(C/地方亩)	种植面积/地方亩	产量/(C/地方亩)	种植面积/地方亩	产量/(C/地方亩)
78					2	75					2	75				
79					2	75					2	75				
80					2	70					2	60				
81											4	35				
82					1	100					2	100				
83																
84									1	60						
85											2	35				
86					2	80					3	40				
87											2	70				
88											3	80				
89											4.5	65				
90											4	120				
91							0.5	120			3	70				
92											3	70				
93											3	20				
94											3	30				
95			1	80							3	60				
96											3	40				
97					5	40					6	50				
98											1.5	80				
99											1.5	40				
100											2	45				
101													4	40			
102					7	70					13	38				
总计	10	950	2	160	31.9	1215	2.5	180	16.45	595	127.2	3747	14.47	567	2.25	160

表 16-3（续）

农场编号	黄豆								稻							
	沙土		泥土		沙泥土		其他		沙土		泥土		沙泥土		其他	
	非灌溉		非灌溉		非灌溉		非灌溉		灌溉		灌溉		灌溉		灌溉	
	种植面积/地方亩	产量/(C/地方亩)	种植面积/地方亩	产量/(C/地方亩)	种植面积/地方亩	产量/(C/地方亩)	种植面积/地方亩	产量/(C/地方亩)	种植面积/地方亩	产量/(C/地方亩)	种植面积/地方亩	产量/(C/地方亩)	种植面积/地方亩	产量/(C/地方亩)	种植面积/地方亩	产量/(C/地方亩)
1	0.5	u														
2	0.2	300														
3											3	300				
4	0.3	80							3	320						
5											4	300				
6											3.5	333				
7	0.5	90							3	340						
8							0.3	80	3	300						
9											4	330				
10											5	220				
11											4	300				
12									5	310						
13											5	400				
14									5	320						
15									6	320						
16											4.7	320	0.8	320		
17	0.05	280									6	300				
18											5	350				
19											4	320				
20											5.75	360				
21					0.5	60					6	200				
22									7.2	305						
23													7.3	300		
24					1.5	30			6	250						
25	0.8	100							0.2	250			6.8	250		
26									8	350						
27									2	350			6	350		
28									7.5	200			1	200		
29	0.3	90							9	270						
30											7	300				
31									1	333	2	333	6	333		
32									8	280						
33											8	400				
34			0.25	54							9	315				
35															9.25	290
36															10	280
37									1	300	9	300				
38															10	320

农场编号	黄豆								稻							
	沙土		泥土		沙泥土		其他		沙土		泥土		沙泥土		其他	
	非灌溉		非灌溉		非灌溉		非灌溉		灌溉		灌溉		灌溉		灌溉	
	种植面积/地方亩	产量/(C/地方亩)	种植面积/地方亩	产量/(C/地方亩)	种植面积/地方亩	产量/(C/地方亩)	种植面积/地方亩	产量/(C/地方亩)	种植面积/地方亩	产量/(C/地方亩)	种植面积/地方亩	产量/(C/地方亩)	种植面积/地方亩	产量/(C/地方亩)	种植面积/地方亩	产量/(C/地方亩)
39					1.5	60					4.25	320				
40					1	30					8	300				
41											5.5	254				
42											9	300				
43									10	360	1	360				
44											11	340				
45	0.2	90							10	320	1	300	0.5	280		
46											4.33	285			6.66	320
47											6	300				
48					1	40					10	240				
49					1.5	40					5	250				
50					0.5	70					9	300				
51											12	293				
52									2	280			11	320		
53											5	300				
54									12	320	1	320				
55											4.5	216			8	216
56											5	280	5	280		
57					1	60					7	250				
58	0.5	200									10	360	3	400		
59											12	300				
60											8	300				
61													14	347		
62									1.5	300	0.2	300	12.3	300		
63									1	300	12.25	275				
64			0.5	40									15	280		
65									0.25	300	0.08	300			15.17	300
66											11	320				
67	2	30									13	310				
68	0.3	80							1.5	380	0.2	380	14.3	380		
69											12.25	320				
70	0.3	45							1	330			6.5	317		
71											15	300				
72											15.5	227				
73											18	283				
74									12	280	1	280				
75	0.2	250							0.2	320	16.8	320				
76			1	50							16	300				
77											1	280	15	300		

农场编号	黄豆								稻							
	沙土		泥土		沙泥土		其他		沙土		泥土		沙泥土		其他	
	非灌溉		非灌溉		非灌溉		非灌溉		灌溉		灌溉		灌溉		灌溉	
	种植面积/地方亩	产量/(C/地方亩)	种植面积/地方亩	产量/(C/地方亩)	种植面积/地方亩	产量/(C/地方亩)	种植面积/地方亩	产量/(C/地方亩)	种植面积/地方亩	产量/(C/地方亩)	种植面积/地方亩	产量/(C/地方亩)	种植面积/地方亩	产量/(C/地方亩)	种植面积/地方亩	产量/(C/地方亩)
78											15	300				
79											12	300				
80											19	267				
81					2	80					12	240				
82					1	100					15.25	281				
83															20	300
84									20	250						
85	0.3	80									3	300	15	320		
86											15	300				
87											20	300				
88											24	275				
89											23	300				
90											25	280				
91											25	280				
92	1	60									22.5	250				
93									20	240	5	280				
94	1	80											21	300		
95											24	348				
96											27	300				
97											23.5	275				
98					1	40					30	283				
99											25.5	333				
100											30	280				
101													35	317		
102											38	288				
总计	8.45	1855	1.75	144	12.5	610	0.3	80	139.65	7078	826.26	23804	190.5	5614	84.08	2306

表 16-3（续）

农场编号	糯稻							
	沙土		泥土		沙泥土		其他	
	灌溉		灌溉		灌溉		灌溉	
	种植面积/地方亩	产量/(C/地方亩)	种植面积/地方亩	产量/(C/地方亩)	种植面积/地方亩	产量/(C/地方亩)	种植面积/地方亩	产量/(C/地方亩)
1								
2								
3								
4								
5								
6								
7								
8								
9								
10								
11								
12								
13								
14								
15								
16								
17								
18			1	300				
19								
20								
21								
22								
23								
24								
25								
26								
27								
28			0.25	200				
29								
30								
31								
32								
33			1	300				
34			0.5	350				
35								
36							0.75	300
37								
38								
39			0.25	320				

农场编号	糯稻							
	沙土		泥土		沙泥土		其他	
	灌溉		灌溉		灌溉		灌溉	
	种植面积/地方亩	产量/(C/地方亩)	种植面积/地方亩	产量/(C/地方亩)	种植面积/地方亩	产量/(C/地方亩)	种植面积/地方亩	产量/(C/地方亩)
40								
41								
42								
43	0.4	300						
44								
45								
46							1	280
47			0.75	300				
48								
49								
50								
51								
52								
53			2	250				
54								
55								
56								
57			0.5	240				
58								
59								
60			1	280				
61								
62								
63			1.5	250				
64								
65								
66								
67								
68								
69			3	200				
70					0.7	250		
71			1	250				
72								
73								
74			2	180				
75								
76			0.75	260				
77			1	260				
78								
79								

农场编号	糯稻							
	沙土		泥土		沙泥土		其他	
	灌溉		灌溉		灌溉		灌溉	
	种植面积/地方亩	产量/(C/地方亩)	种植面积/地方亩	产量/(C/地方亩)	种植面积/地方亩	产量/(C/地方亩)	种植面积/地方亩	产量/(C/地方亩)
80			1	200				
81								
82			1	250				
83								
84								
85					2	220		
86								
87			2	300				
88								
89								
90								
91								
92								
93								
94			3	200				
95			1	315				
96								
97			2	200				
98								
99			0.5	400				
100			1.5	240				
101					2	350		
102			4	180				
总计	0.4	300	32.5	6225	4.7	820	1.75	580

表 16-4　按照土壤类型和灌溉地类型分组的主要作物通常产量（东阳）

农场编号	稻				大麦				小麦				黄豆			
	NO.2*				NO.2*				NO.2*				NO.2*			
	灌溉		非灌溉		灌溉		非灌溉		灌溉		非灌溉		灌溉		非灌溉	
	种植面积/地方单位	产量/(C/地方单位)	种植面积/地方单位	产量/(C/地方单位)	种植面积/地方单位	产量/(C/地方单位)	种植面积/地方单位	产量/(C/地方单位)	种植面积/地方单位	产量/(C/地方单位)	种植面积/地方单位	产量/(C/地方单位)	种植面积/地方单位	产量/(C/地方单位)	种植面积/地方单位	产量/(C/地方单位)
1	59	10					20	3			34	3			9	3
2	38	10									23	2			25	2
3	39	14					25	5			30	3			30	3
4	61	12					9	3			36	3			9	3
5	54	13					15	4			28	4			24	3
6	70	12					22	3			20	3			25	2
7	53	14					18	2.5			30	3			32	3
8	62	12					37	4			25	3			25	3
9	52	11					15	4			26	4			24	2.5
10	69	13					16	3			21	3			13	2.5
11	78	12					36	4			24	3			17	3
12	94	10					28	3			32	3			15	3
13	72	10					40	3			25	3			25	3
14	82	11					24	3			28	3			18	3
15	82	12					20	3			16	3				
16	86	13					20	3			34	3			5	3
17	78	13					34	3			27	3			18	3
18	104	12					24	3			34	3			16	3
19	86	10					36	2			17	3			17	2
20	70	12					42	4			28	3			26	3.5
21	84	7					10	5			43	3			43	2
22	80	10					20	3			17	3			10	3
23	94	10					27	3			20	3			19	3
24	101	11					22	3			37	3.5			20	3
25	68	13					31	3			14	3			25	3
26	92	13					33	4			27	4			15	4
27	96	14					33	3			16	3			16	2.5
28	38	14					45	3			21	2.5			21	2.5
29	97	12					30	4			28	3			22	3
30	105	12					18	3			35	3			15	3
31	130	13					35	4			32	3			20	3
32	106	14					32	3			40	3			20	3
33	98	10					32	3			37	3			28	3
34	110	10					20	4			35	4			30	3
35	103	11					25	3			46	3			32	2
36	90	13					27	3			30	3			30	2
37	114	11					25	4			33	3			28	2.5
38	69	12					15	4			40	3			55	2.5

农场编号	稻 NO.2* 灌溉 种植面积/地方单位	产量/(C/地方单位)	非灌溉 种植面积/地方单位	产量/(C/地方单位)	大麦 NO.2* 灌溉 种植面积/地方单位	产量/(C/地方单位)	非灌溉 种植面积/地方单位	产量/(C/地方单位)	小麦 NO.2* 灌溉 种植面积/地方单位	产量/(C/地方单位)	非灌溉 种植面积/地方单位	产量/(C/地方单位)	黄豆 NO.2* 灌溉 种植面积/地方单位	产量/(C/地方单位)	非灌溉 种植面积/地方单位	产量/(C/地方单位)
39	109	12					27	3			49	3			35	3
40	98	12					18	3			47	3			38	2.5
41	131	14					16	3			37	3			15	3
42	93	12					57	3			30	3			30	3
43	98	14					48	4			30	4			48	2
44	116	12					35	4			42	4			40	2.5
45	120	13					35	3.5			42	3			20	3
46	94	11					24	3.5			37	3			30	2.5
47	96	13					40	4			45	4			45	3
48	107	12					52	4			46	3			46	3
49	104	13					40	3			35	2.5			35	2
50	126	12					48	3.5			35	3			30	2.5
51	123	13					40	3			35	3			42	2.5
52	138	13					43	3			48	3			37	3
53	157	12					58	3.5			36	3			20	3.5
54	122	12					42	3			40	3			38	3
55	142	12					44	4			30	3			35	2
56	122	12					53	3			38	3			38	3
57	130	12					32	3			45	3			50	3
58	120	10					36	3			38	3			29	2.5
59	146	12					45	3			58	3.5			30	2
60	148	12					50	4			46	4			23	4
61	152	12					38	3			40	3			45	2.5
62	145	13					32	2.5			16	3			16	3
63	169	11					62	3			30	3			30	3
64	112	7					36	3			40	3			67	2.5
65	155	10					65	3			40	3			40	3
66	133	12					68	3.5			37	3			40	3
67	129	13					42	3			38	3			50	3
68	125	11					50	4			36	4			50	3
69	141	11					50	4			44	3			35	3
70	159	12					60	3.5			27	3			27	3
71	120	12					67	4			40	3			40	3
72	145	13					82	3			44	3			64	3
73	134	12					50	4			26	3			50	3
74	156	11					74	3			37	3			52	2
75	149	13					57	3			30	4			57	3
76	133	12					64	4			25	3.5			75	2.5
77	196	13					66	3.5			35	3			35	3

农场编号	稻 NO.2* 灌溉 种植面积/(地方单位)	稻 NO.2* 灌溉 产量/(C/地方单位)	稻 NO.2* 非灌溉 种植面积/(地方单位)	稻 NO.2* 非灌溉 产量/(C/地方单位)	大麦 NO.2* 灌溉 种植面积/(地方单位)	大麦 NO.2* 灌溉 产量/(C/地方单位)	大麦 NO.2* 非灌溉 种植面积/(地方单位)	大麦 NO.2* 非灌溉 产量/(C/地方单位)	小麦 NO.2* 灌溉 种植面积/(地方单位)	小麦 NO.2* 灌溉 产量/(C/地方单位)	小麦 NO.2* 非灌溉 种植面积/(地方单位)	小麦 NO.2* 非灌溉 产量/(C/地方单位)	黄豆 NO.2* 灌溉 种植面积/(地方单位)	黄豆 NO.2* 灌溉 产量/(C/地方单位)	黄豆 NO.2* 非灌溉 种植面积/(地方单位)	黄豆 NO.2* 非灌溉 产量/(C/地方单位)
78	146	12					77	4			60	3			60	2.5
79	142	8					45	3			47	3			47	3
80	136	13					85	3			30	3			60	2.5
81	150	13					85	4			20	3			65	3
82	188	11					84	3			30	2.5			50	2
83	195	9					66	3			20	3			36	3
84	230	9					76	3			37	3			34	2
85	335	12					150	3			98	3			74	3
86	318	12					150	3			90	3			120	3
总计	9997	1013					3625	284.5			2995	267			2895	236.5

表 16-4（续）

农场编号	玉米 NO.2*				红萝卜 NO.2*				油菜 NO.2*				糯稻 NO.2*			
	灌溉		非灌溉		灌溉		非灌溉		灌溉		非灌溉		灌溉		非灌溉	
	种植面积/(C/地方单位)	产量/(C/地方单位)	种植面积/(C/地方单位)	产量/(C/地方单位)	种植面积/(C/地方单位)	产量/(C/地方单位)	种植面积/(C/地方单位)	产量/(C/地方单位)	种植面积/(C/地方单位)	产量/(C/地方单位)	种植面积/(C/地方单位)	产量/(C/地方单位)	种植面积/(C/地方单位)	产量/(C/地方单位)	种植面积/(C/地方单位)	产量/(C/地方单位)
1			9	8			4	40								
2			25	4			3	40			5	3				
3			30	7							5	5	5	15		
4			9	7												
5			24	7			3	50			6	5	6	15		
6			25	6			2	50					9	14		
7			32	5							4	4				
8			25	7			8	50								
9			24	7			3	50								
10			13	6												
11			17	8			4	40			5	3				
12			15	7							5	4				
13			25	5			5	50								
14			18	6			3	50								
15													16	12		
16			5	7			8	50			7	4	14	14		
17			18	7			5	60			7	5				
18			16	6							5	4	7	15		
19			17	5			6	50			6	4	17	12		
20			26	7			4	60			7	4				
21			43	5			3	60								
22			10	6			7	40					30	12		
23			19	7			3	40			4	4	24	10		
24			20	7			6	60			6	5	12	15		
25			25	6			3	50					47	14		
26							4	60					27	14		
27			16	6			5	50					22	15		
28			21	6			3	50			5	5	65	14		
29			22	6			4	60			9	4	37	14		
30			15	6							5	4	20	12		
31			20	7			10	50			5	3				
32			20	7			4	60					17	15		
33			28	6			5	40			5	4	15	12		
34			30	7			4	70					7	13		
35			32	7			4	60			4	4	7	16		
36			30	7							5	5	6	13		
37			28	7			3	60			5	3	13	15		
38			55	7			3	60			5	5	20	14		
39			35	6			3	60			3	4	14	14		

农场编号	玉米 NO.2* 灌溉 种植面积/(C/地方单位)	产量/(C/地方单位)	非灌溉 种植面积/(C/地方单位)	产量/(C/地方单位)	红萝卜 NO.2* 灌溉 种植面积/(C/地方单位)	产量/(C/地方单位)	非灌溉 种植面积/(C/地方单位)	产量/(C/地方单位)	油菜 NO.2* 灌溉 种植面积/(C/地方单位)	产量/(C/地方单位)	非灌溉 种植面积/(C/地方单位)	产量/(C/地方单位)	糯稻 NO.2* 灌溉 种植面积/(C/地方单位)	产量/(C/地方单位)	非灌溉 种植面积/(C/地方单位)	产量/(C/地方单位)
40			38	7			5	60			4	4	20	15		
41			15	6			5	50					24	15		
42			30	7			5	60			7	5	24	14		
43			48	6							7	4	14	15		
44			40	6			4	60			5	5	8	14		
45			20	8			4	60			8	5	32	14		
46			30	7			3	60			4	4	24	13		
47			45	9			5	60			6	3	24	13		
48			46	7			5	60			5	4	32	14		
49			35	6							5	4	38	14		
50			30	6			3	60			6	4	25	14		
51			42	6			8	50			4	5	7	15		
52			37	6			6	50			6	5	28	14		
53			20	8			8	60			9	5	16	14		
54			38	7			5	50			8	4	32	13		
55			35	6			7	50			7	4	17	15		
56			38	7			4	60					50	14		
57			50	6			7	60			5	3	26	15		
58			69	6.5			5	50			5	5	24	12		
59			30	7			5	60			8	4	32	15		
60			23	7			4	60			5	5	22	14		
61			45	7			3	50			6	4	23	15		
62			16	7							6	3	52	14		
63			30	7			4	60			7	4	22	14		
64			67	5							5	4	56	10		
65			40	7			10	50			12	3	25	12		
66			40	6			4	60			9	4	45	13		
67			50	7			5	u			6	6	43	14		
68			50	7			4	60			6	5	36	14		
69			35	7			3	60			8	3	57	14		
70			27	8			3	60			5	5	46	13		
71			40	6			3	60			6	5	82	14		
72			64	6			3	60			5	4	28	15		
73			50	7			4	50			6	5	86	14		
74			52	6			5	60			10	3	64	12		
75			37	6			10	60					70	15		
76			75	7			5	60			9	4	58	14		
77			35	7			3	60			5	4	58	15		
78			60	7			5	60			8	4	57	15		
79			47	6			10	40			10	3	95	8		

| 农场编号 | 玉米 NO.2* | | | | 红萝卜 NO.2* | | | | 油菜 NO.2* | | | | 糯稻 NO.2* | | | |
| | 灌溉 | | 非灌溉 | | 灌溉 | | 非灌溉 | | 灌溉 | | 非灌溉 | | 灌溉 | | 非灌溉 | |
	种植面积/地方单位	产量/(C/地方单位)	种植面积/地方单位	产量/(C/地方单位)	种植面积/地方单位	产量/(C/地方单位)	种植面积/地方单位	产量/(C/地方单位)	种植面积/地方单位	产量/(C/地方单位)	种植面积/地方单位	产量/(C/地方单位)	种植面积/地方单位	产量/(C/地方单位)	种植面积/地方单位	产量/(C/地方单位)
80			60	6			5	50			4	5	114	14		
81			65	7			7	50			7	5	107	15		
82			50	6			4	70			10	3	77	12		
83			36	6			5	40			7	3	96	12		
84			34	6			6	40			9	4	108	10		
85			74	6			9	50			12	4	144	14		
86			120	6			10	60			10	4	138	14		
总计			2900	548.5			360	3920			427	279	2763	971		

*分地块，但具体土质不详

表 16-5 按照土壤类型和灌溉地类型分组的主要作物通常产量（余姚）

农场编号	蚕豆 沙土 灌溉 种植面积/地方亩	产量/(C/地方亩)	非灌溉 种植面积/地方亩	产量/(C/地方亩)	油菜籽 沙土 灌溉 种植面积/地方亩	产量/(C/地方亩)	非灌溉 种植面积/地方亩	产量/(C/地方亩)	棉 沙土 灌溉 种植面积/地方亩	产量/(C/地方亩)	非灌溉 种植面积/地方亩	产量/(C/地方亩)
1			4	90			0.9	90			6.3	90
2			6	90			1	90			6.5	90
3			5.5	90			1	90			7.4	90
4			6.5	90			1	90			8.5	90
5			5.2	90			0.8	90			6.6	90
6			8.3	90			0.5	90			8.8	90
7			7	90			0.5	90			8.5	90
8			5.5	90			1	90			7.5	90
9			6.5	90			1	90			9	90
10			8	90			1	90			8.5	90
11			7.5	90			0.5	90			9	90
12			6	90			0.5	90			8.5	90
13			5	90			0.5	90			5	90
14			3	90			0.5	90			8.5	90
15			3.5	90			0.5	100			6.5	90
16			7	85			0.5	90			9	90
17			7.5	90			0.5	85			9.2	90
18			9.5	90			0.5	90			10.9	90
19			7	90			0.5	90			10	85
20			6.5	90			0.5	90			9.4	90
21			9.5	80			0.5	90			10	85
22			9.5	90			0.5	90			9.8	90
23			6.5	85			0.5	90			8.5	85
24			8.5	90			1	90			9.9	90
25			6	90			1	90			9	90
26			6.4	90			1	90			9.4	90
27			8.5	80			0.5	90			9	90
28			7.5	90			0.5	90			9	90
29			5.5	90			1	90			8	90
30			7.7	85			0.5	100			9.9	90
31			6	90			1	90			9.3	90
32			8.5	90			0.5	90			10	90
33			5.5	90			0.5	85			9.8	85
34			7	90			1	90			10.4	90
35			11.5	120			0.2	85			11.9	100
36			8	90			0.5	90			10	90
37			9.5	85							9.9	90
38			7	90			1.5	90			10	90
39			8	90			1	90			10.9	90

农场编号	蚕豆				油菜籽				棉			
	沙土				沙土				沙土			
	灌溉		非灌溉		灌溉		非灌溉		灌溉		非灌溉	
	种植面积/地方亩	产量/(C/地方亩)	种植面积/地方亩	产量/(C/地方亩)	种植面积/地方亩	产量/(C/地方亩)	种植面积/地方亩	产量/(C/地方亩)	种植面积/地方亩	产量/(C/地方亩)	种植面积/地方亩	产量/(C/地方亩)
40			10	85							12	90
41			9.5	90			0.5	120			11	90
42			11	70							11.5	85
43			6.5	90			0.5	90			10	90
44			8	90			1	90			10.8	90
45			9	90			1	90			12	90
46			9.95	80			1	100			10.95	85
47			8.9	80			1	100			11	100
48			8.5	90			0.5	90			11.4	90
49			8	90			1	90			10	90
50			10	90			0.5	85			12.8	85
51			7.5	90			1	90			10.9	90
52			6.2	90			1	90			10	90
53			6	90			0.8	90			10	90
54			7.6	90			1	90			12	90
55			8.5	90			0.5	90			10.5	90
56			8	90			1.5	90			11	90
57			6.5	90			0.5	90			11.3	90
58			9.5	90			1	90			11.5	90
59			8	90			1	90			11.5	90
60			9	90			1	90			12.5	90
61			6.8	90			1	90			10.2	90
62			7	90			1	90			10.5	90
63			9.5	90			0.5	90			12.5	85
64			5	85			1	90			12.4	90
65			7	90			1.5	90			13.5	90
66			10	90			1	90			12.4	90
67			8.5	85			1	90			13.2	90
68			8	85			1	90			13.85	90
69			10	90			1	90			13.3	90
70			12	90			1	90			10.5	85
71			8.5	90			1	90			11.05	90
72			11	90			1	90			11.9	85
73			7.5	90			1	90			13.4	90
74			9	90			1	90			14.6	85
75			10	90			1	90			12	90
76			13	80			1	85			16.1	90
77			8.5	85			0.5	90			12	90
78			8	90			1	90			12	90
79			10.5	85			0.5	90			15.4	90

| 农场编号 | 蚕豆 沙土 | | | | 油菜籽 沙土 | | | | 棉 沙土 | | | |
| | 灌溉 | | 非灌溉 | | 灌溉 | | 非灌溉 | | 灌溉 | | 非灌溉 | |
	种植面积/地方亩	产量/(C/地方亩)	种植面积/地方亩	产量/(C/地方亩)	种植面积/地方亩	产量/(C/地方亩)	种植面积/地方亩	产量/(C/地方亩)	种植面积/地方亩	产量/(C/地方亩)	种植面积/地方亩	产量/(C/地方亩)
80			10	80			1	90			14.8	90
81			11	85			1	90			17	85
82			11.5	90							13	90
83			10.2	90			1	90			15	90
84			11	90			1	90			13.2	90
85			10.6	85			1	90			16.4	80
86			12	90			1.5	90			16	90
87			12	90			1	90			16	90
88			14	90			1	90			17.4	90
89			12	90			1	90			17	90
90			10.5	90			0.5	90			14	90
91			13.5	90			1	90			17.5	90
92			17.5	90			1	90			18.8	80
93			8.5	90			1	90			13	90
94			11	90			2	90			16	90
95			15.5	90			1	90			19.6	85
96			10	90			1	90			17	90
97			21.5	80			1	90			22.9	90
98			17	80			1	85			19	85
99			14.1	90			1	90			18.6	90
100			12	85			1	85			20	85
101			14	90			1.5	90			18.7	90
102			13	85			1	85			16.8	85
103			12	85			1	85			20	90
104			15	90			1	85			24.3	90
105			9	90			1	90			13.3	90
106			18.2	90			1.6	90			22.75	90
107			14.5	90			1	90			20	90
108			14	90			2	90			22	90
109			17	90			1.5	90			24	90
110			17	90			1	90			24	90
111			15.5	90							19.8	90
112			15	85			1	90			23.7	90
113			21	90			2	90			27	90
114			13	90			1	90			24.6	90
115			14.5	90			2	90			23	90
116			27.5	90			1	80			32	90
117			23	90			2	90			31.4	90
118			24.5	90			1.5	90			34.4	90
总计			1180.65	10470			106.3	10270			1597.7	10540

表 16-5（续）

农场编号	马铃薯				大麦			
	沙土				沙土			
	灌溉		非灌溉		灌溉		非灌溉	
	种植面积/地方亩	产量/(C/地方亩)	种植面积/地方亩	产量/(C/地方亩)	种植面积/地方亩	产量/(C/地方亩)	种植面积/地方亩	产量/(C/地方亩)
1								
2			0.5	900				
3			0.5	900				
4			0.3	900				
5			0.3	900			1	90
6			0.2	900			0.2	90
7			0.5	900				
8			0.4	900				
9								
10			0.5	900				
11							1	90
12			0.5	900			1	90
13			0.9	900				
14			0.8	900			1	90
15			1	900			1	90
16							1	140
17			0.7	900				
18			0.1	1000				
19								
20			0.5	900				
21								
22			0.2	900				
23			0.5	800			1	90
24								
25			0.6	900				
26							0.6	90
27							1	85
28			1	900			1	90
29			0.5	900			0.5	90
30							2	90
31			0.6	900				
32			1	900			2	90
33			0.2	700				
34			0.5	900				
35								
36			0.9	900				
37								
38			0.7	900				
39								
40								

农场编号	马铃薯 沙土				大麦 沙土			
	灌溉		非灌溉		灌溉		非灌溉	
	种植面积/地方亩	产量/(C/地方亩)	种植面积/地方亩	产量/(C/地方亩)	种植面积/地方亩	产量/(C/地方亩)	种植面积/地方亩	产量/(C/地方亩)
41							0.5	90
42								
43			0.5	900				
44								
45								
46								
47							0.5	100
48			0.5	500			1	90
49			0.5	900				
50								
51			0.5	900			0.5	90
52			0.5	900			1	90
53								
54			0.5	700				
55			1	900			2	90
56			0.4	900				
57			0.5	900			1	90
58			0.5	900				
59								
60			0.5	900				
61			1	900				
62							0.5	90
63			0.5	900				
64			0.5	700			2	85
65			0.5	900			0.5	90
66			0.4	900				
67			0.5	900			1	85
68			0.5	600				
69			0.6	900				
70							1	90
71								
72								
73			0.4	1000			0.5	100
74			0.2	700				
75			0.7	900			1	90
76			0.5	1200			2	140
77							0.5	85
78								
79			0.5	900			1	90
80								
81							1	90

农场编号	马铃薯				大麦			
	沙土				沙土			
	灌溉		非灌溉		灌溉		非灌溉	
	种植面积/地方亩	产量/(C/地方亩)	种植面积/地方亩	产量/(C/地方亩)	种植面积/地方亩	产量/(C/地方亩)	种植面积/地方亩	产量/(C/地方亩)
82							2	90
83			0.8	900				
84								
85			1	1000			2	90
86			0.8	900			0.5	90
87								
88			0.5	900				
89			0.5	900				
90			1	900			2	90
91			0.5	900				
92							1	80
93			0.5	900			0.5	90
94			0.9	900				
95			0.2	700				
96			0.5	900				
97								
98			0.5	600				
99							0.5	90
100								
101			0.5	900				
102			1	700				
103								
104			0.5	700			1	90
105			1	900			2	90
106			0.5	900			0.7	90
107			0.8	900				
108			0.5	900				
109			0.5	900				
110			0.9	900				
111			1	900			2	90
112			1	600				
113			0.8	900				
114							1	90
115			0.7	900			0.5	90
116								
117			0.5	900				
118			1	650			1	90
总计			46	66850			48.5	4230

表 17-1 各种作物各项用途的数量（汤溪）

农场编号	作物总量/C	出售/C	农场自用	自食	饲畜	种子	燃料	工艺用	纳租	数量/C	用途	原因
			农场自用/C							剩余		
1	116	116										
2	150	150										
3	100	100										
4	200	200										
5	150	150										
6	230	230										
7	250	250										
8	150	150										
9	150	150										
10	320		320		300	20						
11	150	150										
12	320		320		300	20						
13	500	450	50			50						
14	250	250										
15	100	100										
16	280	265	15			15						
17	350	335	15			15						
18	330	315	15			15						
19	200	190	10			10						
20	250		250		230	20						
21	400		400		387	13						
22	330		330		315	15						
23	130		130		120	10						
24	800	200	600		570	30						
25	200		200		180	20						
26	250	220	30			30						
27	500		500		480	20						
28	600		600		579	21						
29	580		580		560	20						
30	600	300	300		282	18						
31	200	190	10			10						
32	600		600		576	24						
33	430	200	230		212	18						
34	500		500		483	17						
35	520		520		495	25						
36	450		450		433	17						
37	480		480		460	20						
38	400		400		386	14						
39	680	656	24			24						
40	700		700		673	27						
41	500		500		482	18						

农场编号	作物总量 /C	下列各种用途的数量：大麦										
		出售 /C	农场自用 /C							剩余		
			农场自用	自食	饲畜	种子	燃料	工艺用	纳租	数量 /C	用途	原因
42	860	600	260		244	16						
43	650		650		630	20						
44	500		500		480	20						
45	1300	500	800		757	43						
46	700	200	500		470	30						
47	500		500		466	34						
48	200		200		188	12						
49	350		350		324	26						
50	1000	400	600		567	33						
51	700		700		674	26						
52	700		700		670	30						
53	630		630		608	22						
54	600		600		570	30						
55	1030	400	630		600	30						
56	500		500		477	23						
57	800		800		770	30						
58	680	200	480		446	34						
59	550		550		523	27						
60	550	478	72	50		22						
61	650		650		630	20						
62	800		800		772	28						
63	1200	400	800		760	40						
64	500		500		475	25						
65	800		800		764	36						
66	540		540		504	36						
67	1100		1100		1065	35						
68	500		500		481	19						
69	700		700		647	53						
70	600		600		568	32						
71	1500	500	1000		953	47						
72	700		700		668	32						
73	460		460		437	23						
74	1000		1000		960	40						
75	1300	500	800		750	50						
76	400		400		378	22						
77	800		800		750	50						
78	1750	600	1150		1085	65						
79	1400		1400		1350	50						
80	1050		1050		1014	36						
81	900		900		864	36						
82	1600	400	1200		1145	55						
83	920	300	620		560	60						

农场编号	作物总量 /C	下列各种用途的数量：大麦								剩余		
		出售 /C	农场自用 /C									
			农场自用	自食	饲畜	种子	燃料	工艺用	纳租	数量 /C	用途	原因
84	850	400	450		410	40						
85	450		450		406	44						
86	700		700		648	52						
87	870		870		834	36						
88	560		560		490	70						
89	600		600		563	37						
90	1100	600	500		444	56						
91	1500		1500		1440	60						
92	1250		1250		1187	63						
93	1100		1100		1014	86						
94	2500	1500	1000		890	110						
95	2000		2000		1900	100						
96	1340		1340		1210	130						
97	760		760		667	93						
98	1350		1350		1260	90						
99	1850		1850		1727	123						
100	2500	1000	1500		1400	100						
总计	69646	14295	55351	50	52037	3264						

表 17-1（续）

农场编号	作物总量 /C	下列各种用途的数量：小麦									剩余		
		出售 /C	农场自用 /C								数量 /C	用途	原因
			农场自用	自食	饲畜	种子	燃料	工艺用	纳租				
1	50		50	50									
2	150	50	100	100									
3	100	80	20	20									
4	60	40	20	20									
5	200	150	50	50									
6	250	200	50	50									
7	80	30	50	50									
8	90		90	90									
9	120	70	50	50									
10	140	100	40	20		20							
11	80	60	20	20									
12	145	50	95	80		15							
13	70	40	30	30									
14	220	120	100	100									
15	100	60	40	40									
16	120	100	20	20									
17	250	215	35	25		10							
18	280	200	80	70		10							
19	150	120	30	20		10							
20	50		50	50									
21	300	240	60	50		10							
22	160	132	28	20		8							
23	200	140	60	50		10							
24	200	160	40	30		10							
25	50		50	50									
26	100	75	25	20		5							
27	340	250	90	75		15							
28	500	435	65	50		15							
29	60		60	55		5							
30	340	308	32	20		12							
31	60	20	40	35		5							
32	240	200	40	30		10							
33	100	50	50	42		8							
34	400	350	50	38		12							
35	180	150	30	22		8							
36	100	50	50	42		8							
37	500	380	120	100		20							
38	200	150	50	40		10							
39	450	400	50	34		16							
40	630	580	50	34		16							
41	400	346	54	40		14							

农场编号	作物总量 /C	出售 /C	下列各种用途的数量：小麦							剩余		
			农场自用 /C							数量 /C	用途	原因
			农场自用	自食	饲畜	种子	燃料	工艺用	纳租			
42	350	300	50	40		10						
43	430	370	60	50		10						
44	380	330	50	35		15						
45	440	330	110	100		10						
46	150	100	50	40		10						
47	240	190	50	40		10						
48	100	42	58	50		8						
49	80	50	30	20		10						
50	200	164	36	30		6						
51	335	275	60	50		10						
52	300	250	50	35		15						
53	480	400	80	50		30						
54	400	330	70	50		20						
55	700	650	50	30		20						
56	80	40	40	32		8						
57	600	528	72	50		22						
58	120	82	38	30		8						
59	200	135	65	50		15						
60	400		400		384	16						
61	700	528	172	150		22						
62	450	392	58	40		18						
63	500	260	240	200		40						
64	300	265	35	20		15						
65	150	120	30	22		8						
66	400	350	50	30		20						
67	350	300	50	36		14						
68	150	114	36	20		16						
69	200	150	50	33		17						
70	150	102	48	40		8						
71	500	400	100	80		20						
72	380	300	80	60		20						
73	250	150	100	85		15						
74	600	500	100	80		20						
75	500	400	100	80		20						
76	200	168	32	20		12						
77	300	235	65	50		15						
78	1500	1350	150	120		30						
79	640	540	100	75		25						
80	500	375	125	100		25						
81	880	695	185	150		35						
82	920	746	174	138		36						
83	300	250	50	35		15						

农场编号	作物总量 /C	出售 /C	下列各种用途的数量：小麦										
			农场自用 /C							剩余		
			农场自用	自食	饲畜	种子	燃料	工艺用	纳租	数量 /C	用途	原因
84	350	250	100	84		16						
85	300	170	130	100		30						
86	250	100	150	135		15						
87	500	380	120	100		20						
88	300	180	120	100		20						
89	330	275	55	30		25						
90	300	180	120	100		20						
91	1500	1050	450	400		50						
92	400	180	220	200		20						
93	150		150	138		12						
94	800	500	300	265		35						
95	550	300	250	220		30						
96	1550	1400	150	50		100						
97	250		250	225		25						
98	750	350	400	350		50						
99	400	200	200	174		26						
100	1600	1000	600	545		55						
总计	35300	25872	9428	7494	384	1550						

表 17-1（续）

农场编号	作物总量/C	下列各种用途的数量：小米									剩余		
		出售/C	农场自用/C								数量/C	用途	原因
			农场自用	自食	饲畜	种子	燃料	工艺用	纳租				
1	100	100											
2	100	100											
3	400	398	2			2							
4	150	150											
5	280	280											
6	240	240											
7	200	200											
8	250	220	30	27		3							
9	150	100	50	48		2							
10	165	165											
11	20	20											
12	350	340	10			10							
13	500	495	5			5							
14	200	200											
15	100	100											
16	200	200											
17	750	745	5			5							
18	400	400											
19	50	50											
20	140	140											
21	500	500											
22	600	300	300	22		8		270					
23	240	90	150	8		2		140					
24	550		550	30		20		500					
25	350		350	14		6		330					
26	200	200											
27	500	190	310	30		10		270					
28	630	600	30	15		15							
29	600	600											
30	500	500											
31	100	100											
32	950	534	416	20		16		380					
33	300	300											
34	600	300	300	23		7		270					
35	250	250											
36	350		350			8		342					
37	700	400	300	20		10		270					
38	200		200			6		194					
39	750	350	400	10		10		380					
40	950	800	150	50		10		90					
41	750		750	50		8		692					

| 农场编号 | 作物总量/C | 出售/C | 下列各种用途的数量：小米 | | | | | | | | | |
| | | | 农场自用/C | | | | | | | 剩余 | | |
			农场自用	自食	饲畜	种子	燃料	工艺用	纳租	数量/C	用途	原因
42	600	400	200			10		190				
43	740	200	540	10		4		526				
44	800	785	15	10		5						
45	300	185	115			15		100				
46	300	300										
47	650		650			10		640				
48	200	200										
49	300		300			5		295				
50	1100	600	500			15		485				
51	1200	1130	70	50		20						
52	650	350	300			6		294				
53	760	745	15			15						
54	900	200	700			15		685				
55	800	500	300	20		10		270				
56	450	250	200			15		185				
57	800	520	280	30		10		240				
58	600	300	300			8		292				
59	800	500	300	20		10		270				
60	450	150	300	14		6		280				
61	500	200	300	20		10		270				
62	400	370	30	20		10						
63	1000	585	415	20		15		380				
64	700		700			10		690				
65	400	100	300			7		293				
66	700	200	500			10		490				
67	760		760			10		750				
68	600		600			10		590				
69	600		600	23		7		570				
70	1000	500	500			10		490				
71	1500	630	870	20		20		830				
72	800	500	300			10		290				
73	450		450	13		7		430				
74	1000	300	700			10		690				
75	1400	1100	300	20		10		270				
76	200		200			7		193				
77	800	200	600			14		586				
78	1600	800	800	20		20		760				
79	1400	1050	350					350				
80	1200	200	1000	30		20		950				
81	1500	1000	500	15		15		470				
82	2150	1410	740	20		40		680				
83	850	550	300			13		287				

农场编号	作物总量 /C	下列各种用途的数量：小米								剩余		
		出售 /C	农场自用 /C						纳租	数量 /C	用途	原因
			农场自用	自食	饲畜	种子	燃料	工艺用				
84	600		600			10		590				
85	900	200	700	700								
86	1050	500	550					550				
87	1200	600	600	50		15		535				
88	710	360	350					350				
89	1200	400	800	20		15		765				
90	1600	700	900	900								
91	3000	1000	2000	80		20		1900				
92	1100	500	600	40		20		540				
93	1600		1600	100		20		1480				
94	2000	600	1400	130		30		1240				
95	2000	1000	1000	80		20		900				
96	2320		2320	70		50		2200				
97	1350		1350	80		20		1250				
98	800	400	400	50		20		330				
99	3000	1500	1500	70		30		1400				
100	1350		1350	75		25		1250				
总计	75005	35427	39578	3187		922		35469				

表 17-1（续）

农场编号	作物总量/C	出售/C	农场自用/C							剩余		
			农场自用	自食	饲畜	种子	燃料	工艺用	纳租	数量/C	用途	原因
1												
2												
3												
4	400		400	400								
5												
6	400		400	400								
7												
8												
9												
10												
11	700		700	500					200			
12												
13												
14												
15	700		700	200					500			
16	420		420	165		5			250			
17												
18												
19	1350		1350	630					720			
20	700		700	180					520			
21	500		500	500								
22	1100		1100	280					820			
23	1700		1700	680					1020			
24												
25	1300		1300	1000					300			
26	1350		1350	550					800			
27												
28												
29	1100		1100	1100								
30	600		600	600								
31	1200		1200	1200								
32												
33	1300		1300	500					800			
34	1080		1080	1080								
35	1500		1500	900					600			
36	1600		1600	1150					450			
37												
38	1750		1750	1730		20						
39	320		320	320								
40												
41	700		700	700								

农场编号	作物总量/C	出售/C	农场自用/C							剩余		
			农场自用	自食	饲畜	种子	燃料	工艺用	纳租	数量/C	用途	原因
42	800		800	300					500			
43	1100		1100	1100								
44	1200		1200	1200								
45												
46	2500		2500	500					2000			
47	1400		1400	1370		30						
48	2450		2450	650					1800			
49	2880		2880	1730					1150			
50	2700		2700	1530					1170			
51	1200		1200	1200								
52	3000		3000	1500					1500			
53	1300		1300	1280		20						
54												
55	1500		1500	1500								
56	2500		2500	1300					1200			
57	650		650	650								
58	3200		3200	1950					1250			
59	2100		2100	2070		30						
60	3800	1500	2300	2260		40						
61	1500		1500	1480		20						
62	1600		1600	1600								
63	2500		2500	2470		30						
64	2100		2100	1500					600			
65	2800		2800	2800								
66	1900		1900	1900								
67	2800		2800	2800								
68	3000		3000	2000					1000			
69	2600		2600	1700					900			
70	3200		3200	1800		50			1350			
71	1500		1500	1470		30						
72	4200	1700	2500	2440		60						
73	3850	350	3500	2150		50			1300			
74	4200		4200	4200								
75	2400		2400	2370		30						
76	4800	1000	3800	3800								
77	2400		2400	900					1500			
78	1000		1000	985		15						
79	3200		3200	1900		40			1260			
80	3500		3500	3500								
81	2800		2800	2760		40						
82	960		960	945		15						
83	5700		5700	3700					2000			

农场编号	作物总量 /C	下列各种用途的数量：晚稻										
		出售 /C	农场自用 /C							剩余		
			农场自用	自食	饲畜	种子	燃料	工艺用	纳租	数量 /C	用途	原因
84	6500	1800	4700	4630		70						
85	3600		3600	2400					1200			
86	3600		3600	1100					2500			
87	5000		5000	4930		70						
88	3800		3800	2200					1600			
89	5000		5000	4940		60						
90	5000	500	4500	4400		100						
91	400		400	400								
92	4800		4800	4800								
93	4800		4800	4800								
94	6000	1000	5000	5000								
95	7200	500	6700	5500		170			1030			
96	4200		4200	3980		220						
97	8300		8300	8300								
98	7000	2000	5000	5000								
99	9000		9000	6000					3000			
100	11200		11200	11200								
总计	215960	10350	205610	167605		1215			36790			

表 17-1（续）

农场编号	作物总量 /C	下列各种用途的数量：油菜籽								剩余		
		出售 /C	农场自用 /C							数量 /C	用途	原因
			农场自用	自食	饲畜	种子	燃料	工艺用	纳租			
1												
2												
3												
4												
5												
6												
7												
8												
9	30		30	30								
10												
11	40	40										
12												
13												
14												
15												
16												
17												
18												
19	50	50										
20												
21	43	43										
22												
23												
24												
25	20	20										
26												
27												
28												
29												
30												
31												
32	32	32										
33	25	25										
34	50	50										
35	70	70										
36	50	50										
37												
38	37.5	37	0.5			0.5						
39	50	50										
40	10	10										
41												

农场编号	作物总量 /C	出售 /C	农场自用 /C							剩余		
			农场自用	自食	饲畜	种子	燃料	工艺用	纳租	数量 /C	用途	原因
42												
43												
44	50	50										
45												
46	40	40										
47	32	32										
48	70	70										
49	80	79	1			1						
50	100	100										
51												
52	30	30										
53												
54												
55	50	50										
56	45	45										
57												
58	50	50										
59	80	79	1			1						
60	80	80										
61	37	37										
62	35		35	35								
63												
64	100	99	1			1						
65	60	60										
66	60	60										
67	50	50										
68	70	70										
69	100	100										
70	95	95										
71												
72	31	31										
73	100	99	1			1						
74	83	82	1			1						
75	150	149	1			1						
76	95	94	1			1						
77	80	80										
78												
79	110	110										
80												
81	80	80										
82												
83	80	79	1			1						

下列各种用途的数量：油菜籽

农场编号	作物总量 /C	下列各种用途的数量：油菜籽										
		出售 /C	农场自用 /C							剩余		
			农场自用	自食	饲畜	种子	燃料	工艺用	纳租	数量 /C	用途	原因
84	176	175	1			1						
85	80	79	1			1						
86	100	99	1			1						
87	100	98.5	1.5			1.5						
88	75	75										
89	160	158	2			2						
90	70	69	1			1						
91												
92	150	149	1			1						
93	100	100										
94	130	130										
95	150	150										
96	150	150										
97	80	79	1			1						
98	120	120										
99	170	168	2			2						
100	100	99	1			1						
总计	4541.5	4455.5	86	65		21						

表 17-1（续）

农场编号	作物总量 /C	下列各种用途的数量：荞麦										
		出售 /C	农场自用 /C							剩余		
			农场自用	自食	饲畜	种子	燃料	工艺用	纳租	数量	用途	原因
1												
2												
3												
4												
5												
6												
7												
8												
9												
10												
11												
12												
13												
14												
15												
16												
17												
18												
19	20		20	20								
20												
21												
22												
23	100		100	100								
24												
25												
26												
27												
28												
29												
30												
31												
32												
33												
34												
35	60		60	60								
36	60		60	60								
37												
38												
39												
40												
41												

农场编号	作物总量 /C	下列各种用途的数量：荞麦								剩余		
		出售 /C	农场自用 /C							数量	用途	原因
			农场自用	自食	饲畜	种子	燃料	工艺用	纳租			
42												
43												
44												
45	30		30	30								
46												
47												
48	200		200	200								
49												
50												
51												
52	100		100	100								
53												
54												
55												
56												
57												
58												
59												
60												
61												
62	15		15	15								
63												
64	50		50	50								
65	20		20	20								
66	30		30	30								
67	100		100	100								
68	100		100	100								
69	50		50	50								
70	210		210	210								
71												
72	100		100	100								
73	150		150	150								
74	80		80	80								
75												
76	120		120	120								
77	80		80	80								
78												
79	120		120	120								
80												
81												
82												
83	50		50	50								

农场编号	作物总量 /C	下列各种用途的数量: 荞麦										
		出售 /C	农场自用 /C							剩余		
			农场自用	自食	饲畜	种子	燃料	工艺用	纳租	数量	用途	原因
84	150		150	150								
85	150		150	150								
86	80		80	80								
87												
88	90		90	90								
89	70		70	70								
90												
91												
92	80		80	80								
93	120		120	120								
94	100		100	100								
95	120		120	120								
96												
97	120		120	120								
98	150		150	150								
99	200		200	200								
100	100		100	100								
总计	3375		3375	3375								

表 17-1（续）

农场编号	作物总量/C	下列各种用途的数量：花生								剩余		
		出售/C	农场自用/C							数量/C	用途	原因
			农场自用	自食	饲畜	种子	燃料	工艺用	纳租			
1												
2												
3												
4												
5												
6												
7	50		50	50								
8												
9	50	30	20	20								
10												
11												
12												
13												
14												
15												
16												
17												
18												
19												
20	100	100										
21												
22												
23												
24												
25												
26												
27	20		20	20								
28												
29												
30												
31												
32												
33												
34												
35												
36												
37	45	20	25	25								
38												
39												
40												
41	30		30	30								

农场编号	作物总量 /C	出售 /C	下列各种用途的数量：花生								剩余		
			农场自用 /C								数量 /C	用途	原因
			农场自用	自食	饲畜	种子	燃料	工艺用	纳租				
42													
43													
44	8		8	8									
45	120	80	40	27		13							
46													
47													
48	100	80	20	20									
49													
50	100	80	20	20									
51	50		50	50									
52													
53	20		20	20									
54	70		70	60		10							
55	200	160	40	40									
56													
57	30		30	30									
58													
59													
60													
61													
62	29		29	20		9							
63													
64													
65													
66													
67													
68													
69	80	60	20	20									
70	100	80	20	20									
71	70		70	70									
72													
73													
74													
75													
76													
77													
78													
79	600	520	80	68		12							
80													
81	25		25	22		3							
82	30		30	30									
83													

农场编号	作物总量 /C	下列各种用途的数量：花生										
		出售 /C	农场自用 /C							剩余		
			农场自用	自食	饲畜	种子	燃料	工艺用	纳租	数量 /C	用途	原因
84												
85												
86												
87												
88	50		50	50								
89												
90												
91	80		80	80								
92												
93												
94												
95												
96												
97												
98												
99	500	400	100	100								
100												
总计	2557	1610	947	900		47						

表 17-1（续）

农场编号	作物总量 /C	下列各种用途的数量：籽棉										
		出售 /C	农场自用 /C							剩余		
			农场自用	自食	饲畜	种子	燃料	工艺用	纳租	数量 /C	用途	原因
1												
2												
3												
4												
5												
6												
7												
8												
9	20		20					20				
10												
11												
12												
13												
14												
15												
16												
17												
18												
19												
20												
21												
22												
23												
24												
25												
26												
27												
28												
29												
30												
31												
32												
33												
34												
35												
36	10		10					10				
37												
38												
39												
40												
41												

农场编号	作物总量 /C	下列各种用途的数量：籽棉									剩余		
		出售 /C	农场自用 /C								数量 /C	用途	原因
			农场自用	自食	饲畜	种子	燃料	工艺用	纳租				
42													
43													
44	7										7	纺纱	
45													
46													
47													
48													
49													
50													
51	5		5					5					
52	4		4					4					
53													
54													
55													
56													
57													
58													
59	20		20					20					
60													
61													
62													
63													
64													
65													
66													
67													
68													
69	16		16					16					
70													
71													
72													
73													
74													
75													
76													
77	8		8					8					
78													
79	40		40					40					
80													
81													
82													
83													

农场编号	作物总量 /C	下列各种用途的数量：籽棉										
		出售 /C	农场自用 /C							剩余		
			农场自用	自食	饲畜	种子	燃料	工艺用	纳租	数量 /C	用途	原因
84												
85												
86												
87												
88	22		22					22				
89	30		30					30				
90												
91	50		50					50				
92												
93												
94												
95												
96	70		70					70				
97	10		10					10				
98	20		20					20				
99	20		20					20				
100	40		40					40				
总计	392		385					385		7		

表 17-2　各种作物各项用途的数量（桐庐 1）

农场编号	作物总量 /C	出售 /C	下列各种用途的数量：稻							剩余		
			农场自用 /C							数量 /C	用途	原因
			农场自用	自食	饲畜	种子	燃料	工艺用	纳租			
1												
2	240		240	55		5			180			
3	150		150	145		5						
4	350		350	180		10			160			
5	300		300	95		5			200			
6	300		300	294		6						
7	300		300	293		7						
8	280		280	273		7						
9	360		360	170		10			180			
10	370		370	360		10						
11	60		60	48		12						
12	300		300	130		10			160			
13	510		510	295		15			200			
14	250		250	126		4			120			
15	320		320	110		10			200			
16	200		200	190		10						
17	340		340	105		15			220			
18	260		260	145		15			100			
19	600		600	260		20			320			
20	500		500	140		10			350			
21	900		900	885		15						
22	380		380	125		15			240			
23	200		200	194		6						
24	350		350	160		10			180			
25	480		480	188		12			280			
26	640		640	226		14			400			
27	40		40	5		5			30			
28	500		500	240		20			240			
29	700		700	280		20			400			
30	800		800	220		20			560			
31	550		550	525		25						
32	650		650	300		30			320			
33	750		750	330		20			400			
34	1100		1100	600		20			480			
35	1024		1024	358		16			650			
36	710		710	430		30			250			
37	500		500	485		15						
38	800		800	222		18			560			
39	880		880	265		15			600			
40	660		660	357		23			280			
41	790		790	275		15			500			

农场编号	作物总量 /C	出售 /C	农场自用 /C							剩余		
			农场自用	自食	饲畜	种子	燃料	工艺用	纳租	数量 /C	用途	原因
42	500		500	488		12						
43	800		800	395		25			380			
44	900		900	400		20			480			
45	800		800	770		30						
46	900		900	880		20						
47	1200		1200	695		25			480			
48	900		900	230		20			650			
49	480		480	226		14			240			
50	1050		1050	330		20			700			
51	1500		1500	550		30			920			
52	1410		1410	674		36			700			
53	1200		1200	430		20			750			
54	1200		1200	770		30			400			
55	1470		1470	1104		30			336			
56	1550		1550	520		30			1000			
57	760		760	170		20			570			
58	1310		1310	1280		30						
59	1200		1200	375		25			800			
60	1650		1650	600		50			1000			
61	1800	470	830	800		30				500	备售	剩
62	1400		1400	1370		30						
63	1000		1000	975		25						
64	2200		2200	1772		28			400			
65	200		200	16		14			170			
66												
67	1450		1450	1020		50			380			
68	2160		2160	1300		60			800			
69	1900		1900	850		50			1000			
70	1450		1450	1400		50						
71	2120		2120	1830		50			240			
72	550		550	290		20			240			
73	2210		2210	1210		40			960			
74	3200	313	2887	1580		47			1260			
75	3020		2620	1530		90			1000	400	备售	剩
76	2500		2500	2420		80						
77	1500		1500	1465		35						
78	1920		1920	1340		80			500			
79	350		350	345		5						
80	3200		3200	955		45			2200			
81	1640		1640	480		60			1100			
82	1000		1000	562		18			420			
83	200		200	190		10						

农场编号	作物总量 /C	下列各种用途的数量：稻								剩余		
		出售 /C	农场自用 /C							数量 /C	用途	原因
			农场自用	自食	饲畜	种子	燃料	工艺用	纳租			
84	1950		1950	1900		50						
85	1280		1280	470		40			770			
86	600		600	207		15			378			
87	3500		3500	2015		45			1440			
88	3220		3220	2300		120			800			
89	4000		4000	3400		120			480			
90	600		600	230		10			360			
91	1800		1800	810		80			910			
92	1340		1340	507		33			800			
93	1700		1700	1620		80						
94	4900		4900	4400		100			400			
95	5300	500	4800	4650		150						
96	1960		1960	472		48			1440			
97	750		750	405		25			320			
98	5600		5600	5520		80						
99	6100	500	5600	5450		150						
100	1400		1400	350		50			1000			
101	2800		2800	1440		60			1300			
102	5100		5100	3928		112			1060			
103	2980	1000	1980	1880		100						
104	3420		3420	2640		80			700			
105	5680		4680	4580		100				1000	备售	剩
总计	143124	2783	138441	93845		3602			40994	1900		

表 17-2（续）

农场编号	作物总量 /C	下列各种用途的数量：小麦										
		出售 /C	农场自用 /C							剩余		
			农场自用	自食	饲畜	种子	燃料	工艺用	纳租	数量 /C	用途	原因
1	30		30	28		2						
2	40		40	36		4						
3	70		70	66		4						
4	90		90	83		7						
5	80		80	70		10						
6	90		90	80		10						
7	120		120	115		5						
8												
9	140		140	130		10						
10												
11												
12	100		100	95		5						
13	220		220	205		15						
14												
15												
16	80		80	72		8						
17	200		200	185		15						
18	100		100	93		7						
19	120		120	110		10						
20	175		175	165		10						
21	180		180	170		10						
22	120		120	115		5						
23	40		40	35		5						
24	150		150	140		10						
25	200		200	190		10						
26	240		240	220		20						
27	80		80	73		7						
28												
29	100		100	90		10						
30	120		120	110		10						
31	70		70	63		7						
32	110		110	100		10						
33	220		220	205		15						
34	120		120	108		12						
35	370		370	362		8						
36	60		60	57		3						
37	440		440	420		20						
38	350	135	215	200		15						
39	40		40	35		5						
40	70		70	63		7						
41	150		150	145		5						

| 农场编号 | 作物总量/C | 出售/C | 下列各种用途的数量：小麦 | | | | | | | 剩余 | | |
			农场自用/C	自食	饲畜	种子	燃料	工艺用	纳租	数量/C	用途	原因
42	100		100	95		5						
43	100		100	90		10						
44	180		180	170		10						
45	350		350	320		30						
46	170		170	150		20						
47	320		320	295		25						
48	70		70	64		6						
49	70		70	63		7						
50	150		150	135		15						
51	240		240	230		10						
52	120		120	106		14						
53	150		150	142		8						
54	250		250	235		15						
55	390		390	375		15						
56	420		420	400		20						
57												
58	450		450	430		20						
59	400		400	375		25						
60	450		450	410		40						
61												
62	120		120	105		15						
63	120		120	112		8						
64	240		240	220		20						
65	140		140	128		12						
66	70		70	60		10						
67	90		90	80		10						
68	240		240	220		20						
69	300		300	288		12						
70	300		300	280		20						
71	320		320	300		20						
72	270		270	255		15						
73	250		250	225		25						
74	280		280	274		6						
75	600		600	572		28						
76	300		300	280		20						
77	500		500	475		25						
78	330		330	300		30						
79												
80	528		528	516		12						
81	200		200	188		12						
82	150		150	141		9						
83	90		90	83		7						

农场编号	作物总量 /C	出售 /C	下列各种用途的数量：小麦									
			农场自用 /C							剩余		
			农场自用	自食	饲畜	种子	燃料	工艺用	纳租	数量 /C	用途	原因
84	600		600	570		30						
85	200		200	185		15						
86												
87	1040		1040	990		50						
88	340		340	320		20						
89	550		550	510		40						
90	200		200	193		7						
91	320		320	290		30						
92	560		560	540		20						
93	150		150	130		20						
94	800		800	750		50						
95	500		500	470		30						
96	650		650	622		28						
97	175		175	155		20						
98	1320		1320	1250		70						
99	550	200	350	300		50						
100	300		300	275		25						
101	500		500	472		28						
102	480		480	450		30						
103	480		480	460		20						
104	600		350	300		50				250	备售	剩
105	1260		1260	1230		30						
总计	26278	335	25693	24083		1610				250		

表 17-2（续）

农场编号	作物总量/C	出售/C	农场自用/C							剩余		
			农场自用	自食	饲畜	种子	燃料	工艺用	纳租	数量/C	用途	原因
1												
2												
3												
4												
5												
6												
7												
8	120	114	6			6						
9												
10												
11												
12	50		50	47		3						
13												
14												
15												
16												
17												
18												
19												
20												
21	56		56			5		51				
22	200		200	188		12						
23	30		30			3		27				
24												
25												
26												
27												
28												
29	80		80			10		70				
30	40	33	7			7						
31	150		150			12		138				
32												
33												
34	60	53	7			7						
35	100		100	93		7						
36												
37	200		200			10		190				
38												
39												
40												
41	130		130			8		122				

农场编号	作物总量 /C	下列各种用途的数量：大麦										
		出售 /C	农场自用 /C							剩余		
			农场自用	自食	饲畜	种子	燃料	工艺用	纳租	数量 /C	用途	原因
42												
43												
44	60		60			5		55				
45												
46												
47												
48												
49												
50	100		100			7		93				
51												
52												
53	80		80			10		70				
54	130		130			10		120				
55	200		200			10		190				
56	150		150		40	10		100				
57												
58	150		150			6		144				
59												
60	330		330			30		300				
61												
62												
63												
64												
65												
66												
67	36		36			6		30				
68	200		200			20		180				
69	200		200			15		185				
70	120		120			15		105				
71	80		80			7		73				
72	150		150			8		142				
73	100		100			5		95				
74	400		400	388		12						
75	400		400			20		380				
76												
77												
78												
79												
80	320		320	309		11						
81	140		140		40	10		90				
82	200		200	189		11						
83												

农场编号	作物总量 /C	下列各种用途的数量：大麦								剩余		
		出售 /C	农场自用 /C						纳租	数量 /C	用途	原因
			农场自用	自食	饲畜	种子	燃料	工艺用				
84	165		165			10		155				
85												
86	130		130			12		118				
87	368		368			30		338				
88	160		160			15		145				
89												
90												
91	80		80			10		70				
92	140		140			8		132				
93	50		50			10		40				
94	170		170			20		150				
95	100		100			7		93				
96	200		200			20		180				
97												
98	450		450			32		418				
99	200		200			20		180				
100	210		210			15		195				
101	240		240	210		30						
102	400		400		80	20		300				
103	100		100			10		90				
104	360		360			30		330				
105	360		360			20		340				
总计	8645	200	8445	1424	160	637		6224				

表 17-2（续）

农场编号	作物总量 /C	下列各种用途的数量：糯稻										
		出售 /C	农场自用 /C							剩余		
			农场自用	自食	饲畜	种子	燃料	工艺用	纳租	数量 /C	用途	原因
1												
2												
3												
4												
5												
6												
7												
8												
9												
10												
11												
12												
13												
14												
15												
16												
17												
18												
19												
20												
21												
22												
23												
24												
25												
26	100		100	40		2		58				
27												
28												
29												
30												
31	50		50	48		2						
32												
33	75		75	70		5						
34	50		50	48		2						
35												
36												
37												
38												
39												
40												
41												

农场编号	作物总量 /C	下列各种用途的数量：糯稻									剩余		
		出售 /C	农场自用 /C										
			农场自用	自食	饲畜	种子	燃料	工艺用	纳租	数量 /C	用途	原因
42												
43												
44												
45												
46												
47	40		40	38		2						
48												
49												
50	100		100	40		2		58				
51												
52												
53												
54	40		40	38		2						
55												
56	120		120	38		2		80				
57												
58												
59												
60	60		60					60				
61												
62	100		100	50		5		45				
63	120		120	119		1						
64												
65												
66	130		130	123		7						
67												
68	160		160	55		5		100				
69	100		100	98		2						
70	150		150	67		3		80				
71	120		120	60		3		57				
72												
73												
74												
75												
76	120		120	50		5		65				
77	100		100	98		2						
78	80		80	77		3						
79												
80												
81	200		200	96		4		100				
82												
83												

农场编号	作物总量/C	出售/C	农场自用/C 农场自用	自食	饲畜	种子	燃料	工艺用	纳租	剩余 数量/C	用途	原因
												下列各种用途的数量：糯稻
84	80		80	79		1						
85												
86												
87	150		150	148		2						
88	100		100	50		5		45				
89	150		150	48		2		100				
90												
91	50		50	48		2						
92												
93												
94												
95	240		240	210		30						
96												
97												
98	300		300	293		7						
99	250		250	100		10		140				
100												
101												
102	240		240	128		6		106				
103	300		300	85		15		200				
104	525		525	505		20						
105												
总计	4400		4400	2947		159		1294				

表 17-2（续）

农场编号	作物总量 /C	下列各种用途的数量：蚕豆									剩余		
		出售 /C	农场自用 /C								数量 /C	用途	原因
			农场自用	自食	饲畜	种子	燃料	工艺用	纳租				
1													
2													
3													
4													
5													
6													
7													
8													
9													
10													
11													
12													
13													
14													
15													
16	66	36	30	20		10							
17													
18													
19													
20													
21													
22													
23													
24													
25													
26													
27	60	40	20	15		5							
28													
29	66	27	39	30		9							
30													
31													
32													
33													
34													
35													
36													
37													
38													
39													
40													
41													

农场编号	作物总量 /C	下列各种用途的数量：蚕豆									剩余		
		出售 /C	农场自用 /C								数量 /C	用途	原因
			农场自用	自食	饲畜	种子	燃料	工艺用	纳租				
42	72		72	66		6							
43													
44	120	70	50	30		20							
45													
46													
47													
48													
49													
50													
51													
52													
53	55	25	30	20		10							
54													
55													
56													
57													
58													
59													
60													
61													
62													
63	24		24	21.6		2.4							
64													
65													
66	12		12	8		4							
67													
68													
69													
70													
71													
72													
73													
74													
75													
76													
77	24		24	21.6		2.4							
78													
79													
80													
81													
82													
83													

农场编号	作物总量 /C	下列各种用途的数量：蚕豆									剩余		
		出售 /C	农场自用 /C								数量 /C	用途	原因
			农场自用	自食	饲畜	种子	燃料	工艺用	纳租				
84	60		60	50		10							
85	180	100	80	60		20							
86													
87													
88													
89													
90													
91	50	20	30	20		10							
92													
93													
94													
95													
96													
97	50		50	35		15							
98													
99													
100													
101													
102	160		160	140		20							
103	30		30	20		10							
104	200	100	100	80		20							
105													
总计	1229	418	811	637.2		173.8							

表 17-2（续）

农场编号	作物总量 /C	下列各种用途的数量：黄豆										
		出售 /C	农场自用 /C							剩余		
			农场自用	自食	饲畜	种子	燃料	工艺用	纳租	数量 /C	用途	原因
1	5		5	4		1						
2												
3												
4												
5												
6												
7												
8												
9												
10												
11												
12												
13												
14												
15												
16	20		20	15		5						
17												
18												
19												
20												
21												
22												
23												
24												
25												
26												
27												
28												
29	40		40	10		5		25				
30												
31	10		10	9		1						
32												
33												
34												
35												
36												
37	24		24	19		5						
38												
39	30		30	10		2		18				
40												
41												

农场编号	作物总量 /C	下列各种用途的数量：黄豆										
		出售 /C	农场自用 /C							剩余		
			农场自用	自食	饲畜	种子	燃料	工艺用	纳租	数量 /C	用途	原因
42												
43												
44	30		30	10		2		18				
45												
46												
47												
48												
49												
50												
51												
52												
53												
54												
55												
56												
57												
58												
59												
60												
61												
62												
63	5.5		5.5	4.95		0.55						
64												
65												
66	30		30	25		5						
67												
68												
69												
70												
71												
72												
73												
74												
75												
76												
77												
78												
79												
80												
81												
82												
83												

农场编号	作物总量 /C	下列各种用途的数量：黄豆										
		出售 /C	农场自用 /C							剩余		
			农场自用	自食	饲畜	种子	燃料	工艺用	纳租	数量 /C	用途	原因
84	60		60	40		2		18				
85	44		44	39		5						
86												
87												
88												
89												
90												
91	50	20	30	10		3		17				
92												
93												
94												
95												
96												
97	20		20	15		5						
98												
99												
100												
101												
102	100	30	70	60		10						
103	20		20	18		2						
104	225.5	166.65	58.85	55		3.85						
105	1200	800	400			50		350				
总计	1914	1016.65	897.35	343.95		107.4		446				

表 17-3　各种作物各项用途的数量（桐庐 2）

| 农场编号 | 作物总量 /C | 出售 /C | 下列各种用途的数量：早稻 | | | | | | | | | |
| | | | 农场自用 /C | | | | | | | 剩余 | | |
			农场自用	自食	饲畜	种子	燃料	工艺用	纳租	数量 /C	用途	原因
1												
2												
3	900		900	350		10			540			
4	1000		1000	470		30			500			
5	1400	680	720	700		20						
6	1080		1080	1064		16						
7	1100		1100	400		50			650			
8	900		900	440		10			450			
9	1320		1320	1304		16						
10	1100		1100	440		20			640			
11	1200		1200	1180		20						
12	1880		1880	800		80			1000			
13	2000		2000	1000		50			950			
14	1500		1500	700		50			750			
15	2080		2080	1000		80			1000			
16	1800		1800	870		30			900			
17	1850		1850	900		50			900			
18	1750	285	1465	570		20			875			
19	1200		1200	1180		20						
20	2000		2000	1970		30						
21	1200	180	1020	1000		20						
22	2300		2300	1250		50			1000			
23	2200	210	1990	839		31			1120			
24	1440		1440	696		24			720			
25	2100		2100	700					1400			
26	2800		2800	1368		32			1400			
27	2640		2640	1400		40			1200			
28	1600		1600	650		25			925			
29	2400		2400	2370		30						
30	2100	220	1880	800		30			1050			
31	3000		3000	1150		50			1800			
32	2240		2240	1000		40			1200			
33	3500		3500	1670		30			1800			
34	2400		2400	1260		50			1090			
35	2770		2770	2069		21			680			
36	2800		2800	2760		40						
37	3000		3000	1560		40			1400			
38	3200		3200	2160		40			1000			
39	975		975	559		16			400			
40	2400		2400	1260		40			1100			
41	1400	160	1240	420		20			800			

农场编号	作物总量/C	下列各种用途的数量：早稻										
		出售/C	农场自用/C							剩余		
			农场自用	自食	饲畜	种子	燃料	工艺用	纳租	数量/C	用途	原因
42	2700		2700	2670		30						
43	3970		3970	1900		70			2000			
44	4200		4200	2155		45			2000			
45	3900	1100	2800	1500		30			1270			
46	3650		3650	3101		49			500			
47	2000		2000	1970		30						
48	2400		2400	1160		40			1200			
49	1250	225	1025	1000		25						
50	2700		2700	870		30			1800			
51	3600		3600	1300		50			2250			
52	4360	800	3560	1500		60			2000			
53	1500	780	720	700		20						
54	3900		3900	1520		40			2340			
55	3300	1800	1500	1320		50			130			
56	3000		3000	1500					1500			
57	1750	170	1580	940		40			600			
58	4000		4000	1350		50			2600			
59	3600		3600	2460		40			1100			
60	2400	400	2000	1480		40			480			
61	4620	420	4200	1800					2400			
62	5000		3060	3000		60				1940	备售	待高价
63	3980		3980	1950		51		79	1900			
64	3750		3750	1300		50			2400			
65	4340		4340	1480		60			2800			
66	3500		3500	1270		30			2200			
67	3900	860	3040	2200		40			800			
68	6400	1300	5100	2000		100			3000			
69	3100		3100	1918		62			1120			
70	2520		2520	1360		60			1100			
71	4000	1000	3000	2140		60			800			
72	3940		3940	3887		53						
73	5350	1300	4050	1130		75		120	2725			
74	4300	350	3950	2400		50			1500			
75	5760	800	4760	3080		80			1600	200	备售	有余
76	4700	1000	3700	2100					1600			
77	5550	900	3850	2247		103			1500	800	家用	待高价
78	4500	2500	2000	1920		80						
79	3600		3600	3550		50						
80	5580		5580	2308		72			3200			
81	2880		2880	2820		60						
82	4550	1000	3550	2620		81		49	800			
83	4000		4000	1920		80			2000			

| 农场编号 | 作物总量 /C | 下列各种用途的数量：早稻 | | | | | | | | | | |
| | | 出售 /C | 农场自用 /C | | | | | | | 剩余 | | |
			农场自用	自食	饲畜	种子	燃料	工艺用	纳租	数量 /C	用途	原因
84	4000		4000	1950		50			2000			
85	6400	1300	5100	2000		100			3000			
86	4500	2420	2080	2000		80						
87	6000		4660	3000		60			1600	1340	家用	待高价
88	6500	1000	5500	2920		80			2500			
89	8400	5300	3100	3000		100						
90	7000		7000	4920		80			2000			
91	7000		7000	2918		82			4000			
92	6500	2240	4260	4195		65						
93	7300	1500	4600	3000		100			1500	1200	家用	待高价
94	6800	640	6160	2980		100			3080			
95	8350	1296	7054	3358		96			3600		.	
96	8000	4200	3800	2500		100			1200			
97	7000	1305	5695	3598		97			2000			
98	8950	2000	4650	4245		105			300	2300	备售	待高价
99	7700	3000	4700	4398	200	102						
100	8400		8400	8250		150						
101	11050	4400	6650	5000		150			1500			
102	11350	3900	7450	7245		205						
总计	373725	52941	313004	194552	200	5269		248	112735	7780		

表 17-3（续）

农场编号	作物总量 /C	下列各种用途的数量：油菜籽									剩余		
		出售 /C	农场自用 /C								数量 /C	用途	原因
			农场自用	自食	饲畜	种子	燃料	工艺用	纳租				
1	16	15.75	0.25			0.25						
2	24		24	23.75		0.25						
3												
4												
5	65	64	1			1						
6												
7	90	89.5	0.5			0.5						
8												
9	120	119.5	0.5			0.5						
10												
11												
12	50	49.75	0.25			0.25						
13	30		30	29.5		0.5						
14												
15	40	39.75	0.25			0.25						
16	100	99	1			1						
17	60	59.75	0.25			0.25						
18	80	78	2			2						
19												
20	80	79.75	0.25			0.25						
21												
22	50	49.75	0.25			0.25						
23												
24	70	69	1			1						
25	50	49.5	0.5			0.5						
26	50	49.5	0.5			0.5						
27	80	79	1			1						
28	30	29	1			1						
29												
30	60		60	60								
31	150	149	1			1						
32												
33	30	29.5	0.5			0.5						
34												
35	50	49.5	0.5			0.5						
36	80	79.5	0.5			0.5						
37	50	49	1			1						
38												
39	100	99	1			1						
40	50	49	1			1						
41												

农场编号	作物总量 /C	下列各种用途的数量：油菜籽									剩余		
		出售 /C	农场自用 /C								数量 /C	用途	原因
			农场自用	自食	饲畜	种子	燃料	工艺用	纳租				
42	60	59	1			1							
43	60	59.6	0.4			0.4							
44													
45	70	69	1			1							
46	50	49.75	0.25			0.25							
47	50	49	1	·		1							
48	130	129	1			1							
49	100	99	1			1							
50	30	29	1			1							
51	100	99	1			1							
52	80	79.75	0.25			0.25							
53	120	119	1			1							
54	80	78	2			2							
55													
56	85	84.75	0.25			0.25							
57	40	39	1			1							
58	170	169.5	0.5			0.5							
59	30	29	1			1							
60	30	29	1			1							
61	50	49	1			1							
62													
63	90	89	1			1							
64	75	74	1			1							
65	8	7.75	0.25			0.25							
66	60	59	1			1							
67	90	88.5	1.5			1.5							
68	120	118	2			2							
69	40	39	1			1							
70	40	39	1			1							
71	150	149	1			1							
72	150	149	1			1							
73	210	205	5			5							
74	80	79	1			1							
75	150	148	2			2							
76	80	79	1			1							
77	40	39	1			1							
78	150	149	1			1							
79	150	149	1			1							
80	120	119	1			1							
81	140	139	1			1							
82	200	199	1			1							
83													

农场编号	作物总量 /C	下列各种用途的数量：油菜籽										
		出售 /C	农场自用 /C							剩余		
			农场自用	自食	饲畜	种子	燃料	工艺用	纳租	数量 /C	用途	原因
84	50	49	1			1						
85	60	59	1			1						
86	120	119	1			1						
87	130	129	1			1						
88	130	128	2			2						
89	270	269.5	0.5			0.5						
90	80	78	2			2						
91	120	118	2			2						
92	180	178	2			2						
93	80	79	1			1						
94	80	79.75	0.25			0.25						
95	128	126	2			2						
96	90	87	3			3						
97	180	178	2			2						
98	120	119	1			1						
99	80		80	79		1						
100	90	88	2			2						
101	120	119.5	0.5			0.5						
102	500	498	2			2						
总计	7741	7463.35	277.65	192.25		85.4						

表 17-3（续）

农场编号	作物总量 /C	下列各种用途的数量：黄豆										
		出售 /C	农场自用 /C							剩余		
			农场自用	自食	饲畜	种子	燃料	工艺用	纳租	数量 /C	用途	原因
1	60	57	3			3						
2	60		60	57		3						
3												
4	20		20	17		3						
5												
6												
7	50	30	20	17		3						
8	30		30	24		6						
9												
10												
11												
12												
13												
14												
15												
16												
17	15		15	13		2						
18												
19												
20												
21	30		30	30								
22												
23												
24	5		5			5						
25	80	50	30	30								
26												
27												
28												
29	30		30	28		2						
30												
31												
32												
33												
34	14		14	12		2						
35												
36												
37												
38												
39	10		10	8		2						
40	30		30	25		5						
41												

农场编号	作物总量 /C	下列各种用途的数量：黄豆								剩余		
		出售 /C	农场自用 /C							数量 /C	用途	原因
			农场自用	自食	饲畜	种子	燃料	工艺用	纳租			
42												
43												
44												
45	20		20	17		3						
46												
47												
48	20		20	16		4						
49	75	37	38	30		8						
50	40		40	38		2						
51												
52												
53												
54												
55												
56												
57	60		60	52		8						
58	100		100	97		3						
59												
60	60		60	55		5						
61												
62												
63												
64	30		30			3		27				
65												
66												
67	40		40	37		3						
68	30		30	29		1						
69	30		30	26		4						
70	15		15	12		3						
71												
72	30		30	28		2						
73												
74												
75	50		50	50								
76	50		50	50								
77												
78	50		50	40		10						
79	50		50	40		10						
80												
81	40		40	35		5						
82	80	40	40	35		5						
83												

农场编号	作物总量 /C	下列各种用途的数量：黄豆										
		出售 /C	农场自用 /C							剩余		
			农场自用	自食	饲畜	种子	燃料	工艺用	纳租	数量 /C	用途	原因
84												
85	20		20	17		3						
86	50		50	40		10						
87												
88												
89												
90												
91												
92	50		50	49		1						
93												
94	100		100	97		3						
95												
96												
97	200	100	100	80		20						
98	40		40	35		5						
99												
100												
101	30		30	27		3						
102	400	200	200	175		25						
总计	2194	514	1680	1468		185		27				

表 17-3（续）

农场编号	作物总量 /C	下列各种用途的数量：小麦										
		出售 /C	农场自用 /C							剩余		
			农场自用	自食	饲畜	种子	燃料	工艺用	纳租	数量 /C	用途	原因
1												
2	5		5	4.8		0.2						
3												
4												
5												
6												
7												
8												
9												
10												
11												
12												
13												
14												
15												
16	20	18	2			2						
17												
18												
19												
20												
21												
22												
23												
24	200		200	184		16						
25												
26												
27												
28	70		70	65		5						
29	45		45	42		3						
30												
31	80		80	77		3						
32	100		100	98		2						
33												
34												
35												
36												
37	100		100	98		2						
38												
39	40		40	20		20						
40												
41												

· 348 ·

农场编号	作物总量/C	出售/C	农场自用	自食	饲畜	种子	燃料	工艺用	纳租	数量/C	用途	原因
			下列各种用途的数量：小麦 农场自用/C							剩余		
42												
43												
44												
45												
46												
47												
48												
49	60		60	52		8						
50	80		80	79		1						
51												
52												
53												
54												
55												
56												
57	80		80	70		10						
58	25		25	22		3						
59	20		20	19		1						
60	60		60	52		8						
61												
62												
63												
64	20	16	4			4						
65												
66												
67	80		80	77		3						
68												
69	60		60	56		4						
70												
71												
72	40		40	38		2						
73												
74												
75	40		40	30		10						
76	20		20	15		5						
77												
78	150		150	140		10						
79	150		150	140		10						
80												
81	160	150	10			10						
82	80		80	70		10						
83												

农场编号	作物总量 /C	下列各种用途的数量：小麦										
		出售 /C	农场自用 /C							剩余		
			农场自用	自食	饲畜	种子	燃料	工艺用	纳租	数量 /C	用途	原因
84												
85												
86	160		160	150		10						
87												
88												
89												
90												
91	40		40	39		1						
92												
93												
94												
95	60		60	54		6						
96												
97	200		200	180		20						
98												
99												
100												
101												
102	400	200	200	180		20						
总计	2645	384	2261	2051.8		209.2						

表 17-3（续）

农场编号	作物总量 /C	下列各种用途的数量：糯稻										
		出售 /C	农场自用 /C							剩余		
			农场自用	自食	饲畜	种子	燃料	工艺用	纳租	数量 /C	用途	原因
1												
2												
3												
4												
5												
6												
7												
8												
9												
10												
11												
12												
13												
14												
15												
16												
17												
18	300	100	200			5		45	150			
19												
20												
21												
22												
23												
24												
25												
26												
27												
28	30		30	29		1						
29												
30												
31												
32												
33												
34												
35	240		240	236		4						
36												
37												
38												
39	80		80	78		2						
40												
41												

农场编号	作物总量 /C	下列各种用途的数量：糯稻									剩余		
		出售 /C	农场自用 /C							数量 /C	用途	原因
			农场自用	自食	饲畜	种子	燃料	工艺用	纳租			
42												
43												
44												
45												
46	280		280	276		4						
47	250		250	245		5						
48												
49												
50												
51												
52												
53	500	300	200	190		10						
54												
55												
56												
57	120		120	118		2						
58												
59												
60	250		250	245		5						
61												
62												
63	300		300			2		298				
64												
65												
66												
67												
68												
69	600		600	590		10						
70												
71	200		200	195		5						
72												
73												
74												
75												
76	200		200	197		3						
77												
78												
79												
80	180		180	178		2						
81												
82	250		250			5		245				
83												

农场编号	作物总量 /C	下列各种用途的数量：糯稻										
		出售 /C	农场自用 /C							剩余		
			农场自用	自食	饲畜	种子	燃料	工艺用	纳租	数量 /C	用途	原因
84												
85												
86												
87	600		600			6		594				
88												
89												
90												
91												
92												
93												
94												
95	300	296	4			4						
96												
97	400		400	392		8						
98												
99	200		200	198		2						
100	400		400	388		12						
101												
102	700		700	680		20						
总计	6380	696	5684	4235		117		1182	150			

表 17-4 各种作物各项用途的数量（东阳）

农场编号	作物总量/C	出售/C	下列各种用途的数量：稻										
			农场自用/C							剩余		
			农场自用	自食	饲畜	种子	燃料	工艺用	纳租	数量/C	用途	原因
1	708		708	699		9						
2	380		380	373		7						
3	585		585	578		7						
4	854		854	724		10			120			
5	756		756	746		10						
6	910		910	897		13						
7	848	319	529	519		10						
8	930		930	860		10			60			
9	728		728	719		9						
10	1104		1104	1091		13						
11	1170	493	677	662		15						
12	1128		1128	1022		16			90			
13	864		864	853		11						
14	1066		1066	1001		15			50			
15	984		984	969		15						
16	1204		1204	1188		16						
17	1092		1092	1074		18						
18	1352		1352	1332		20						
19	946		946	931		15						
20	910		910	776		14			120			
21	840		840	695		40			105			
22	960		960	948		12						
23	1034		1034	1019		15						
24	1212		1212	1062		20			130			
25	952		952	940		12						
26	1288		1288	1268		20						
27	1440	605	835	815		20						
28	570		570	562		8						
29	1164		1164	1144		20						
30	1365	599	766	749		17						
31	1950	782	1168	1133		35						
32	1484		1484	1459		25						
33	1176		1176	1157		19						
34	1320		1320	1300		20						
35	1133		1133	953		20			160			
36	1350		1350	1333		17						
37	1368		1368	1343		25						
38	897		897	882		15						
39	1417		1417	1047		20			350			
40	1274		1274	1134		20			120			
41	1965		1965	1935		30						
42	1209		1209	1034		25			150			
43	1470		1470	1450		20						
44	1392		1392	1374		18						

| 农场编号 | 作物总量/C | 下列各种用途的数量：稻 | | | | | | | | 剩余 | | |
| | | 出售/C | 农场自用/C | | | | | | | 数量/C | 用途 | 原因 |
			农场自用	自食	饲畜	种子	燃料	工艺用	纳租			
45	1560		1560	1535		25						
46	1034		1034	948		16			70			
47	1344		1344	1324		20						
48	1391	560	831	809		22						
49	1456	617	839	816		23						
50	1638		1638	1608		30						
51	1599		1599	1569		30						
52	1932		1932	1900		32						
53	1884		1884	1852		32						
54	1586		1586	1564		22						
55	1704		1704	1674		30						
56	1464		1464	1304		30			130			
57	1560		1560	1350		30			180			
58	1440		1440	1268		22			150			
59	1752		1752	1632		30			90			
60	1924		1924	1744		30			150			
61	1976		1976	1704		32			240			
62	2030		2030	2000		30						
63	2028		2028	1693		35			300			
64	1008		1008	990		18						
65	2170		2170	2145		25						
66	1729		1729	1699		30						
67	1806	603	1203	1103		30			70			
68	1500	585	915	885		30						
69	1692		1692	1660		32						
70	2067		2067	1735		32			300			
71	1560		1560	1530		30						
72	2030		2030	1898		32			100			
73	1742		1742	1712		30						
74	1872		1872	1692		40			140			
75	2080		2080	2045		35						
76	1596		1596	1416		30			150			
77	2548	1014	1534	1364		35			135			
78	1752		1752	1722		30						
79	1420		1420	1395		25						
80	1768	694	1074	1044		30						
81	1950		1950	1915		35						
82	2256	883	1373	1333		40						
83	1950	783	1167	1132		35						
84	2300		2300	2260		40						
85	4020	1475	2545	2275		70			200			
86	3816		3816	3661		70			85			
总计	126683	10012	116671	110655		2071			3945			

表 17-4（续）

农场编号	作物总量 /C	下列各种用途的数量：黄豆										
		出售 /C	农场自用 /C							剩余		
			农场自用	自食	饲畜	种子	燃料	工艺用	纳租	数量 /C	用途	原因
1	45		45	43		2						
2	75	20	55	51		4						
3	105	100	5			5						
4	36		36	34		2						
5	96		96	91		5						
6	75	15	60	56		4						
7	128	70	58	53		5						
8	125		125	121		4						
9	60		60	56		4						
10	45.5		45.5	43.5		2						
11	85	31	54	51		3						
12	60	20	40	37		3						
13	75		75	70		5						
14	72		72	70		2						
15												
16	20		20	19		1						
17	63		63		59	4						
18	64		64	61		3						
19	51		51	49		2						
20	104		104	98		6						
21	129	100	29	24		5						
22	40		40	38		2						
23	57		57	54		3						
24	70		70	65		5						
25	75		75	71		4						
26	75		75	71		4						
27	48		48	45		3						
28	73.5		73.5	69.5		4						
29	77		77	74		3						
30	60		60	58		2						
31	80		80	76		4						
32	70		70	65		5						
33	112		112	107		5						
34	90	40	50	44		6						
35	64	30	34	29		5						
36	90		90	86		4						
37	84	20	64	58		6						
38	137.5	60	77.5	65.5		12						
39	105	40	65	60		5						
40	114		114	108		6						
41	60		60	57		3						
42	90		90	83		7						
43	144	60	84	78		6						
44	100		100	92		8						

农场编号	作物总量 /C	下列各种用途的数量：黄豆									剩余		
		出售 /C	农场自用 /C										
			农场自用	自食	饲畜	种子	燃料	工艺用	纳租		数量 /C	用途	原因
45	70		70	66		4							
46	90	30	60	55		5							
47	180		180	168		12							
48	151	60	91	83		8							
49	105		105	99		6							
50	75		75	69		6							
51	126		126	120		6							
52	111	50	61	57		4							
53	80		80		76	4							
54	114	40	74	67		7							
55	87.5		87.5	80.5		7							
56	114	30	84	76		8							
57	150	70	80	72		8							
58	87		87	83		4							
59	75		75	70		5							
60	103.5	30	73.5	68.5		5							
61	157.5	50	107.5	100.5		7							
62	64		64	61		3							
63	105	30	75	70		5							
64	201	122	79	72		7							
65	160		160		54	6		100					
66	160		160	152		8							
67	175	50	125	115		10							
68	200	80	120	105		15							
69	122.5	50	72.5	65.5		7							
70	94.5		94.5	89.5		5							
71	160		160	150		10							
72	192		192	50		10		132					
73	200	105	95	87		8							
74	130		130	115		15							
75	199.5		199.5	189.5		10							
76	225	120	105	95		10							
77	105		105	99		6							
78	180		180	172		8							
79	188	90	98	93		5							
80	180		180	173		7							
81	260	150	110	102		8							
82	125	25	100	92		8							
83	144		144	140		4							
84	68		68	63		5							
85	259		259	239		20							
86	420	100	320	295		25							
总计	9623.5	1888	7735.5	6800.5	189	514		232					

表 17-4（续）

农场编号	作物总量 /C	下列各种用途的数量：玉米									剩余		
		出售 /C	农场自用 /C								数量 /C	用途	原因
			农场自用	自食	饲畜	种子	燃料	工艺用	纳租				
1	90		90	89		1							
2	125		125	123		2							
3	255		255	251		4							
4	81		81	80		1							
5	192		192	189		3							
6	225		225	222		3							
7	192	94	98	94		4							
8	200		200	197		3							
9	192		192	189		3							
10	91		91	90		1							
11	170		170	168		2							
12	120		120	118		2							
13	150		150	147		3							
14	144		144	142		2							
15													
16	40		40	39		1							
17	144		144	142		2							
18	112		112	110		2							
19	102		102	100		2							
20	208		208	205		3							
21	301		301	297		4							
22	70		70	69		1							
23	152		152	150		2							
24	160		160	158		2							
25	162.5		162.5	159.5		3							
26	135		135	133		2							
27	112		112	110		2							
28	147	72	75	73		2							
29	154		154	152		2							
30	120	60	60	59		1							
31	180		180	178		2							
32	140		140	138		2							
33	168		168	165		3							
34	240		240	237		3							
35	240		240	237		3							
36	225		225	222		3							
37	196		196	193		3							
38	440		440	433		7							
39	262.5		262.5	259.5		3							
40	266		266	262		4							
41	120		120	118		2							
42	210		210	206		4							
43	336	100	236	232		4							
44	240		240	235		5							

农场编号	作物总量 /C	下列各种用途的数量：玉米									剩余		
		出售 /C	农场自用 /C								数量 /C	用途	原因
			农场自用 /C	自食	饲畜	种子	燃料	工艺用	纳租				
45	180		180	178		2						
46	210		210	207		3						
47	450		450	445		5						
48	368		368	363		5						
49	245	95	150	146		4						
50	210		210	206		4						
51	315		315	310		5						
52	259		259	256		3						
53	180		180	178		2						
54	304		304	300		4						
55	245		245	241		4						
56	304		304	299		5						
57	325		325	319		6						
58	552	247	305	296		9						
59	225		225	221		4						
60	184		184	181		3						
61	360		360	356		4						
62	128		128	126		2						
63	225		225	222		3						
64	402	198	204	197		7						
65	360		360	354		6						
66	260		260	255		5						
67	350		350	344		6						
68	375	50	325	320		5						
69	280		280	163		117						
70	229.5		229.5	225.5		4						
71	240		240	235		5						
72	448		448	441		7						
73	375	185	190	185		5						
74	312		312	306		6						
75	399		399	393		6						
76	525	100	425	417		8						
77	245		245	238		7						
78	450		450	444		6						
79	329	148	181	177		4						
80	390		390	384		6						
81	520	60	460	454		6						
82	400		400	394		6						
83	252	99	153	149		4						
84	238		238	235		3						
85	518		518	509		9						
86	840	338	502	487		15						
总计	21616.5	1846	19770.5	19327.5		443						

表 17-4（续）

农场编号	作物总量 /C	下列各种用途的数量：红萝卜										
		出售 /C	农场自用 /C								剩余		
			农场自用	自食	饲畜	种子	燃料	工艺用	纳租	数量 /C	用途	原因
1	200		200	200								
2	150	50	100	100								
3												
4												
5	150	50	100	100								
6	140		140	140								
7												
8	560	235	325	265	60							
9	150		150	100	50							
10												
11	240		240	200	40							
12												
13	300	125	175	175								
14												
15	210		210	210								
16	440		440	440								
17	400		400	200	200							
18												
19	420		420	170	250							
20	320		320	270	50							
21	180		180	180								
22	280		280	230	50							
23	120		120	120								
24	480		480	380	100							
25	150		150	150								
26	280		280	280								
27	315	148	167	167								
28	180		180	180								
29	280		280	280								
30												
31	500	200	300	230	70							
32	280		280	280								
33	200		200	200								
34	280		280	280								
35	280		280	230	50							
36												
37	210		210	210								
38	240		240	240								
39	180		180	180								
40	300		300	200	100							
41	350		350	350								
42	350		350	250	100							
43												
44	280		280	280								

农场编号	作物总量/C	出售/C	下列各种用途的数量：红萝卜							剩余		
			农场自用/C									
			农场自用	自食	饲畜	种子	燃料	工艺用	纳租	数量/C	用途	原因
45	240		240	240								
46	180		180	160	20							
47	350		350	350								
48	350	125	225	175	50							
49												
50	210		210	160	50							
51	480		480	480								
52	360		360	360								
53	640		640	440	200							
54	300		300	300								
55	350		350	250	100							
56	320		320	320								
57	420		420	320	100							
58	300		300	200	100							
59	300		300	300								
60	240	100	140	140								
61	180		180	180								
62												
63	320		320	270	50							
64												
65	600		600	500	100							
66	280		280	230	50							
67	300		300	300								
68	240		240	240								
69	210		210	210								
70	240		240	240								
71	180		180	180								
72	240		240	240								
73	200		200	200								
74	300		300	250	50							
75	600		600	600								
76	400		400	300	100							
77	150		150	150								
78	400		400	300	100							
79	400		400	350	50							
80	300		300	300								
81	350		350	350								
82	280		280	280								
83	300		300	300								
84	360		360	360								
85	450		450	450								
86	700		700	700								
总计	22415	1033	21382	19142	2240							

表 17-4（续）

农场编号	作物总量/C	下列各种用途的数量：大麦										
		出售/C	农场自用/C							剩余		
			农场自用	自食	饲畜	种子	燃料	工艺用	纳租	数量/C	用途	原因
1	80	77	3			3						
2												
3	175		175		170	5						
4	36		36		34	2						
5	75		75		72	3						
6	88		88		84	4						
7	72		72		69	3						
8	185		185		177	8						
9	75		75		72	3						
10	64		64		61	3						
11	180		180		175	5						
12	140		140		135	5						
13	120	34	86		80	6						
14	96		96		91	5						
15	80		80		76	4						
16	80		80		76	4						
17	136		136		128	8						
18	84		84		80	4						
19	108		108		102	6						
20	168		168		158	10						
21	60	50	10	8		2						
22	80		80	30	46	4						
23	108		108		104	4						
24	66		66		60	6						
25	124		124		118	6						
26	148.5		148.5		141.5	7						
27	132		132		127	5						
28	180		180		170	10						
29	150		150		144	6						
30	72	30	42		39	3						
31	175		175		170	5						
32	128		128		121	7						
33	96		96		91	5						
34	100		100	96		4						
35	75		75		70	5						
36	135		135		131	4						
37	100		100		94	6						
38	60		60		57	3						
39	94.5		94.5		89.5	5						
40	72		72		68	4						
41	80		80		77	3						
42	228		228		213	15						
43	240	70	170		161	9						
44	175	50	125		119	6						

农场编号	作物总量 /C	下列各种用途的数量：大麦								剩余		
		出售 /C	农场自用 /C							数量 /C	用途	原因
			农场自用	自食	饲畜	种子	燃料	工艺用	纳租			
45	140		140		132	8						
46	96		96		91	5						
47	200		200		200							
48	234		234		222	12						
49	180		180		173	7						
50	192		192		182	10						
51	160		160		152	8						
52	172		172		162	10						
53	232		232		220	12						
54	126		126		119	7						
55	176		176		166	10						
56	185.5	170.5	15			15						
57	96		96		88	8						
58	108		108		102	6						
59	157.5		157.5		147.5	10						
60	200		200		190	10						
61	152		152		146	6						
62	96		96		91	5						
63	248	50	198		184	14						
64	144		144		139	5						
65	260		260		250	10						
66	272		272		257	15						
67	168		168		158	10						
68	200		200		190	10						
69	200		200		190	10						
70	240		240		225	15						
71	268		268		253	15						
72	287		287		267	20						
73	250		250		238	12						
74	259		259		239	20						
75	228		228		218	10						
76	256		256		241	15						
77	264		264		249	15						
78	308		308		293	15						
79	180		180		173	7						
80	340	100	240		222	18						
81	510	90	420		404	16						
82	294		294		276	18						
83	264		264		255	9						
84	304		304		292	12						
85	450		450		410	40						
86	450		450		415	35						
总计	14468	721.5	13746.5	134	12872.5	740						

表 17-4（续）

农场编号	作物总量/C	下列各种用途的数量：小麦											
		出售/C	农场自用/C							剩余			
			农场自用	自食	饲畜	种子	燃料	工艺用	纳租	数量/C	用途	原因
1	170		170	165		5						
2	69		69	65		4						
3	120		120	115		5						
4	144		144	138		6						
5	112		112	106		6						
6	80		80	76		4						
7	105	30	75	70		5						
8	100		100	95		5						
9	104		104	100		4						
10	63		63	59		4						
11	120		120	116		4						
12	128		128	123		5						
13	100		100	96		4						
14	140		140	134		6						
15	80		80	77		3						
16	136		136	130		6						
17	108		108	102		6						
18	136		136	130		6						
19	68	17	51	47		4						
20	98		98	92		6						
21	172		172	163		9						
22	68		68	65		3						
23	100		100	97		3						
24	148		148	139		9						
25	49		49	46		3						
26	108		108	103		5						
27	64		64	62		2						
28	63		63	59		4						
29	112		112	106		6						
30	140	100	40	35		5						
31	128		128	128								
32	160		160	150		10						
33	148		148	142		6						
34	140		140	136		4						
35	138		138	128		10						
36	120		120	115		5						
37	115.5		115.5	108.5		7						
38	140		140	130		10						
39	147		147	137		10						
40	141		141	129		12						
41	148		148	143		5						
42	90		90	84		6						
43	150		150	143		7						
44	168		168	160		8						

农场编号	作物总量 /C	出售 /C	下列各种用途的数量：小麦							剩余		
			农场自用 /C									
			农场自用	自食	饲畜	种子	燃料	工艺用	纳租	数量 /C	用途	原因
45	164		164	155		9						
46	129.5		129.5	122.5		7						
47	225		225	215		10						
48	184	30	154	144		10						
49	105		105	100		5						
50	122.5		122.5	114.5		8						
51	140		140	133		7						
52	144		144	134		10						
53	126		126	119		7						
54	120		120	114		6						
55	105		105	99		6						
56	114	60	54	46		8						
57	135		135	125		10						
58	152		152	145		7						
59	232		232	217		15						
60	184		184	174		10						
61	160		160	155		5						
62	64		64	61		3						
63	120		120	114		6						
64	160	70	90	84		6						
65	160		160	154		6						
66	148		148	139		9						
67	133		133	125		8						
68	144	50	94		86	8						
69	154	50	104	94		10						
70	81		81	75		6						
71	140		140	130		10						
72	132		132	122		10						
73	104		104	99		5						
74	148		148	138		10						
75	150		150	143		7						
76	87.5		87.5	81.5		8						
77	105		105	97		10						
78	180		180	170		6						
79	141	60	81	75		6						
80	120		120	114		6						
81	80		80	76		4						
82	90		90	84		6						
83	60		60	57		3						
84	148		148	141		7						
85	392		392	372		20						
86	270	90	180	160		20						
总计	11192	557	10635	9962	86	587						

表 17-4（续）

农场编号	作物总量 /C	下列各种用途的数量：油菜籽											
		出售 /C	农场自用 /C								剩余		
			农场自用	自食	饲畜	种子	燃料	工艺用	纳租		数量 /C	用途	原因
1													
2	20		20	20									
3	35		35	35									
4													
5	30		30	30									
6													
7	20		20	20									
8													
9													
10													
11	20		20	20									
12	25		25	25									
13													
14													
15													
16	31.5		31.5	31.5									
17	42		42	42									
18	20		20	20									
19	30		30	30									
20	28		28	28									
21													
22													
23	20		20	20									
24	36		36	36									
25													
26													
27													
28	30		30	30									
29	45		45	45									
30	25		25	25									
31	20		20	20									
32													
33	25		25	25									
34													
35	20		20	20									
36	25		25	25									
37	15		15	15									
38	30		30	30									
39	15		15	15									
40	16		16	16									
41													
42	35		35	35									
43	28		28	28									
44	30		30	30									

农场编号	作物总量 /C	出售 /C	农场自用 /C		饲畜	种子	燃料	工艺用	纳租	剩余		
			农场自用	自食						数量 /C	用途	原因
45	48		48	48								
46	20		20	20								
47	18		18	18								
48	20		20	20								
49	30		30	30								
50	30		30	30								
51	20		20	20								
52	30		30	30								
53	54		54	54								
54	40		40	40								
55	28		28	28								
56												
57	20		20	20								
58	25		25	25								
59	32		32	32								
60	30		30	30								
61	30		30	30								
62	24		24	24								
63	35		35	35								
64	30		30	30								
65	36		36	36								
66	45		45	45								
67	36		36	36								
68	36		36	36								
69	32		32	32								
70	35		35	35								
71	36		36	36								
72	20		20	20								
73	36		36	36								
74	40		40	40								
75												
76	36		36	36								
77	20		20	20								
78	32		32	32								
79	45		45	45								
80	24		24	24								
81	42		42	42								
82	30		30	30								
83	28		28	28								
84	45		45	45								
85	48		48	48								
86	40		40	40								
总计	2022.5		2022.5	2022.5								

下列各种用途的数量：油菜籽

表 17-4（续）

农场编号	作物总量 /C	下列各种用途的数量：糯稻									剩余		
		出售 /C	农场自用 /C								数量 /C	用途	原因
			农场自用	自食	饲畜	种子	燃料	工艺用	纳租				
1													
2													
3	90	54	36	34		2							
4													
5	90		90	88		2							
6	135	72	63	61		2							
7													
8													
9													
10													
11													
12													
13													
14													
15	240		240	237		3							
16	210	67	143	140		3							
17													
18	119		119	117		2							
19	255		255	252		3							
20													
21													
22	480		480	475		5							
23	288		288	283		5							
24	204		204	201		3							
25	752	346	406	396		10							
26	405		405	99		6		300					
27	352	164	188	94		4		90					
28	1072.5	494.8	577.7	564.7		13							
29	555	360	195	188		7							
30	280	73	207	203		4							
31													
32	272		272	268		4							
33	210		210	207		3							
34	112		112	110		2							
35	119		119	117		2							
36	90		90	89		1							
37	208		208	205		3							
38	280		280	275		5							
39	210		210	207		3							
40	300		300	295		5							
41	384	180	204	68		6		130					
42	360	100	260	254		6							
43	210	57	153	151		2							
44	120		120	118		2							

农场编号	作物总量 /C	下列各种用途的数量：糯稻										
		出售 /C	农场自用 /C							剩余		
			农场自用	自食	饲畜	种子	燃料	工艺用	纳租	数量 /C	用途	原因
45	448		448	440		8						
46	336		336	331		5						
47	360		360	356		4						
48	480		480	472		8						
49	608	235	373	365		8						
50	375	90	285	279		6						
51	112		112	109		3						
52	420	219	201	194		7						
53	240		240	236		4						
54	448	131	317	311		6						
55	272		272	267		5						
56	750	400	350	335		15						
57	416	200	216	209		7						
58	336	101	235	230		5						
59	512		512	504		8						
60	352		352	347		5						
61	368		368	363		5						
62	780	360	420	410		10						
63	330		330	325		5						
64	784	353	431	422		9						
65	375		375	120		5		250				
66	675	300	375	365		10						
67	602	300	302	292		10						
68	540	200	340	332		8						
69	855	300	555	540		15						
70	644	250	394	382		12						
71	1148	500	648	628		20						
72	448	50	398	391		7						
73	1290	805	485	465		20						
74	896	438	458	438		20						
75	1120		1120	1100		20						
76	812	400	412	397		15						
77	928	500	428	413		15						
78	912	200	712	697		15						
79	1235	470	765	749		16						
80	1710	1195	515	485		30						
81	1712	846	866	496		20		350				
82	1001	600	401	386		15						
83	1440	750	690	670		20						
84	1512	771	741	721		20						
85	2160	1200	960	920		40						
86	1932	900	1032	1002		30						
总计	41076.5	15031.8	26044.7	24290.7		634		1120				

表 17-4（续）

农场编号	作物总量 /C	下列各种用途的数量：高粱										
		出售 /C	农场自用 /C							剩余		
			农场自用	自食	饲畜	种子	燃料	工艺用	纳租	数量 /C	用途	原因
1												
2												
3												
4	180	165	15			15						
5												
6												
7												
8												
9												
10												
11	170	170										
12												
13												
14												
15	360	360										
16	280	280										
17	250	250										
18												
19	150	140	10			10						
20	300	300										
21												
22												
23												
24												
25	260	250	10			10						
26												
27	384	384										
28												
29												
30												
31												
32	225	225										
33	320	320										
34	200	200										
35	150	150										
36	252	252										
37												
38												
39	180	180										
40	175	150	25			25						
41												
42	364	364										
43												
44	165	165										

农场编号	作物总量 /C	出售 /C	下列各种用途的数量: 高粱								剩余		
			农场自用 /C							数量 /C	用途	原因
			农场自用	自食	饲畜	种子	燃料	工艺用	纳租			
45												
46	150	150										
47												
48	180	180										
49	192	180	12			12						
50	330	330										
51	352	340	12			12						
52												
53	299	280	19			19						
54	400	400										
55	308	300	8			8						
56	150	150										
57	189	180	9			9						
58												
59	340	340										
60	175	170	5			5						
61	320	300	20			20						
62	280	260	20			20						
63	224	224										
64												
65	500	500										
66	210	200	10			10						
67	320	320										
68	525	500	25	25								
69	315	300	15			15						
70	300	300										
71												
72	375	350	25			25						
73												
74	360	360										
75												
76	480	480										
77	272	272										
78	432	400	32			32						
79	720	720										
80												
81	450	430	20			20						
82	504	504										
83	450	450										
84	300	300										
85	500	500										
86	768	750	18			18						
总计	16035	15725	310	25		285						

表 17-5　各种作物各项用途的数量（余姚）

农场编号	作物总量 /C	出售 /C	下列各种用途的数量：棉絮							剩余		
			农场自用 /C									
			农场自用	自食	饲畜	种子	燃料	工艺用	纳租	数量 /C	用途	原因
1	168	158	10					10				
2	212	207	5					5				
3	228	168	60					60				
4	248	228	20					20				
5	225	207	18					18				
6	246	246										
7	256	196	60					60				
8	184	174	10					10				
9	260	250	10					10				
10	224	214	10					10				
11	276	276										
12	267	257	10					10				
13	226	216	10					10				
14	276	266	10					10				
15	220	210	10					10				
16	232	208	24					24				
17	300	290	10					10				
18	336	326	10					10				
19	304	304										
20	312	302	10					10				
21	268	268										
22	308	236	72					72				
23	260	260										
24	296	296										
25	284	264	20					20				
26	312	302	10					10				
27	280	270	10					10				
28	264	244	20					20				
29	260	245	15					15				
30	240	164	76					76				
31	300	280	20					20				
32	304	294	10					10				
33	276	276										
34	312	297	15					15				
35	376	352	24					24				
36	304	294	10					10				
37	280	280										
38	312	287	25					25				
39	329	309	20					20				
40	400	400										
41	336	321	15					15				

农场编号	作物总量 /C	下列各种用途的数量：棉絮									剩余		
		出售 /C	农场自用 /C								数量 /C	用途	原因
			农场自用	自食	饲畜	种子	燃料	工艺用	纳租				
42	232	194	38					38					
43	332	322	10					10					
44	352	342	10					10					
45	372	362	10					10					
46	312	312											
47	240	200	40					40					
48	328	328											
49	328	313	15					15					
50	420	420											
51	344	344											
52	332	317	15					15					
53	328	318	10					10					
54	364	364											
55	312	302	10					10					
56	344	314	30					30					
57	368	358	10					10					
58	376	356	20					20					
59	376	361	15					15					
60	392	392											
61	336	321	15					15					
62	348	338	10					10					
63	352	352											
64	421	421											
65	416	390	26					26					
66	300	300											
67	420	420											
68	440	430	10					10					
69	392	382	10					10					
70	280	280											
71	350	350											
72	432	422	10					10					
73	420	400	20					20					
74	440	430	10					10					
75	408	388	20					20					
76	480	460	20					20					
77	400	380	20					20					
78	344	308	36					36					
79	496	476	20					20					
80	452	432	20					20					
81	520	390	130					130					
82	360	360											
83	488	384	104					104					

农场编号	作物总量 /C	下列各种用途的数量：棉絮								剩余		
		出售 /C	农场自用 /C							数量 /C	用途	原因
			农场自用	自食	饲畜	种子	燃料	工艺用	纳租			
84	412	397	15					15				
85	520	500	20					20				
86	496	476	20					20				
87	460	450	10					10				
88	548	508	40					40				
89	528	508	20					20				
90	420	390	30					30				
91	544	529	15					15				
92	600	580	20					20				
93	508	412	96					96				
94	560	545	15					15				
95	620	590	30					30				
96	536	520	16					16				
97	688	658	30					30				
98	600	570	30					30				
99	580	574	6					6				
100	680	680										
101	603	593	10					10				
102	468	448	20					20				
103	620	605	15					15				
104	800	785	15					15				
105	420	420										
106	944	904	40					40				
107	656	646	10					10				
108	748	723	25					25				
109	800	608	192					192				
110	680	660	20					20				
111	640	484	156					156				
112	740	740										
113	904	884	20					20				
114	792	767	25					25				
115	752	712	40					40				
116	1032	992	40					40				
117	960	720	240					240				
118	1180	1180										
总计	50087	47433	2654					2654				

表 17-5（续）

农场编号	作物总量 /C	出售 /C	农场自用 /C 下列各种用途的数量：棉籽							剩余		
			农场自用	自食	饲畜	种子	燃料	工艺用	纳租	数量 /C	用途	原因
1	252	180	72			72						
2	318	246	72			72						
3	342	252	90			90						
4	372	270	102			102						
5	338	266	72			72						
6	368	278	90			90						
7	384	294	90			90						
8	276	186	90			90						
9	390	300	90			90						
10	336	240	96			96						
11	414	318	96			96						
12	400	310	90			90						
13	339	267	72			72						
14	414	312	102			102						
15	330	270	60			60						
16	348	252	96			96						
17	450	360	90			90						
18	504	384	120			120						
19	456	336	120			120						
20	468	360	108			108						
21	402	312	90			90						
22	462	354	108			108						
23	390	276	114			114						
24	444	342	102			102						
25	426	318	108			108						
26	468	372	96			96						
27	420	330	90			90						
28	396	306	90			90						
29	390	300	90			90						
30	360	246	114			114						
31	450	354	96			96						
32	456	336	120			120						
33	414	306	108			108						
34	468	348	120			120						
35	564	480	84			84						
36	456	336	120			120						
37	420	312	108			108						
38	468	366	102			102						
39	494	374	120			120						
40	600	456	144			144						
41	504	384	120			120						

农场编号	作物总量 /C	下列各种用途的数量：棉籽										
		出售 /C	农场自用 /C							剩余		
			农场自用	自食	饲畜	种子	燃料	工艺用	纳租	数量 /C	用途	原因
42	348	246	102			102						
43	498	378	120			120						
44	528	408	120			120						
45	558	438	120			120						
46	468	348	120			120						
47	360	228	132			132						
48	492	372	120			120						
49	492	372	120			120						
50	630	480	150			150						
51	516	396	120			120						
52	498	378	120			120						
53	492	384	108			108						
54	546	426	120			120						
55	468	348	120			120						
56	516	396	120			120						
57	552	432	120			120						
58	564	426	138			138						
59	564	456	108			108						
60	588	468	120			120						
61	504	384	120			120						
62	522	402	120			120						
63	528	384	144			144						
64	632	500	132			132						
65	624	480	144			144						
66	450	318	132			132						
67	630	480	150			150						
68	660	510	150			150						
69	588	450	138			138						
70	420	270	150			150						
71	525	405	120			120						
72	648	510	138			138						
73	630	468	162			162						
74	660	498	162			162						
75	612	492	120			120						
76	720	540	180			180						
77	600	480	120			120						
78	516	372	144			144						
79	744	564	180			180						
80	678	544.8	133.2			133.2						
81	780		780			780						
82	540	420	120			120						
83	732	576	156			156						

农场编号	作物总量 /C	出售 /C	下列各种用途的数量：棉籽							剩余		
			农场自用 /C							数量 /C	用途	原因
			农场自用	自食	饲畜	种子	燃料	工艺用	纳租			
84	618	468	150			150						
85	780	600	180			180						
86	744	564	180			180						
87	690	510	180			180						
88	822	642	180			180						
89	792	588	204			204						
90	630	480	150			150						
91	816	636	180			180						
92	900	690	210			210						
93	762	618	144			144						
94	840	660	180			180						
95	930	696	234			234						
96	804	624	180			180						
97	1032	762	270			270						
98	900	690	210			210						
99	870	660	210			210						
100	1020	810	210			210						
101	905	695	210			210						
102	702	522	180			180						
103	930	720	210			210						
104	1200	906	294			294						
105	630	480	150			150						
106	1416	1164	252			252						
107	984	744	240			240						
108	1122	882	240			240						
109	1200	912	288			288						
110	1020	738	282			282						
111	960	726	234			234						
112	1110	960	150			150						
113	1356	1056	300			300						
114	1188	888	300			300						
115	1128	858	270			270						
116	1548	1188	360			360						
117	1440	1080	360			360						
118	1770	1350	420			420						
总计	75131	56883.8	18247.2			18247.2						

表 17-5（续）

农场编号	作物总量 /C	下列各种用途的数量：黄豆										
		出售 /C	农场自用 /C							剩余		
			农场自用	自食	饲畜	种子	燃料	工艺用	纳租	数量 /C	用途	原因
1	180	100	80	30		50						
2	280	190	90	20		70						
3	260	170	90	30		60						
4	287	157	130	60		70						
5	170	65	105	40		65						
6	320	200	120	20		100						
7	320	200	120	36		84						
8	250	160	90	30		60						
9	320	200	120	40		80						
10	360	230	130	30		100						
11	340	200	140	40		100						
12	310	200	110	40		70						
13	240	140	100	40		60						
14	130	50	80	40		40						
15	120		120	75		45						
16	310	170	140	30		110						
17	320	190	130	40		90						
18	450	280	170	50		100		20				
19	320	216	104	20		84						
20	350	220	130	50		80						
21	380	230	150	50		100						
22	460	330	130	20		110						
23	280	180	100	20		80						
24	360	210	150	50		100						
25	320	190	130	60		70						
26	300	145	155	80		75						
27	340	200	140	40		100						
28	360	230	130	30		100						
29	240	130	110	50		60						
30	240	105	135	40		95						
31	280	150	130	60		70						
32	340	200	140	40		100						
33	300	200	100	30		70						
34	260	120	140	60		80						
35	340	150	190	50		140						
36	310	180	130	40		90						
37	470	306	164	50		114						
38	280	120	160	80		80						
39	310	180	130	30		100						
40	500	350	150	50		100						
41	360	180	180	60		120						

农场编号	作物总量 /C	下列各种用途的数量：黄豆								剩余		
		出售 /C	农场自用 /C							数量 /C	用途	原因
			农场自用	自食	饲畜	种子	燃料	工艺用	纳租			
42	740	550	190	50		140						
43	250	120	130	50		80						
44	470	314	156	60		96						
45	280	140	140	30		110						
46	240		240	120		50		70				
47	450	200	250	142		108						
48	260	150	110	55		55						
49	360	260	100	50		50						
50	430	260	170	50		120						
51	380	210	170	80		90						
52	250	120	130	55		75						
53	290	160	130	50		80						
54	230	100	130	35		95						
55	356	200	156	56		100						
56	420	230	190	100		90						
57	330	185	145	60		85						
58	390	190	200	85		115						
59	350	200	150	50		100						
60	410	280	130	30		100						
61	360	210	150	65		85						
62	330	200	130	45		85						
63	390	190	200	80		120						
64	220	120	100	40		60						
65	320	170	150	70		80						
66	470	300	170	50		120						
67	400	265	135	30		105						
68	380	220	160	60		100						
69	450	300	150	30		120						
70	384	126	258	60		198						
71	280	130	150	40		110						
72	550	320	230	100		130						
73	270	110	160	70		90						
74	500	340	160	60		100						
75	480	280	200	80		120						
76	700	412	288	100		188						
77	430	230	200	100		100						
78	230	100	130	30		100						
79	450	225	225	100		125						
80	490	340	150	30		120						
81	490	258	232	100		132						
82	360	190	170	30		140						
83	460	290	170	60		110						

农场编号	作物总量/C	出售/C	农场自用/C							剩余		
			农场自用	自食	饲畜	种子	燃料	工艺用	纳租	数量/C	用途	原因
84	470	290	180	60		120						
85	425	235	190	60		130						
86	520	300	220	70		150						
87	580	360	220	80		140						
88	580	350	230	60		170						
89	460	230	230	80		150						
90	520	244	276	150		126						
91	480	250	230	70		160						
92	700	450	250	50		200						
93	260	100	160	58		102						
94	360	150	210	80		130						
95	700	410	290	100		190						
96	480	320	160	40		120						
97	645	340	305	55		250						
98	850	550	300	100		200						
99	660	420	240	70		170						
100	518	268	250	100		150						
101	555	345	210	40		170						
102	600	400	200	50		150						
103	360	176	184	40		144						
104	750	500	250	50		200						
105	380	200	180	70		110						
106	560	190	370	150		220						
107	730	520	210	40		170						
108	640	370	270	100		170						
109	720	440	280	80		200						
110	650	390	260	60		200						
111	680	390	290	100		190						
112	780	520	260	80		180						
113	1005	655	350	100		250						
114	570	330	240	70		170						
115	670	400	270	100		170						
116	1180	726	454	130		324						
117	1350	930	420	100		320						
118	1170	720	450	100		350						
总计	51505	30088	21417	7132		14195		90				

表 17-5（续）

农场编号	作物总量/C	下列各种用途的数量：油菜籽										
		出售/C	农场自用/C							剩余		
			农场自用	自食	饲畜	种子	燃料	工艺用	纳租	数量/C	用途	原因
1	19		19					19				
2	28									28	打油	
3	24	24										
4	34		34					34				
5	20	19.5	0.5			0.5						
6	20	20										
7	24		24			0.5		23.5				
8	22	22										
9	24	24										
10	42		42					42				
11	22	22										
12	24		24					24				
13	24		24					24				
14	22		22					22				
15	20									20	打油	
16	18		18			1		17				
17	24		24			0.5		23.5				
18	28		28			0.5		27.5				
19	30		30			0.5		29.5				
20	25		25					25				
21	17	17										
22	16	16										
23	24	24										
24	35		35					35				
25	38		38					38				
26	32		32					32				
27	24		24			0.5		23.5				
28	23		23			0.5		22.5				
29	50		50					50				
30	36	35.5	0.5			0.5						
31	47		47					47				
32	20		20					20				
33	28	28										
34	24	24										
35	10	9	1			1						
36	6									6	打油	
37												
38	36		36					36				
39	46		46					46				
40												
41												

农场编号	作物总量 /C	下列各种用途的数量：油菜籽								剩余		
		出售 /C	农场自用 /C							数量 /C	用途	原因
			农场自用	自食	饲畜	种子	燃料	工艺用	纳租			
42	20	19	1			1						
43	30		30			0.5		29.5				
44	47		47			1		46				
45	15									15	打油	
46	50		50			2		48				
47	30		30			0.5		29.5				
48	25		25					25				
49	36		36					36				
50	45		45			0.5		44.5				
51	30		30					30				
52	50		50					50				
53	35		35			1		34				
54	30		30			1		29				
55	25		25					25				
56	57		57					57				
57	40		40			0.5		39.5				
58	23		23					23				
59	50		50			1		49				
60	40		40					40				
61	48		48			1		47				
62	56		56			1		55				
63	28	28										
64	53		53			1		52				
65	48		48					48				
66	32	32										
67	40		40			1		39				
68	40		40			1		39				
69	42		42					42				
70	45		45			1		44				
71	38		38			1		37				
72	48		48			1		47				
73	20	20										
74	45		45			0.5		44.5				
75	40		40			1		39				
76	58		58			1		57				
77	27		27			0.5		26.5				
78	30		30			1		29				
79	25		25			0.5		24.5				
80	45		45			1		44				
81	36		36			0.5		35.5				
82												
83	52		52			1		51				

农场编号	作物总量/C	出售/C	农场自用/C							剩余		
			农场自用/C	自食	饲畜	种子	燃料	工艺用	纳租	数量/C	用途	原因
84	46		46					46				
85	45		45			1		44				
86	36		36					36				
87	33		33					33				
88	37		37					37				
89	48		48					48				
90	40		40			0.5		39.5				
91	40		40					40				
92	45		45			1		44				
93	33		33			1		32				
94	95		95			1		94				
95	40		40			0.5		39.5				
96	46		46			1		45				
97	40		40			1		39				
98	40		40			1		39				
99	27		27			0.5		26.5				
100	36		36			0.5		35.5				
101	68		68					68				
102	46		46			1		45				
103	45		45			1		44				
104	46		46			1		45				
105	50		50			1		49				
106	24		24			0.5		23.5				
107	44		44			1		43				
108	56		56			1.5		54.5				
109	60		60			1		59				
110	44		44			1		43				
111	46		46			1		45				
112	40		40			1		39				
113	94		94			1		93				
114	32		32					32				
115	96		96			1		95				
116	40		40			1		39				
117	84		84			1		83				
118	56		56			1		55				
总计	4278	384	3825			55		3770		69		

下列各种用途的数量：油菜籽

表 17-5（续）

农场编号	作物总量 /C	下列各种用途的数量：马铃薯										
		出售 /C	农场自用 /C							剩余		
			农场自用	自食	饲畜	种子	燃料	工艺用	纳租	数量 /C	用途	原因
1												
2	410		410	410								
3	420		420	420								
4	240		240	240								
5	320		320	320								
6	160		160	160								
7	470		470	470								
8	380		380	380								
9												
10	340		340	340								
11												
12	380		380	380								
13	840		840	840								
14	750		750	750								
15	1450		1450	1450								
16												
17	640		640	640								
18	100		100	100								
19												
20	400		400	400								
21												
22	170		170	170								
23	320		320	320								
24												
25	520		520	520								
26												
27												
28	1200		1200	1200								
29	470		470	470								
30												
31	470		470	470								
32	950		950	950								
33	140		140	140								
34	430		430	430								
35												
36	740	500	240	240								
37												
38	580		580	580								
39												
40												
41												

农场编号	作物总量/C	下列各种用途的数量：马铃薯								剩余		
		出售/C	农场自用/C							数量/C	用途	原因
			农场自用	自食	饲畜	种子	燃料	工艺用	纳租			
42												
43	580		580	580								
44												
45												
46												
47												
48	320		320	320								
49	370		370	370								
50												
51	460		460	460								
52	420		420	420								
53												
54	400		400	400								
55	1100		1100	1100								
56	380		380	380								
57	510		510	510								
58	460		460	460								
59												
60	320		320	320								
61	950		950	950								
62	430		430	430								
63	400		400	400								
64	450		450	450								
65	370		370	370								
66	350		350	350								
67	350		350	350								
68												
69	390		390	390								
70												
71												
72												
73	700	200	500	500								
74	200		200	200								
75	680		680	680								
76	500		500	500								
77												
78												
79	460		460	460								
80												
81												
82												
83	700		700	700								

农场编号	作物总量 /C	出售 /C	下列各种用途的数量：马铃薯								剩余		
			农场自用 /C									
			农场自用	自食	饲畜	种子	燃料	工艺用	纳租	数量 /C	用途	原因
84												
85	1000		1000	1000								
86	540		540	540								
87												
88	460		460	460								
89	400		400	400								
90	1400		1400	1400								
91	340		340	340								
92												
93	480		480	480								
94	800		800	800								
95	150		150	150								
96	470		470	470								
97												
98	400		400	400								
99												
100												
101	400		400	400								
102	820		820	820								
103												
104	400		400	400								
105	950		950	950								
106	450		450	450								
107	700		700	700								
108	460		460	460								
109	450		450	450								
110	1000		1000	1000								
111	1200		1200	1200								
112	800		800	800								
113	840		840	840								
114												
115	580		580	580								
116												
117	450		450	450								
118	700		700	700								
总计	42180	700	41480	41480								

表 17-5（续）

农场编号	作物总量 /C	下列各种用途的数量：大麦								剩余		
		出售 /C	农场自用 /C							数量 /C	用途	原因
			农场自用	自食	饲畜	种子	燃料	工艺用	纳租			
1												
2												
3												
4												
5	90		90	78		12						
6	7		7	7								
7												
8												
9												
10												
11	60		60	60								
12	46		46	24	10	12						
13												
14	54		54	54								
15	50		50	50								
16	60		60	60								
17												
18												
19												
20												
21												
22												
23	54		54	54								
24												
25												
26	46		46	39		7						
27	50		50	50								
28	50		50	50								
29	22		22	22								
30	140		140	100	30	10						
31												
32	98		98	98								
33												
34												
35												
36												
37												
38												
39												
40												
41	40		40	34		6						

农场编号	作物总量/C	下列各种用途的数量：大麦										
		出售/C	农场自用/C							剩余		
			农场自用	自食	饲畜	种子	燃料	工艺用	纳租	数量/C	用途	原因
42												
43												
44												
45												
46												
47	50		50	48		2						
48	64		64	52		12						
49												
50												
51	24		24	24								
52	60		60	48		12						
53												
54												
55	93		93	69		24						
56												
57	62	50	12			12						
58												
59												
60												
61												
62	25		25	25								
63												
64	110		110	86		24						
65	23		23	17		6						
66												
67	56		56	56								
68												
69												
70	58		58	58								
71												
72												
73	60		60	54		6						
74												
75	50		50	50								
76	100	70	30			30						
77	50		50	50								
78												
79	52		52	52								
80												
81	50		50	50								
82	80		80	80								
83												

农场编号	作物总量/C	下列各种用途的数量：大麦										
		出售/C	农场自用/C							剩余		
			农场自用	自食	饲畜	种子	燃料	工艺用	纳租	数量/C	用途	原因
84												
85	100		100	100								
86	42		42	36		6						
87												
88												
89												
90	80		80	56		24						
91												
92	60		60	45		15						
93	25		25	24		1						
94												
95												
96												
97												
98												
99	46		46	40		6						
100												
101												
102												
103												
104	60		60	60								
105	95	70	25			25						
106	80		80	65		15						
107												
108												
109												
110												
111	100		100	100								
112												
113												
114	44		44	32		12						
115	24		24	17		7						
116												
117												
118	50		50	50								
总计	2740	190	2550	2224	40	286						

表 20-1　储蓄（汤溪）

农场编号	农产物							现款						
	蓄藏	借出						蓄藏	借出					
	价值 /$	价值 /$	月利率 /分	途径				价值 /$	价值 /$	月利率 /分	途径			
											放账			
1														
2														
3														
4														
5														
6														
7														
8														
9														
10														
11														
12														
13														
14														
15														
16														
17														
18														
19														
20														
21														
22														
23														
24														
25														
26														
27														
28														
29														
30														
31														
32														
33														
34														
35														
36														
37														
38														
39														
40														

农场编号	农产物							现款						
	蓄藏	借出						蓄藏	借出					
	价值/$	价值/$	月利率/分	途径				价值/$	价值/$	月利率/分	途径			
											放账			
41														
42														
43														
44														
45														
46														
47														
48														
49														
50														
51														
52														
53														
54														
55														
56														
57														
58														
59														
60														
61														
62														
63														
64														
65														
66														
67														
68														
69														
70														
71														
72														
73														
74														
75														
76														
77														
78														
79														
80														
81														

农场编号	农产物						现款						
	蓄藏	借出					蓄藏	借出					
	价值/$	价值/$	月利率/分	途径			价值/$	价值/$	月利率/分	途径			
										放账			
82													
83													
84													
85													
86													
87								200	1.7	√			
88													
89													
90													
91								800	1.7	√			
92													
93								1000	1.7	√			
94													
95													
96													
97								3000	1.7	√			
98								500	1.7	√			
99													
100								2000	1.7	√			
总计								7500	10.2	6			

表 20-2 储蓄（桐庐 1）

农场编号	农产物							现款						
	蓄藏	借出						蓄藏	借出					
	价值/$	价值/$	月利率/分	途径				价值/$	价值/$	月利率/分	途径			
											借急用			
1														
2														
3														
4														
5														
6														
7														
8														
9														
10														
11														
12														
13														
14														
15														
16														
17														
18														
19														
20														
21														
22														
23														
24														
25														
26														
27														
28														
29														
30														
31														
32														
33														
34														
35														
36														
37														
38														
39														
40														

农场编号	农产物						现款					
	蓄藏	借出					蓄藏	借出				
	价值/$	价值/$	月利率/分	途径			价值/$	价值/$	月利率/分	途径		
										借急用		
1												
41												
42												
43												
44												
45												
46												
47												
48												
49												
50												
51												
52												
53												
54												
55												
56												
57												
58												
59												
60												
61								50	1.8	√		
62												
63												
64												
65												
66												
67												
68												
69												
70												
71												
72												
73												
74												
75												
76												
77												
78												
79												
80												

农场编号	农产物							现款					
	蓄藏	借出						蓄藏	借出				
	价值/$	价值/$	月利率/分	途径				价值/$	价值/$	月利率/分	途径		
											借急用		
1													
81													
82													
83													
84													
85													
86													
87													
88													
89													
90													
91													
92													
93													
94													
95													
96													
97													
98													
99													
100													
101													
102													
103													
104													
105	47.79												
总计	47.79							50	1.8	1			

表 20-3 储蓄（桐庐 2）

农场编号	农产物						现款					
	蓄藏	借出					蓄藏	借出				
	价值/$	价值/$	月利率/分	途径			价值/$	价值/$	月利率/分	途径		
										借与人		
1								100	1.8	√		
2												
3												
4												
5												
6												
7												
8												
9												
10												
11												
12												
13												
14												
15												
16												
17												
18												
19												
20												
21												
22												
23												
24												
25												
26												
27												
28												
29												
30												
31												
32												
33												
34												
35												
36												
37												
38												
39												
40												

农场编号	农产物						现款					
	蓄藏	借出		途径			蓄藏	借出		途径		
	价值/$	价值/$	月利率/分				价值/$	价值/$	月利率/分	借与人		
41												
42												
43												
44												
45												
46												
47												
48												
49												
50												
51												
52												
53												
54												
55												
56												
57												
58												
59												
60												
61												
62												
63												
64												
65												
66												
67												
68												
69												
70												
71												
72												
73												
74												
75												
76												
77												
78												
79												
80												
81												

农场编号	农产物					现款					
	蓄藏	借出				蓄藏	借出				
	价值/$	价值/$	月利率/分	途径		价值/$	价值/$	月利率/分	途径		
									借与人		
82											
83											
84											
85											
86											
87											
88											
89											
90											
91											
92											
93											
94											
95											
96											
97											
98											
99											
100											
101											
102											
总计							100	1.8	1		

表 20-4 储蓄（东阳）

农场编号	农产物						现款						
	蓄藏	借出					蓄藏	借出					
	价值 /\$	价值 /\$	月利率 / 分	途径			价值 /\$	价值 /\$	月利率 / 分	途径			
										出借			
1													
2													
3													
4													
5													
6													
7													
8													
9													
10													
11								20	2	√			
12													
13													
14													
15													
16													
17													
18													
19							30						
20													
21	4												
22													
23													
24													
25													
26													
27													
28													
29													
30													
31								15	1.5	√			
32													
33													
34													
35													
36													
37													
38													
39													
40													
41													
42													
43													

农场编号	农产物 蓄藏 价值/$	农产物 借出 价值/$	农产物 借出 月利率/分	农产物 借出 途径				现款 蓄藏 价值/$	现款 借出 价值/$	现款 借出 月利率/分	现款 借出 途径 出借			
44														
45														
46														
47	15													
48														
49														
50	240													
51														
52														
53														
54														
55														
56														
57														
58														
59														
60														
61														
62									50	2	√			
63														
64									30	1.5	√			
65														
66														
67														
68														
69														
70														
71									150	1.5	√			
72														
73														
74														
75														
76														
77														
78														
79														
80														
81									30	1.5	√			
82									50	1.8	√			
83														
84														
85									80	1.8	√			
86									140	1.5	√			
总计	259							30	565	15.1	9			

表 20-5　储蓄（余姚）

农场编号	农产物 蓄藏 价值/$	农产物 借出 价值/$	月利率/分	途径			现款 蓄藏 价值/$	现款 借出 价值/$	月利率/分	上会	放债	
1												
2												
3												
4												
5												
6												
7												
8												
9												
10												
11												
12												
13												
14												
15												
16								120	1.3	√	√	
17												
18												
19												
20												
21												
22												
23												
24												
25												
26												
27												
28												
29												
30												
31												
32												
33								50	1.2	√		
34												
35												
36												
37												
38												
39												
40												

农场编号	农产物						现款					
	蓄藏	借出					蓄藏	借出				
	价值/$	价值/$	月利率/分	途径			价值/$	价值/$	月利率/分	途径		
										上会	放债	
41												
42												
43												
44												
45												
46												
47												
48												
49												
50								100	1.2		√	
51												
52												
53								70	1	√		
54												
55												
56												
57								30	1	√		
58												
59												
60												
61												
62												
63												
64												
65												
66												
67												
68												
69												
70												
71								150	1	√		
72												
73												
74												
75												
76								450	1.5	√		
77												
78												
79												
80												
81												

农场编号	农产物						现款					
	蓄藏	借出					蓄藏	借出				
	价值 /$	价值 /$	月利率 / 分	途径			价值 /$	价值 /$	月利率 / 分	途径		
										上会	放债	
82												
83												
84												
85												
86												
87												
88												
89												
90												
91												
92												
93												
94												
95								150	1.4	√	√	
96												
97												
98												
99								350	1.1	√	√	
100												
101												
102								150	1.1	√	√	
103												
104								190	1.3	√	√	
105												
106												
107												
108												
109												
110												
111												
112												
113												
114												
115												
116								250	1.2	√		
117												
118												
总计								2060	14.3	11	6	

表 21-1 借贷和债务（汤溪）

农场编号	生产用途		非生产用途		借贷总额/$	来源							近五年借款总额/$	债务/$
	金额/$	月利息/分	金额/$	月利息/分		1.本村	2.未知	3.做会	4.邻居	5.亲戚	6.瓦灶	7.钱庄		
1			15	1.7	15	√							148	163
2			22	1.7	22	√							43	65
3			18	1.7	18	√							7	25
4			10	1.7	10		√						10	20
5	20	u	25	1.7	45			√	√				15	60
6			10	1.7	10					√			50	60
7													80	80
8			15	1.7	15	√							75	90
9													50	50
10			30	1.7	30	√							93	123
11													220	220
12													60	60
13			80	1.7	80	√							400	500
14			15	1.7	15		√						12	27
15			50	1.7	50	√							150	200
16													260	260
17													200	200
18														
19													100	100
20			15	1.7	15	√							280	300
21													180	180
22			25	u	25				√				175	200
23													200	120
24			150	1.7	150		√						250	250
25	10	1.7	15	1.7	25	√							90	120
26													350	350
27													15	15
28													700	0
29													200	200
30														
31														
32														
33													100	200
34													150	150
35													100	100
36													200	200
37													150	150
38			20	1.7	20	√							700	700
39														
40														
41														

农场编号	生产用途		非生产用途		借贷总额/$	来源							近五年借款总额/$	债务/$
	金额/$	月利息/分	金额/$	月利息/分		1.本村	2.未知	3.做会	4.邻居	5.亲戚	6.瓦灶	7.钱庄		
42	35	u	25	1.7	60	√							240	300
43														
44	24	1.7	28	1.7	52				√	√			80	130
45													200	200
46			70	1.7	70	√							80	150
47													200	200
48													240	240
49													750	500
50			30	1.7	30				√				55	85
51			20	1.7	20					√			180	200
52													100	100
53	20	u	40	1.7	60	√							440	500
54														
55														
56	30	1.7	20	1.7	50	√							300	374
57														
58			70	1.7	70					√				200
59														
60														
61													152	100
62	50	0			50						√		150	200
63													40	40
64			40	u	40				√				250	300
65														
66														
67														
68			70	2	70				√				190	260
69													50	50
70													80	80
71														
72														
73													200	200
74														
75														
76			200	1.7	200	√							1500	2000
77													60	60
78														
79	20	2	30	2	50				√				100	150
80														
81														
82														
83			50	2	50	√							750	800

农场编号	生产用途		非生产用途		借贷总额 /$	来源							近五年借款总额 /$	债务 /$
	金额 /$	月利息/分	金额 /$	月利息/分		1.本村	2.未知	3.做会	4.邻居	5.亲戚	6.瓦灶	7.钱庄		
84													300	300
85														
86													500	500
87														
88													1000	1000
89														
90	400	1.7			400				√				200	600
91														
92													1000	1000
93														
94														
95														
96			1200	1.55	1200					√		√	400	1853
97														
98														
99			500	1.7	500				√				500	1000
100														
总计	609	8.8	2908	50.05	3517	16	3	1	9	5	1	1	16100	19210

表 21-2 借贷和债务（桐庐 1）

农场编号	生产用途 金额 /$	生产用途 月利息 / 分	非生产用途 金额 /$	非生产用途 月利息 / 分	借贷总额 /$	资源 1. 亲戚	资源 2. 朋友	资源 3. 邻居	资源 4. 同姓	近五年借款总额 /$	债务 /$
1			10	1	10		√			50	50
2										200	200
3										100	100
4											
5											
6										70	70
7											
8			100	2	100	√				50	50
9										80	80
10										450	450
11			20		20			√		70	70
12											
13			20	1.5	20			√		400	400
14											
15										140	140
16											
17											
18										200	150
19			25	2	25		√			30	30
20										420	420
21										210	210
22			50	1.67	50			√		200	250
23	100	1.7			100		√				100
24											
25											
26										70	70
27											
28											
29											
30										70	70
31										300	300
32										200	200
33										100	100
34										30	30
35	15	1.7			15		√			165	150
36											
37											
38											
39	5	2			5		√			50	50
40			200	1.7	200	√	√				200
41			30	1.7	30		√			150	180
42											

农场编号	生产用途 金额/$	生产用途 月利息/分	非生产用途 金额/$	非生产用途 月利息/分	借贷总额/$	资源 1.亲戚	资源 2.朋友	资源 3.邻居	资源 4.同姓	近五年借款总额/$	债务/$
43										250	250
44										30	30
45										300	200
46										200	200
47										200	200
48	50	2			50	√					50
49											
50	25	1.5			25			√		80	80
51										100	100
52											
53	25	1.5			25	√				450	450
54											
55											
56			50	2	50	√				240	240
57			60	2	60		√				60
58											
59	20	1.8			20			√		200	220
60											
61											
62										500	500
63			500	1.7	500		√	√		200	500
64										100	50
65										110	110
66											
67											
68											
69			100	1.7	100		√				100
70											
71											
72			140	2	140		√			50	
73										350	200
74	50	1.5			50		√				50
75											
76											
77			50	1.7	50	√				350	350
78											
79										75	75
80			50	2	50			√		300	250
81											
82											160
83											
84											
85										300	300

农场编号	生产用途		非生产用途		借贷总额 /$	资源				近五年借款总额 /$	债务 /$
	金额 /$	月利息 / 分	金额 /$	月利息 / 分		1. 亲戚	2. 朋友	3. 邻居	4. 同姓		
86										20	20
87										1000	800
88											
89											
90										344	344
91	50	1.5			50	√					
92	10	1.7			10	√				200	150
93											
94											
95											
96										530	530
97	100	2			100	√				80	80
98											
99											
100										315	315
101										1000	1000
102											
103											
104											
105											
总计	450	18.9	1405	24.67	1855	5	16	7		11679	12084

表 21-3 借贷和债务（桐庐 2）

农场编号	生产用途 金额\$	生产用途 月利息\分	非生产用途 金额\$	非生产用途 月利息\分	借贷总额\$	来源 1.亲友	2.邻居	3.本村	4.商店	5.城	6.外村	7.其他	近五年借款总额/$	债务/$
1			60	1.7	60	√								60
2													50	50
3														
4													80	80
5														
6														
7	15	1.7	35	1.7	50	√								50
8														
9													250	
10														
11														80
12			50	1.7	50	√								50
13													280	280
14			100	1.7	100	√								100
15			100	1.7	100	√								100
16			80	1.7	80						√			80
17	60	1.7	60	1.7	120	√							30	150
18	14	1.7	6	1.7	20	√							20	20
19													40	40
20	200	1.7	600	1.7	800	√							1000	1800
21														200
22	80	1.7	20	1.7	100	√								100
23														
24	20	1.7	80	1.7	100	√								100
25													100	100
26	10	1.7	30	1.7	40	√								40
27													100	100
28														100
29													300	300
30														20
31			200	1.7	200	√								200
32	30	1.7	20	1.7	50	√								50
33														
34													300	300
35													180	180
36														
37													80	80
38													200	200
39														100
40														150
41														

农场编号	生产用途 金额\$	月利息\分	非生产用途 金额\$	月利息\分	借贷总额\$	1.亲友	2.邻居	3.本村	4.商店	5.城	6.外村	7.其他	近五年借款总额/$	债务/$
42														
43	25	1.7	25	1.7	50	✓							50	50
44			280	1.7	280	✓							40	320
45													200	200
46													450	450
47														
48													300	500
49													120	120
50														
51	66	1.7	134	1.7	200	✓								200
52														
53														200
54													100	100
55													450	450
56													150	150
57														70
58			50	1.8	50	✓							250	300
59													300	300
60														
61	80	1.7			80	✓							170	250
62	400	1.7			400	✓								400
63			200	1.7	200	✓							200	400
64														150
65	20	1.7			20	✓							50	70
66														
67													300	300
68														
69													250	250
70	400	1.7			400	✓							100	500
71													200	200
72													300	300
73														
74													120	120
75														
76														100
77														
78													300	300
79													200	200
80														200
81														
82														250
83													300	300

农场编号	生产用途		非生产用途		借贷总额 \$	来源							近五年借款总额 /$	债务 /$
	金额 \$	月利息 \分	金额 \$	月利息 \分		1.亲友	2.邻居	3.本村	4.商店	5.城	6.外村	7.其他		
84	400	1.7	100	1.7	500	√								500
85	150	1.7	50	1.7	200	√								200
86													208	208
87													200	200
88													80	80
89			200	1.7	200	√							1000	1200
90														
91														
92														
93													400	400
94													500	500
95													600	600
96														
97													380	380
98														
99													300	300
100														
101	200	1.7	100	1.7	300	√								300
102														500
总计	2170	28.9	2580	39.2	4750	26						1	11578	18328

表 21-4　借贷和债务（东阳）

农场编号	生产用途		非生产用途		借贷总额 /$	来源					近五年借款总额 /$	债务 /$
	金额 /$	月利息 / 分	金额 /$	月利息 / 分		1. 邻舍	2. 亲戚	3. 朋友	4. 会	5. 公党		
1			30	2	30	√						30
2			25	1.5	25	√	√				50	75
3			27	1.5	27	√	√				25	52
4	25	1.5	10	2	35	√						35
5			15	2	15	√					20	35
6												
7												
8												
9												
10			15	1.5	15			√			30	45
11												
12			6	2	6			√			64	70
13			10	1.5	10		√				25	35
14			25	2	25		√					25
15												
16	12	1.5	8	1.5	20		√				30	50
17												
18												
19												
20			50	1.8	50		√					50
21			5	2	5	√					25	25
22			40	1.5	40			√			200	240
23												
24			10	1.8	10	√					20	30
25			20	1.5	20	√						20
26			20	1.8	20	√					30	50
27												
28												
29												
30			20	2	20	√						20
31												
32												
33												
34	30	1.8			30		√					30
35			5	2	5						12	17
36	25	2			25	√						25
37	30	1.8			30	√						30
38	5	1.8			5		√				50	55
39			7	1.8	7	√						7
40												
41												
42												
43			10	1.5	10	√					30	40
44			15	1.9	15	√			√			15

农场编号	生产用途		非生产用途		借贷总额/$	来源					近五年借款总额/$	债务/$
	金额/$	月利息/分	金额/$	月利息/分		1.邻舍	2.亲戚	3.朋友	4.会	5.公党		
45			10	2	10	√					20	30
46	30	1.5			30		√					30
47												
48												
49			50	1.5	50		√	√			50	50
50			150	1.5	150		√					150
51	20	1.8			20		√					20
52												
53												
54												
55												
56												
57												
58												
59												
60												
61												
62												
63			15	1.8	15					√	30	45
64												
65												
66												
67												
68												
69												
70			80	2	80	√						80
71												
72	40	1.8			40				√			40
73												
74												
75												
76												
77												
78			20	1.8	20		√					20
79			50	1.5	50			√			50	50
80												
81												
82												
83											130	130
84												
85												
86												
总计	217	15.5	748	49.2	965	17	13	5	2	1	891	1751

表 21-5　借贷和债务（余姚）

农场编号	生产用途		非生产用途		借贷总额 /$	来源			近五年借款总额 /$	债务 /$
	金额 /$	月利息 / 分	金额 /$	月利息 / 分		1. 戚友	2. 救会	3. 农人		
1										
2									80	
3										
4									30	10
5			150	u	150	√			250	
6										
7	50	0			50		√			
8										
9										
10										
11										
12										
13			158	u	158	√				40
14									160	
15			187	u	187	√				187
16										
17			130	u	130	√				60
18									30	
19			80	1.4	80	√				
20										
21			50	0	50		√		100	20
22										
23										
24										
25										
26										
27			50	1.2	50	√			100	20
28	105	0			105		√			
29										
30										80
31										
32										
33										
34										
35										
36										
37									150	30
38			30	1.2	30	√				
39									300	60
40										
41										
42									80	160

农场编号	生产用途		非生产用途		借贷总额 /$	来源			近五年借款总额 /$	债务 /$
	金额 /$	月利息 / 分	金额 /$	月利息 / 分		1. 戚友	2. 救会	3. 农人		
43										
44										
45										50
46			70	1.5	70	√			130	260
47			50	1.5	50	√			80	300
48									250	30
49										
50										
51										
52										
53										
54									150	20
55										
56										
57										
58			200	0	200		√		200	70
59										
60										
61										
62										
63			20	1.2	20	√			50	10
64										
65										
66										
67										
68										
69										
70										
71										
72										
73										
74	70	0			70		√		15	
75			130	0	130		√		200	30
76			50	1.2	50	√			50	100
77			90	0.7	90	√			90	10
78										
79			230	0.5	230	√	√		230	
80										
81	100	0			100		√		50	u
82										
83										
84										
85			150	0	150		√		100	20

农场编号	生产用途		非生产用途		借贷总额 /$	来源			近五年借款总额 /$	债务 /$
	金额 /$	月利息 / 分	金额 /$	月利息 / 分		1. 戚友	2. 救会	3. 农人		
86									300	300
87										
88										
89										
90			100	1.2	100	√			170	30
91										
92										
93									200	
94										
95										
96										
97			160	0.7	160		√		160	280
98			450	1.2	450	√		√		
99										
100			200	1.2	200	√			200	
101										
102										
103										
104										
105									420	
106										
107										
108										
109										
110										
111			300	1.2	300	√			400	100
112									360	100
113										
114										
115										
116									100	
117										
118										
总计	325	0	3035	15.9	3360				4955	2377

表 22-1　特殊支出（汤溪）（单位：$）

农场编号	结婚	嫁妆	祝寿	生子	丧葬	其他	总量
1							
2							
3							
4							
5							
6							
7							
8							
9							
10							
11							
12							
13							
14							
15							
16							
17							
18							
19							
20							
21					120		120
22	60						60
23							
24	300	150					450
25							
26							
27					90		90
28					90		90
29							
30							
31					120		120
32							
33							
34					180		180
35	50						50
36	60						60
37	130						130
38							
39							
40							
41							
42							
43							

农场编号	结婚	嫁妆	祝寿	生子	丧葬	其他	总量
44	180			20			200
45	12				40		52
46							
47	280				80		360
48							
49		100			150		250
50							
51					50		50
52	100						100
53					300		300
54							
55							
56	150						150
57							
58							
59							
60	150				300		450
61	150	150			90		390
62	64						64
63							
64							
65	300						300
66							
67							
68	60						60
69							
70					120		120
71	300						300
72							
73							
74	100						100
75	200						200
76	100						100
77	60						60
78	160						160
79	120						120
80							
81	120						120
82							
83							
84	120						120
85	120						120
86	100						100
87	300						300

农场编号	结婚	嫁妆	祝寿	生子	丧葬	其他	总量
88	100						100
89							
90							
91	300						300
92	100						100
93	200					2000	2200
94							
95	350						350
96	350				500		850
97	100						100
98	400						400
99		200					200
100	300				500		800
总计	6046	600		20	2730	2000	11396

表 22-2 特殊支出（桐庐 1）（单位：$）

农场编号	结婚	嫁妆	祝寿	生子	丧葬	总量
1						
2	190					190
3						
4				13		13
5			34			34
6	70					70
7						
8					100	100
9						
10					100	100
11						
12						
13						
14					20	20
15						
16						
17						
18					100	100
19					120	120
20					100	100
21						
22					200	200
23				10		10
24						
25						
26	16					16
27						
28						
29						
30						
31	270	250			100	620
32						
33						
34					52	52
35						
36				4		4
37				24		24
38						
39						
40				7		7
41						
42					78	78
43						

农场编号	结婚	嫁妆	祝寿	生子	丧葬	总量
44						
45						
46						
47						
48				8		8
49		40		4	78	122
50		250				250
51	28					28
52			30			30
53						
54					150	150
55						
56					170	170
57						
58	800					800
59		120				120
60			43			43
61				24		24
62					350	350
63	100				110	210
64	280		7			287
65		30		4	115	149
66						
67			40	8		48
68						
69		150				150
70	300					300
71						
72	145			12		157
73					270	270
74						
75						
76	250					250
77	40				100	140
78						
79					u	u
80						
81						
82						
83						
84	200					200
85					120	120
86					50	50
87	300	320				620

农场编号	结婚	嫁妆	祝寿	生子	丧葬	总量
88					180	180
89						
90						
91						
92						
93	28		80	4		112
94	200			7		207
95		400	30	6		436
96				4		4
97		60				60
98						
99	300					300
100						
101				8		8
102	350					350
103			20			20
104		600		20	250	870
105						
总计	3867	2220	284	167	2913	9451

表 22-3 特殊支出（桐庐 2）（单位：$）

农场编号	结婚	嫁妆	祝寿	生子	丧葬	其他	总量
1							
2							
3							
4					u		u
5					110		110
6							
7							
8				2			2
9					240		240
10							
11							
12							
13							
14							
15							
16				10			10
17							
18							
19				10			10
20					400		400
21							
22							
23							
24							
25	u						u
26		30					30
27	100						100
28		35					35
29							
30							
31							
32							
33							
34							
35							
36							
37							
38							
39					60		60
40				15			15
41							
42		100					100
43							

农场编号	结婚	嫁妆	祝寿	生子	丧葬	其他	总量
44	280				100		380
45	320						320
46	80						80
47	80						80
48							
49							
50							
51							
52							
53							
54							
55	250						250
56							
57					60		60
58							
59	100						100
60							
61	100					120	220
62	200						200
63							
64							
65							
66							
67							
68							
69		200					200
70						500	500
71				10			10
72				10			10
73							
74	100				20		120
75				10			10
76	200						200
77							
78				10			10
79							
80							
81				20			20
82	150						150
83							
84							
85	50						50
86				20			20
87							

农场编号	结婚	嫁妆	祝寿	生子	丧葬	其他	总量
88							
89					200		200
90	200						200
91					80		80
92							
93							
94							
95	500			5	30		535
96							
97					100		100
98		200					200
99				10			10
100	70						70
101						1200	1200
102				10			10
总计	2780	565		142	1400	1820	6707

表 22-4　特殊支出（东阳）（单位：$）

农场编号	结婚	嫁妆	祝寿	生子	丧葬	总量
1	100				20	120
2	90					90
3					30	30
4	60				20	80
5					40	40
6	90				15	105
7	120				20	140
8					40	40
9	80					80
10	100				50	150
11	80				10	90
12	80					80
13						
14	70					70
15					40	40
16					15	15
17	150					150
18	110				15	125
19	75					75
20					30	30
21					30	30
22		40			20	60
23		30			20	50
24	140				40	180
25					50	50
26						
27	120				50	170
28	150				80	230
29	100					100
30					45	45
31	100				25	125
32						
33	90				20	110
34					50	50
35	120				30	150
36	90					90
37						
38					50	50
39		20				20
40	90				40	130
41	130					130
42		60				60
43					40	40

农场编号	结婚	嫁妆	祝寿	生子	丧葬	总量
44	110					110
45						
46					50	50
47	200				60	260
48						
49	120				60	180
50						
51		35				35
52		30				30
53	150					150
54					60	60
55	200	50				250
56					80	80
57	80				20	100
58	65					65
59		50				50
60	200		80			280
61		40				40
62						
63	180				100	280
64	120				35	155
65	110	50			30	190
66	250					250
67					150	150
68	150				200	350
69	160				80	240
70						
71		200				200
72		60				60
73	130					130
74		130			90	220
75					150	150
76					150	150
77	150					150
78		60				60
79	150	60			80	290
80	80				150	230
81	180				40	220
82	80				50	130
83	70				60	130
84	110	30				140
85	200	150				350
86	250					250
总计	5830	1095	80		2630	9635

表 22-5 特殊支出（余姚）（单位：$）

农场编号	结婚	嫁妆	祝寿	生子	丧葬	其他	总量
1	150					300	450
2							
3							
4							
5							
6							
7							
8							
9							
10							
11							
12							
13							
14							
15							
16							
17							
18					100		100
19	280						280
20							
21							
22							
23							
24							
25							
26							
27							
28							
29							
30							
31							
32		50			100		150
33							
34							
35				10			10
36							
37							
38							
39							
40							
41							
42							
43					150		150

农场编号	结婚	嫁妆	祝寿	生子	丧葬	其他	总量
44	370						370
45							
46				15			15
47					100		100
48							
49							
50							
51							
52							
53							
54							
55	200						200
56							
57					150		150
58	200						200
59							
60							
61							
62							
63							
64							
65							
66							
67							
68							
69							
70	250						250
71							
72							
73							
74					100		100
75	130						130
76	150			20	250		420
77							
78							
79	180						180
80							
81							
82							
83							
84							
85	150						150
86	248	650					898
87							

农场编号	结婚	嫁妆	祝寿	生子	丧葬	其他	总量
88							
89							
90							
91							
92				8			8
93	250	500					750
94							
95							
96	208						208
97							
98							
99							
100	200						200
101							
102							
103							
104							
105	370						370
106	500						500
107					176		176
108							
109							
110							
111	300						300
112							
113							
114					176		176
115							
116							
117							
118							
总计	4136	1200		53	1302	300	6991